한국문화 특수어휘집

한국문화 특수어휘집
ⓒ정수현

2018년 8월 28일 초판 1쇄 펴냄

**펴낸곳**   **J&J Culture**
**펴낸이**   정수현

**인 쇄**   수이북스
**디자인**   디자인 지폴리

**등 록**   2017.08.16 제300-2017-111호
**주 소**   서울시 종로구 경교장길 35, 303-704

**전 화**   010-5661-5998
**팩 스**   0504-433-5999
**이메일**   litjeong@hanmail.net

ISBN 979-11-961759-6-2  93300

값 22,000원

\* 이 도서의 국립중앙도서관 출판예정도서목록(CIP)은 서지정보유통
지원시스템 홈페이지(http://seoji.nl.go.kr)와 국가자료공동목록시
스템(http://www.nl.go.kr/kolisnet)에서 이용하실 수 있습니다.
(CIP제어번호: CIP2018026743)

---

주문은 문자로~!   010-5661-5998
**입금계좌**  국민은행 813001-04-086498
**예금주**   제이제이컬처

# 한국문화 특수 어휘집

번역할 수 없는 말들의 사전

· 정수현 지음 ·

J&J Culture

## 머리말

"이걸 다른 나라 말로 뭐라고 할까?"

한국어에서는 흔하게 널리 쓰는 말인데, 그에 대응할 외국어 어휘가 없거나 있더라도 거의 쓰이지 않아 '이 말은 외국어로는 결코 번역할 수 없는 말이다'라고 절감(切感) 할 때가 있다. 요즘에는 일반인들의 외국어 이해 수준도 높아졌고, 언어권 사이의 소통이 원활해지면서 제대로 된 번역과 통역에 대한 수요는 점점 늘어나고 있다. 미래학자들은 멀지 않은 미래에 인공지능번역기가 이를 모두 해결해 줄 것이라는 전망을 내놓고 있다. 하지만 우리가 쓰는 언어에는 기계가 결코 대체할 수 없는 고유 영역이 있다.

한국인들에게 선물을 주었을 때 가장 흔하게 들을 수 있는 말은 "뭐 이런 걸 다 주십니까, 괜찮습니다"이다. 그 말을 하는 사람의 속마음이 '선물을 원치 않는다'인지 '선물이 마음에 들지 않는다'인지 아니면 '한번 사양해 보겠다'는 것인지 아니면 '선물이 반갑고도 고맙다'는 의미인지를 인공지능은 결코 판단해 줄 수 없다. 오직 해당 단어에 숨겨진 사회적 문화적 의미를 제대로 이해하고 있는 사람만이 그 표현이 갖는 중의적이고 다의적 차이를 감별해 낼 수 있을 것이다. 이 책은 인공지능은 절대로 파악해 내기 어려운 표현으로만 구성되었다는 점에서 우리말의 미래 가치를 담고 있다.

『한국문화 특수 어휘집』에서 다루는 134개 어휘는 한국인들이 일상에서 흔히 쓰는 단어들로만 이루어져 있다. 그 속에는 한국인들이 공유하는 생각과 정서, 사고방식과 의식구조 등 한국문화의 전반적인 요소가 고스란히 녹아 있다. 그 낱말이 쓰이는 사회 문화적 맥락을 벗어나서는 결코 이해할 수 없는 말들로, 문법만으로는 절대 해결할 수 없고 반드시 별도의 문화적 이해가 필요한 표현들이다.

이 책은 사전을 참조하여 해당 어휘의 의미를 설명해주는 책이 아니다. 어휘 사전이라는 형식을 띠고 있지만 어휘라는 매개를 통해 한국문화의 특징을 읽어내는 책이다. 이 책의 부제는 '번역할 수 없는 말들의 사전'이다. 그 말이 왜 번역 불가능한지를 설명하는 것에 이 책은 초점을 맞추고 있다. 같은 제목의 사전이 미국과 프랑스에서는 이미 출간되어 절찬리에 판매되고 있다. 미국판과 프랑스판 모두 겉으로 보기에는 같은 단어라도 그 진정한 의미는 문화적, 사회적 맥락 안에서 결정된다는 사실을 분명히 하고 있다. 많은 나라에서 이러한 사전을 출간하려는 이유는 그 나라의 정체성을 찾기 위해서이다.

영어로 혹은 다른 나라말로 번역 불가능한 표현, 바로 그 속에 한국인의 정체성에 뿌리를 둔 언어습관이 들어 있다고 보아도 좋을 것이다. 그리하여 '우리말을 어떻게 다른 나라 말로 바꿀 수 있을까' 라는 고민을 통해 혼란과 좌절에 빠지는 것이 아니라 오히려 한국어에 대한 이해가 깊어지고 한국문화의 특성을 새롭게 고찰하는 또 다른 방법이 될 수 있다.

이 책은 우선 사전적 의미로만 해석되는 한국어가 아닌 한국에서 현재 쓰이고 있는 '따끈따끈'한 한국문화어휘를 공부하기 원하는 학생들에게 좋은 교재가 될 것이다. 또한 외국어와 한국어의 다리를 놓는 일을 하고 있는 통, 번역가들은 문화 간 소통을 위한 긴요한 도구로 쓸 수 있을 것이다. 뿐만 아니라 동양과 서양의 문화차이를 언어를 통해 대조하고 있기 때문에 문화비교서로도 그 의미가 있다. 또한 한국어 표현을 좀 더 섬세하게 익히고 구사하기를 원하는 한국인들에게도 좋은 참고자료가 될 것이다.

134개의 한국문화 특수어휘를 통해 한국어에 대한 이해가 깊어지고, 다른 언어와의 연관성에 관심이 커지고 더 나아가 한국문화의 특성을 새롭게 고찰할 수 있는 기회가 되기를 바란다.

2018년 8월
정 수 현

차례

머리말 4

## 1장 고맥락 vs 저맥락

- 001 눈치코치가 없다 16
- 002 당장 집에서 나가라 19
- 003 더 있다 가세요 22
- 004 뒤치다꺼리 하다 25
- 005 말귀를 못 알아듣는다 28
- 006 나 말리지 마 31
- 007 뭐라고 할 말이 없다 34
- 008 뭘 이런 걸 다 37
- 009 변변치 않다 39
- 010 숟가락이 몇 개인지 다 안다 42
- 011 알아서 해 45
- 012 언제 밥 한번 먹자 48
- 013 지금 가고 있어 51
- 014 차린 것은 없지만 많이 드세요 54
- 015 헛기침하다 57

【말이 필요 없는 문화와 말을 해야 알지 문화】 60

## 2장 집단 vs 개인

- 016 괜찮아요 64
- 017 모난 돌이 정 맞는다 67
- 018 몸 둘 바를 모르겠다 70
- 019 볼 낯이 없다 73
- 020 서럽다 76
- 021 서먹하다 79
- 022 심려를 끼치다 82
- 023 애교 84
- 024 얄밉다 87
- 025 억울하다 90
- 026 유난스럽다 93
- 027 의리 96
- 028 인연 99
- 029 촌수 102
- 030 핑계 104
- 031 허물없다 107
- 032 효 109

【정 없이는 못사는 문화와 법 없이는 못사는 문화】 112

**3장**

**밥 vs 빵**

- 033 고향 116   · 034 구수하다 119
- 035 국 122   · 036 까불다 125
- 037 깨가 쏟아진다 128   · 038 느끼하다 131
- 039 사촌이 땅을 사면 배가 아프다 134   · 040 살림 137
- 041 서리 140   · 042 시원하다 143
- 043 어디 가세요 146   · 044 자식농사 149
- 045 잔치 152   · 046 찬밥 155
- 047 철부지 158   · 048 텃세 161
- 049 품앗이 164   · 050 한솥밥 167

【밥을 짓는 문화와 빵을 굽는 문화】170

**4장**

**동사 vs 명사**

- 051 가르치다 174   · 052 고다 176
- 053 눋다 179   · 054 되다 181
- 055 들다 184   · 056 뜨다 186
- 057 삭다 189   · 058 싸다 192
- 059 짓다 195   · 060 치다 198

【동사로 세상을 보는 한국인, 명사로 세상을 보는 서양인】200

## 5장 귀 vs 눈

- 061 가슴이 시리다 204
- 062 꽃샘추위 207
- 063 누더기 210
- 064 눈에 밟힌다 213
- 065 떵떵거리고 살다 216
- 066 뼈에 사무치다 219
- 067 싱거운 사람 222
- 068 싹수가 노랗다 225
- 069 애끊는다 228
- 070 어루만지다 231
- 071 엄마야 234
- 072 파르족족하다 237
- 073 한소끔 240
- 074 화병 243

【귀의 문화와 눈의 문화】 246

## 6장 남성 vs 양성

- 075 김여사 250
- 076 된장녀 253
- 077 미망인 256
- 078 바가지를 긁다 259
- 079 시집살이 262
- 080 에미 애비 265
- 081 여류 268
- 082 외가 270
- 083 집사람 273
- 084 출가외인 276
- 085 치맛바람 279

【남성위주 문화와 양성평등 문화】 281

**7장**

**달 vs 해**

- 086 달동네 286
- 087 명절증후군 289
- 088 설날 292
- 089 으스름 295
- 090 정월 대보름 298
- 091 정화수 301
- 092 추석 304
- 093 해님 달님 307

【달이 좋은 동양인, 해가 좋은 서양인】 310

**8장**

**무속 vs 기독교**

- 094 고사 314
- 095 고수레 317
- 096 넋두리 320
- 097 단골집 323
- 098 손 없는 날 326
- 099 신명난다 329
- 100 재수없다 332
- 101 직성이 풀리다 335

【한국인의 민중문화 '무교', 서양의 기본정신 '기독교'】 338

**9장**

수직 vs 수평

- **102** 나잇값 342  · **103** 말대꾸하다 345
- **104** 말을 놓다 348  · **105** 모시다 351
- **106** 선생님 354  · **107** 선후배 357
- **108** 외람되다 360  · **109** 지도 편달 363

【나이가 궁금한 한국인, 나이를 묻지 않는 서양인】 366

**10장**

여백 vs 사실

- **110** 건달 370  · **111** 끼 373
- **112** 멋 376  · **113** 벽 379
- **114** 여백 382  · **115** 추임새 385
- **116** 판 388  · **117** 해학 391

【여백을 읽는 동양화와 사실을 그리는 서양화】 394

**11장**

**융합 vs 이항대립**

- 118 나들이 398
- 119 미운 정 고운 정 401
- 120 비빔밥 404
- 121 시원섭섭 407
- 122 엇비슷하다 410
- 123 웃프다 413
- 124 좌우지간 416

【양자병합의 동양과 양자택일의 서양】 419

**12장**

**적당 vs 분명**

- 125 ~ 같다 424
- 126 거시기 427
- 127 고봉 430
- 128 덤 433
- 129 두서너 개 436
- 130 생각해 보겠다 439
- 131 아무거나 442
- 132 이따가 445
- 133 주먹구구 448
- 134 촌지 451

【두루뭉술한 한국인과 분명한 서양인】 454

# 1장

# 고맥락 vs 저맥락

## 001. 눈치코치가 없다

**눈치코치**

1. 다른 사람의 생각이나 태도, 행동을 살펴서 말하지 않아도 그 의도를 알아차리는 것.
2. 주어진 상황을 이해하여 주위의 사람들을 배려하는 것.

겉으로 잘 드러나지 않는 상대방의 속마음을 파악할 때 우리는 '눈치가 빠르다'는 표현을 쓴다. 한국인들은 시시콜콜하게 말하지 않아도 다른 사람들이 알아서 헤아려 주기를 원한다. 예로부터 한국인은 자신의 의사를 소리 높여 말하기보다 표정이나 몸짓으로 넌지시 드러냈고, 그래서 '척하면 삼천리'라는 속담도 생겨났다. 말로 굳이 장황하게 설명하지 않아도 상대방이 전달하고자 하는 내용을 이미 다 이해하고 있다는 뜻이다. 메시지 교환보다 상황을 통해 많은 정보가 입수되는 문화적 특성을 반영하고 있는 단어이다. 눈치는

'말로 하지 않는 의사소통'의 대표이다.

외국인들이 볼 때 한국인들은 입보다 눈이나 코로 말을 더 많이 하는 사람들이다. 중앙대 심리학과 최상진 교수에 의하면 눈치란 '상대와의 접촉 경험과 상대가 처한 상황 등을 종합적으로 검토해 상대가 원하는 것을 미루어 추론해 내는 활동과 기술'이다.(『한국인의 심리학』, 학지사, 2011) 즉 남의 생각이나 태도, 행동을 제 때에 살펴서 알아차리는 것, 속으로 생각하는 바가 겉으로 드러나는 어떤 태도 등을 '눈치'라고 하는데 이 말을 강조하여 '눈치코치'라고도 한다. '눈'만으로 모자라서 '코'까지 알아차려야 한다는 말이다. '눈치코치가 없다', '눈치코치도 모른다'와 같이 쓰인다.

사소해서, 구차해서, 어려워서 굳이 말로 표현하지 못한 것들을 눈치껏 알아채지 못한 상대에 대한 서운함이 쌓이면 섭섭하게 되고 더 깊어지면 괘씸해지기까지 한다. '꼭 말로 해야 아나', '내 마음을 너무 몰라준다'는 것이다. 한국에만 있는 범죄인 괘씸죄의 사전적 정의는 '아랫사람이 윗사람이나 권력자의 의도에 거슬리거나 눈 밖에 나는 행동을 하여 받는 미움'이다. 주로 힘 있는 사람이 힘없는 사람에게 지우는 죄이다. 뚜렷한 잘못이 없는데도 생겨나는 죄이기에 법전에는 나오지 않는 죄이며 윗사람의 심정을 헤아리지 못한 죄이다.

한국사회에서 이처럼 '눈치'가 발달한 이유는 한국사회가 고맥락 사회high context society이며, 상하질서를 중시하고, 의사소통에 있어 단어와 문장의 해석을 보편적 의미에 비추기보다는 관계의 특수성에 비추어서 하기 때문이다. 눈치는 상황파악 능력이기도 하지만 보통

'눈치를 본다'는 것은 부정적인 의미로 통한다. 이어령은 그의 저서 『흙속에 저 바람속에』(문학과 사상, 2003)에서 눈치를 '단순한 센스가 아니라 언제나 약자가 강자의 마음을 살피는 기미'라고 했다. 원리·원칙과 논리가 통하지 않는 부조리한 사회에서 없어서는 안 될 지혜라고 보았다. 이처럼 눈치는 부정적이고 비합리적이라는 의미와 통한다. '눈치를 본다'라는 말에는 주눅이 들어 있거나 아부하는 느낌이 배어 있다. 하지만 말을 아끼는 유교문화의 영향과 천 여 년에 걸친 농경문화의 특성에서 비롯된 '눈치'는 남의 마음을 알아차리는 힘이다. 다른 뜻으로는 주위와 주변을 살피는 배려의 방법이기도 하다.

서양 사람들에게는 아무리 설명을 해도 이런 눈치의 다양한 의미를 이해시키기 힘들다. '눈치'를 영어로 번역하기가 어려워서 아예 우리말 그대로 'Nun chi'라고 하고 긴 설명과 함께 다양한 사례를 들어야지만 겨우 전달되는 경우가 많다. 보는 것뿐만 아니라 냄새를 통해서도 상황을 이해하려는 노력을 해야 한다는 의미에서 눈치에 코치까지 더해졌다. '눈치코치'는 상대를 배려하기 위해 눈, 코 말고도 온 몸의 감각을 이용하여 주어진 상황들을 이해하려고 노력해야 한다는 뜻을 담고 있는 문화언어다.

# 002. 당장 집에서 나가라

**당장 집에서 나가라**
☞ 잘못을 인정하고 용서를 빌어라.

"꼴도 보기 싫으니 당장 집에서 나가!"

한국인이라면 최소한 한번쯤은 부모에게 들어 보았거나 부모로서 자신의 자녀에게 이런 말을 해 본 적이 있을 것이다. 자녀가 약속을 어기거나, 늦게 들어오거나, 밖에서 사고를 치고 들어왔을 때, 또는 기대에 어긋난 행동을 하면 부모들은 이렇게 말하곤 한다. 하지만 이 말을 듣고 진짜 집을 나가면 안 된다. 이렇게 말하면 자식이 겁을 먹고 순종할거라고 생각해서 한 말이지 진짜 나가라는 뜻은 아니다. 오히려 '너를 계속 보고 싶으니 나가지 말고 내 말을 따르럼'이라는 속뜻을 지니고 있다. 이 말을 곧이곧대로 듣고 아이가 정말로 문을 꽝 닫고 나가버리면 애가 타는 것은 정작 부모 쪽이다. '나가란다고 진짜 나가면 어떡하니?' 그럴 때는 아버지나 어머니께 잘못했다고 용서를 비는 것이 정답이다.

자식이 웬만큼 나이가 들면 그 말이 명령이 아니라 경고라는 걸 안다. 정말 나가라는 명령이 아닌, 그러다가 쫓겨 날 수도 있다는 경고 혹은 애정 어린 협박이다. 한국의 부모들이 이런 말을 하는 것은 자식이 가족으로부터 축출되는 것을 가장 두려워할 것이라고 생각해서 이다. 실제로 대부분의 한국인들은 추방되기 보다는 억압을 받더라도 집단 안에 남아 있는 길을 택한다고 한다. 한 조사에 따르면 한국인들의 약 60%, 그리고 한국 대학생의 약 70%가 자신에게 일어날 수 있는 가장 나쁜 일로 '모든 관계에서 벗어나 고립되는 것'을 들고 있다. 변화경영 연구가인 구본형은 칼럼 「한국인의 화병과 미국인의 자아도취」(『삼성월드』, 2005)에서 한국인들은 분노를 표출하고 낙오되고 배제되는 대신 분노를 참고 집단 속에 남는 길을 택하기 때문에 화병이 우리의 민족적인 심리 증후군이 되었다고 해석한다.

한국에는 인간관계를 단절시키는 독특한 형벌이 있었다. 조선시대의 사형死刑 다음의 무거운 벌인 유배형流配刑이 바로 그것이다. 왕이 신하를 벌줄 때 감옥에 가두어두는 형벌은 어느 나라에나 있었지만 전혀 연고가 없는 타지로 귀양살이를 보낸 것은 한국인만의 특유의 단죄방식이다. 유배형은 중죄를 지은 자를 고향에서 멀리 떨어진 타지에 보내 종신토록 살게 하는 형벌이었다. 공동체 생활을 기반으로 하는 조선사회에서 죽을 때까지 유배생활을 한다는 것은 생활공동체로부터 배제됨을 의미한다. 가족과 친구, 주변 사람들과 관계가 영구히 단절되는 것이다. 관계의 단절이 장기화되면 가혹한 심적 고통이 수반된다는 사실을 조선시대 위정자들도 너무나 잘 알고 있었다.

이와 같은 한국인의 사고를 반영한 것으로 '호적을 파버리겠다'는 말도 있다. 우리나라 드라마에 흔히 나오는 말이지만 외국 사람들에게는 도저히 이해가 안 되는 대사이다. 마음에 안 드는 사람과 결혼을 하려 한다거나, 부모에게 큰 잘못을 저질렀을 때 노발대발한 부모가 호통을 치며 말한다. "당장 호적을 파서 나가!" 호적에서 제외시키겠다는 말로 법적인 친족관계를 끊겠다는 의미이다.

'호적을 판다'는 표현은 일상생활에서 아직도 쓰고 있는 말이지만 이제 한국에서는 호적에 올리는 것도, 호적에서 파내는 것도 실제로는 불가능하다. 2005년 호주제가 폐지되어 현행법상 호적 자체가 존재하지 않기 때문이나. 오랜 시간 우리 생활에 뿌리 깊게 자리 잡은 호주제는 폐지된 지 10년이 지났어도 완전히 없어지지 않고, 우리의 말속에 아직까지 존재하고 있다.

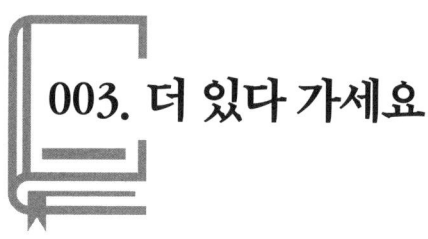

## 003. 더 있다 가세요

**더 있다 가세요**

☞ 조금 더 있어도 괜찮지만 지금 간다고 해도 잡지 않을게요.

한 방송사가 설 특집으로 며느리 1000명에게 시어머니에게 하는 흔한 거짓말이 무엇인지를 물었더니, "어머니 벌써 가시게요? 며칠 더 계시다 가세요"가 1위로 꼽혔다고 한다.(MBC 설 특집 '여성! 100대 100' 2006.1.30.)

이제 자리를 뜰 채비를 하는 시어머니가 내심 반갑더라도 '더 있다 가세요'라고 말하는 것은 '나는 어머니를 접대하고자 하는 의지가 충분히 있음을 알아 달라' 또는 '내가 어머님이 빨리 일어나기를 기다렸다고 오해하지 말아 달라'는 뜻이 된다. 시어머니도 '네가 해

주는 음식도 맛있고 지내기가 너무 편해서 더 있고 싶지만 밭에 물도 줘야하고 옆집 할머니도 기다려서 이만 가봐야 겠다'하며 얼른 일어서야 한다. 며느리의 '더 있다 가세요'라는 말을 듣고 그대로 눌러 앉으면 눈치 없는 시어머니가 된다. 그리고 용돈을 내미는 며느리에게 시어머니는 말한다. "아이고 뭐 이런걸, 살림도 어려울 텐데 … 그냥 둬라" 하면서도 손은 돈을 '꽉' 움켜쥔다.

겉으로 드러나는 말과 속마음에 차이가 있다는 것은 말하는 사람도 듣는 사람도 세상 사람도 모두 안다. 이처럼 그다지 마음에 담고 있지는 않지만, 상대를 생각해서 굳이 말로 표현해 주어야 하는 것을 '빈말'이라 한다. 이런 빈말 응대를 지켜보고 있노라면, 빈말이 굳이 본마음 그 자체는 아니라 하더라도, 또 다른 차원의 미더움과 배려를 만들어 내는 역할을 하고 있다는 것을 엿보게 된다. 위와 같은 고부간의 빈말 인사는 두 사람 사이에 탄탄한 심리적 안정의 틀을 만들어 낸다. 빈말 인사소차도 오갈 수 없는 고부 사이는 이미 되돌리기 어려운 갈등관계인 것이다.

빈말은 실속 없이 헛된 말, 속에 없는 말로 허언虛言을 이른다. 유의어로 공언空言, 공수표空手票, 공염불空念佛 등이 있다. 요즘에는 '립서비스lip-service'라고도 한다. 밥 한 그릇을 다 비운 손님이 더 먹지 못할 것을 알면서도 '더 드세요'라고 말한다든가, 더 있다갈 수 없는 상황인 걸 알면서도 '더 놀다 가세요'라고 한다. 사실은 바빠서 시간 내기 힘들었지만 일부러 찾아와 놓고도 '근처에 오는 길에 잠깐 들렀어요' 같은 식의 표현을 흔히 사용한다. 상대방에게 부담을 주지 않으려고 하는 말이다. 오랜만에 만난 사람들끼리 '얼굴이 건강해 보인다'거나

'못 본 사이에 많이 예뻐졌다'는 인사는 서로 빈말인 줄 알고 주고받는 인사지만 서먹서먹하던 분위기를 환하게 만들어 준다. 백화점이나 마트 등에서 다시 올 생각이 없더라도 "한 바퀴 둘러보고 다시 올게요"라고 말하는 것은 점원에 대한 예의를 지키기 위한 것이다. 숙명여대 문금현 교수는 「한국어 빈말 인사 표현의 사용 양상과 특징」(『언어와 문화』 5권 1호, 2009)에서 이런 빈말들이 '미안한 마음을 덜고 상대의 체면도 살려주는 표현'이라며 '체면을 중시하는 한국인의 가치관이 드러난다'고 우리나라 빈말의 효용을 분석했다.

이렇게 주고받는 빈말들은 단순히 예의를 떠나 상대방을 배려하고 있음을 나타내는 자연스러운 한국인의 문화이다. 자신을 낮추고 상대를 높여 본인 체면도 지키고 상대방도 높이는 일종의 언어 예절이다. 사람들은 이런 빈말에 매혹되기도 하고, 힘을 얻기도 한다. 그런데 이런 빈말로 소통하는 집단과의 문화적, 경험적 배경을 공유하지 않으면 제대로 알아듣기가 힘들다. 외국인이라면 한국인들이 하는 빈말을 이상하게 생각할 것이다. 그냥 친절하고 예의 바르게 하려는 의도로 말했더라도 상대방에게 오해와 상처를 줄 가능성이 있다.

## 004. 뒤치다꺼리 하다

**뒤치다꺼리**
☞ 말하지 않아도 자잘한 일을 이리저리 살펴 도와주는 것.

기러기아빠, 알파맘, 베타맘, 헬리콥터맘은 자신을 희생해 가며 '자식 치다꺼리'에 온갖 정성을 쏟아 붓는 우리 시대 부모상을 대변하는 신조어다. '치다꺼리'란 말하지 않아도 자잘한 일을 이리저리 살펴 도와주는 것이다. 잔치 치다꺼리, 제사 치다꺼리처럼 어떤 일을 치러 내는 것을 말하기도 하고 '자식 치다꺼리, 환자 치다꺼리'와 같이 남을 도와서 거드는 일을 말하기도 한다. 치다꺼리는 그 앞에 '뒤'라는 말을 붙여서 '뒤치다꺼리'라는 표현으로 많이 쓴다. '뒤치다꺼리'는 부모가 자식을 돌보는 것처럼 남이 성가셔 하는 대수롭지 않은 일을 대신 해주고, 생색나지 않는 일들을 알뜰살뜰 보살피는 것이다. 그래서 우리나라에서는 자식 뒤치다꺼리하느라 부모의 허리가 휘고 등골이 빠졌다고 한다.

비슷한 의미의 외국어로 '서비스service'가 있지만 두 단어 사이는 근본적인 차이점이 있다. 서비스는 직업적인 한계 내에 머물고 있는 말로서 상대방의 요구를 들어준다는 뜻이다. 요구를 들어주니까 그에 대한 대가를 받아야 한다는 것이다. 서양에서 서비스요금이 당연시 되는 이유도 여기에 있다. '서비스를 받는다' 혹은 '서비스를 해 준다'는 뜻은 대가를 지불해주는 뒤따름이 있어야 한다는 것을 전제로 한다. 하지만 뒤치다꺼리는 그렇지 않다. 뒤치다꺼리는 직업이라는 차원을 넘어서서 자기 자신의 희생까지를 감내하는 것이기도 하다.

아기를 돌보는 일을 본디 '뒤치다꺼리'라고 한다. 말 못하는 어린 아기를 어르고 달래며 밤잠을 설치고, 엄마는 아기가 저질러 놓은 일을 아무 일도 없던 것처럼 되돌려 놓으며 성가셔 하지도 않고 행여 아기가 불편해 할 새라 신경을 쓴다. 어머니의 정성으로 이루어지는 뒤치다꺼리는 서비스요금이라는 것이 없다. 상대방의 요구에 직업적으로 서비스하는 것이 아니라 상대방이 미처 생각하고 있지 못하는 것, 상대방이 아쉬워 할 것 같은 것을 스스로 찾아서 온갖 치다꺼리를 해준다는 의미이다. 무엇이 필요한지 물어서 구체적으로 알아도 상대방 마음에 들게 도움을 주기란 쉽지 않은 일인데 이편에서 짐작해 상대에게 필요한 도움을 주기는 더더욱 쉽지 않다. 뒤치다꺼리를 한다는 것은 타인의 마음을 헤아릴 줄 알 때 비로소 가능하다.

불교의 『잡보장경雜寶藏經』에 나오는 무재칠시無財七施는 '가진 것이 없어도 다른 사람들에게 베풀 수 있는 일곱 가지'를 말한다. 첫째, 얼굴에 화색을 띠고 부드럽고 정다운 얼굴로 남을 대하는 화안시和顏施, 둘째, 칭찬이나 위로 등 말로써 베푸는 언시言施, 셋째, 마음의 문을 열고 따뜻한 마음을 주는 심시心施, 넷째, 호의를 담은 눈으로 상대를 대하는 안시眼施, 다섯째, 남의 짐을 들어주는 등 몸으로 때우는 신시身施, 여섯째, 때와 장소에 맞게 자리를 양보하는 좌시座施, 마지막으로, 굳이 묻지 않고 상대의 마음을 헤아려 알아서 돕는 찰시察施가 그것이다. 불교의 영향 속에서 한국인들은 이러한 가르침을 생활 속에서 행하려 노력해왔다. 그래서 굳이 따져 묻지 않고 상대방의 마음을 헤아려 알아서 도와주는 찰시察施와 같은 뒤치다꺼리가 가능했던 것이다. 한국인은 눈빛, 표정, 몸짓, 발짓, 손짓 또는 헛기침 몇 번만으로도 상대의 의중을 알아보는 놀라운 통찰력을 지니고 있다.

미래의 고객응대는 서구사회의 서비스개념을 넘어서는 우리와 같은 통찰문화권의 '뒤치다꺼리'차원에서 이루어질 때 경쟁력이 있다. 고객이 요구하기 전에 기업이 '알아서' 고객들의 불편한 요소를 파악하여 해결해 줄 때 서구적 서비스에서는 찾을 수 없는 정서적 유대감이 생겨나기 때문이다.

# 005. 말귀를 못 알아듣는다

**말귀를 못 알아듣는다**
　☞ 표면적인 언어 이외에 그 말이 쓰인 상황을 이해하지 못한다.

　경청한다는 것은 서양인들에게는 눈을 마주치고, 고개를 끄덕이며 메모를 하는 등 상대의 말에 반응을 하는 것과 상대가 말한 것을 정리하여 말하고 확인하는 것을 의미한다. 그런데 한국인들에게는 이 정도로는 상대가 내 말을 경청한다고 여기지 않는다. 옛말에 '개떡같이 말해도 찰떡같이 알아듣는다'는 말이 있다. 받아들이는 사람의 중요성을 강조한 말이다. 개떡같이 말해도 찰떡같이 알아들을 때 비로소 내 말을 경청했다고 인정한다. 그래서 우리에게 진정한 경청은 말한 사람의 속뜻을 알아주고 이해해 주는 것이다. '척하면 착',

'어 하면 아'하며 눈빛만 봐도 통하는 사람을 원한다. 이런 사람을 우리는 '말귀를 잘 알아듣는다'고 한다. 말귀란 '남의 말뜻을 알아듣는 총기' 또는 '말이 의미하는 내용'을 뜻한다. '말귀가 밝다', '말귀가 어둡다'라고 쓴다.

한국인들은 곧이곧대로 말해주는 경우가 별로 없기 때문에 '말'보다는 '말귀'를 알아듣는 것이 중요하다. 말귀를 못 알아듣는다면, 최소한 말은 알겠지만 그 의미는 모를 수 있다. 굳이 말하지 않아도, 돌려 말해도 적당히 눈치 빠르게 내 상태를 파악해서 내가 원하는 걸 나에게 말해주길 바란다. 상대가 나에게 하는 말과 행동은 모두 나에 대한 관심으로 여기기 때문이다. '말귀도 못 알아듣는다'고 야단치는 상사와 '통 무슨 말인지…' 중얼거리며 고개를 갸우뚱하고 나오는 부하직원이 있는 곳이 흔한 우리의 사무실 풍경이다. 사람을 부리거나 가르치는 입장에선 '말귀'를 잘 알아듣는 부하나 제자에게 더 정이 가기 마련이다. 말로 통하지 아니하고 마음에서 마음으로 전하는 일을 뜻하는 '염화미소拈華微笑'의 유래는 이를 잘 보여준다. 석가모니가 한 송이 연꽃을 들어보였을 때 모두들 어리둥절했지만 오로지 마하가섭摩訶迦葉만이 그 뜻을 알고 빙그레 미소를 짓자 그에게 불교의 진리를 전했다는 이야기나.

고맥락 문화에서는 그 문화에 속한 사람들 간에 공유되고 있는 유사한 경험과 기대를 바탕으로 의사소통이 유지되고 단어들이 해석된다. 많은 말을 하지 않고 몇 단어만으로도 그 문화에서 의미하는 바가 무엇인지 전달될 수 있기 때문에, 단어가 내포하는 문화적 맥락이 높은 것을 말한다. 따라서 의사소통에서 단어의 선택과 뉘앙스가 매우 중요하다. 한국인들은 일을 진행할 때마다 질문과 답변이 오고간다면 그처럼 비효율적인 일도 없다고 생각한다. 상대방이 알아서 일을 진행해주기를 바라며, 이를 '손발이 맞는다'고 표현하기도 한다. 물론 그로 인한 부작용도 발생하지만, 한국인들이 고맥락 문화로부터 얻을 수 있는 이러한 경제성과 편리함을 포기하기가 쉽지 않을 것이다.

상황을 모르면 그 내용을 이해할 수 없다. 어떤 경우에는 지금의 상황뿐만 아니라 과거의 상황들까지도 알고 있어야 한다. 그리고 주변의 상황들도 이해하고 있어야 한다. 그래야 이른바 '말이 통한다.' 예를 들어 '비가 온다'라는 단어의 의미는 고정적이지만, 이 문장이 쓰이는 상황에 따라 우산을 가지고 아들을 데리러 가야겠다는 의미일 수도 있고, 빨래를 걷어야겠다는 의미일 수도 있다. 그러므로 말이 통한다는 말은 단순히 그 내용을 이해했다는 의미가 아니다. 그 상황을 다 이해하고, 그 사람의 처지를 다 이해했다는 의미가 된다. 그러므로 말귀를 잘 알아듣는 능력은 단순하지 않다. 언어 뒤에 숨은 그 맥락을 끄집어내는 힘까지가 말귀이다.

## 006. 나 말리지 마

**나 말리지 마**
☞ 나는 싸우고 싶지 않으니 어서 싸움을 말려 달라.

한국인들은 시비가 붙어 싸울 때 대개 '나 말리지 마'로 시작한다. 팔을 걷어붙이고 "말리지 마" 하면서 말싸움을 한참 한 뒤 멱살을 잡고 실랑이를 한다. 그러면 대부분 옆의 친구나 지나가던 사람들이 싸움을 뜯어 말리고 양쪽은 말리는 사람한테 서로 자신이 옳다고 주장을 한다. '말리지 말라'는 것은 사실 말려 달라는 것이다. 말리지 말라고 하지만 말리기 마련인 제 삼자를 의식하고 있고, 그 제 삼자로 하여금 말려 달라고 속마음으로 호소하고 있는 것이다.

우리 선조들의 기예와 싸움 풍속을 들여다보고 있는 허인욱의

『옛 그림에서 만난 우리 무예 풍속사』(푸른역사, 2005)에서는 한국인의 싸움을 바라보는 구한말 외국인들의 목격담이 나온다. "말솜씨로 한몫 잡은 그들은 주변 사람들과 행인들이 모두 들을 수 있도록 큰 소리도 떠든다.…가문이 들먹여지면 분위기는 험악해진다. 감정이 상한 상대방이 두 주먹을 불끈 쥐며 저돌적으로 달려든다. 그리고 이 순간 군중 속에서 말리는 사람이 자연스럽게 나타난다.…"

'칼로 물 베기'라 말하는 부부 싸움도 이와 다르지 않다. 부부싸움 풍경은 대개 다음과 같다. 남편이 앉아 있는데 아내가 때리라고 머리를 들이민다. 남편이 비켜 앉아도 아내는 계속 따라간다. 드디어 남편이 확 밀어제친다. 그러자 아내는 기다렸다는 듯 "동네 사람들아, 사람 잡는다"하고 고함을 친다. 이는 싸움 구경하는 사람들에게 싸움 좀 말려 달라고 호소하는 것이다

이렇게 한국인들은 말로만 '죽인다'고 하고 먼저 때리지 않는다. '때린 사람은 오그리고 자고 맞은 사람은 다리 뻗고 잔다'는 말은 이런 한국인의 심성을 잘 반영하고 있다. 때린 사람이 오히려 미안하고 마음이 불편해 편히 잠을 자지 못한다는 말이다. 결투의 전통과 풍속이 없었으며 싸운다 해도 고작해야 삿대질이나 하고 멱살이나 잡았던 것이 한국인들의 싸움이었다. 『韓·中·日 3국인 여기가 다르다』(한일문화교류센터, 2002) 에서 한중일 삼국의 싸움문화를 비교한 저자 김문학은 이를 선비문화의 영향 때문이라 파악한다.

한국인들은 주로 주먹다짐보다는 입씨름을 많이 한다. 젊은 층이나 어린아이들은 서로 치고 받고 싸우기도 하지만, 어른들은 그야말

로 농담을 주고받듯 걸쭉한 욕설로 맞상대를 한다. 한국의 욕이 발달한 이유를 알 듯하다. 이러한 한국의 싸움 형식을 '유교식'이라고 부르면 어떨까? 자고로 군자는 입만 놀리고 손을 놀리지 않았으니 말이다.

한국의 이런 문화유산은 교통사고 현장이나 관공서 등 대부분의 한국사회에서 지금도 강하게 작동하고 있고, '목소리 큰 놈이 이긴다'는 속담 속에 집약되어 있다.

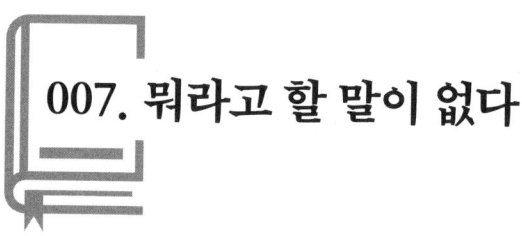

## 007. 뭐라고 할 말이 없다

**뭐라고 할 말이 없다**

☞ 굳이 말로 하지 않아도 내가 어떤 마음인지 너는 안다.

한국인들은 상가喪家에 가서 문상을 할 때는 아무 말도 하지 않는 것이 가장 예의에 맞는다고 생각한다. 꼭 말을 하고 싶다면 "뭐라 드릴 말씀이 없습니다"라고 하면 된다. 상주 역시 "드릴 말씀이 없습니다"라고 대답한다. 이러한 인사말을 할 때는 분명하게 말하지 말고 뒤를 흐리는 것이 예의이다. 상을 당하여서는 문상하는 사람도 슬퍼서 말을 제대로 할 수 없기 때문이다. 상을 당한 사람을 가장 극진히 위로해야 할 자리이지만, 그 어떤 말도 상을 당한 사람에게는 위로가 될 수 없다는 것이다. 오히려 아무 말도 안 하는 것이 더욱더 깊은 조의<sup>弔意</sup>를 표하는 것이 된다고 생각한다.

한국인들은 정말 마음이 불편할 때는 말을 아예 안하는 경우가 많다. 말로는 도저히 표현할 수 없는 마음이라는 것이다. '말 많은 놈치고 싱겁지 않은 놈이 없다', '그걸 꼭 말로 해야 아나?' 등 우리가 자주 듣는 이러한 말 속에는 말이 없어도 진심이 전달될 수 있다는 생각이 깔려 있다. 서양에서 침묵은 대개 부정, 지루함, 무시로 비쳐지곤 한다. 하지만 우리에게는 신중, 진지, 경청의 표시로 여겨진다. 우리가 침묵에 익숙해진 이유는 집단으로 한데 모여 오랜 세월을 살다보니 굳이 말로 하지 않아도 서로를 너무 잘 아는 사이가 되었기 때문일 것이다.

한국인들은 '말은 덜 할수록 좋고 안 할수록 더 좋다'라고 생각한다. 그래서 한국 사람은 '미안하다, 고맙다, 사랑 한다'라는 말을 잘 하지 않는다. 이에 대해 한국 사람이 매우 무례하거나 무뚝뚝한 사람이라고 보는 외국인들도 있다. 우리나라 사람들은 '고맙다', '사랑한다'라는 말을 자주 하면 오히려 진정으로 고맙고 사랑한다는 마음이 희석된다고 생각하기 때문이다. 한국 문화는 말로 표현하지 않는 문화이다. 말보다 감정이 중요한 문화이다. 말이 필요 없는 관계를 가상 이상석인 사이로 본다.

이런 문화적 배경 때문에 한국어에는 문상을 갔을 때 하는 표현조차도 발달하지 않았다. '할 말이 없다'는 것이 가장 절절한 위로의 말이라 생각했다. 마음이 정말 잘 맞을 때를 표현하는 고사성어만 봐도 그렇다. 이심전심<sup>以心傳心</sup>, 심심상인<sup>心心相印</sup>, 교외별전<sup>教外別傳</sup>, 염화미소<sup>拈華微笑</sup>처럼 우리는 말을 안 해도 숨은 뜻을 파악하고 미소를 지을 수 있는 수준의 의사소통을 추구한다. 일일이 설명해줘야 하는 관계보다는 말하지 않아도 내 뜻을 파악해주는 사람에게 편안함을 느낀다. 그래서 '말속에 뼈가 있다', ' 농담 속에 진담이 있다'라는 말을 즐겨 썼고 '하나를 들으면 열을 이해하는 사람'을 똑똑한 사람으로 여겼다.

# 008. 뭘 이런 걸 다

**뭘 이런 걸 다**
　☞ 주신 선물은 사양하지 않고 감사히 받을게요.

　선물을 받을 때 한국인이 가장 많이 쓰는 표현은 '뭐 이런 걸 다'이다. 그게 아니면 손 사례를 치면서 "괜찮습니다"라고 할 것이다. 한국인들은 선물을 받았을 때 속으로는 반갑고 고마우면서도 '고맙습니다'라고 곧바로 말하지 않는다. 고맙다는 말을 바로 하면, 마치 선물을 기대하고 있었다는 인상을 주기 때문에 그렇다.
　"뭐 이런 걸 다 주십니까, 괜찮습니다"라고 한다고 해서 "그래요?" 하고 주다 말면 십중팔구 인정머리 없는 사람이란 소리를 듣는다. 억지로라도 안겨주어야 잘했다는 말을 듣는다. 한국인들은 그 사람이 그냥 사양하는 것인지 또는 진정 거절하는 것인지를 눈치로써 금방 안다. 이런 문화적 문법을 모르는 외국인들은 '선물을 원치 않는다'로 들을 것이요, 어떤 사람은 '선물이 마음에 들지 않는다'로 들을 것이고, 어떤 사람은 '한번 사양해 보겠다'는 뜻으로 들을 것이다. 요즘 젊은이들도 친척 어른이 용돈을 주려고 돈을 꺼낼 때 알면서도 모른 척하고, 돈을 주려고 하면 예의상 "아니에요"라며 사양해야 예의를 아는 아이로 여겨진다. 부모님들도 선물을 받으면 "무슨 돈을 이렇게 많이 썼냐"며 오히려 자녀를 나무란다. 좋으면서도 극구 사양의 말을 한다. "뭘 이런 걸 다! 괜찮다. 나는 신경 쓰지 마라." 라는 말을 들었다면 정 반대로 해석해야 한다. 그분들의 사양은 진심이 아니다.

옛날 봄철 보릿고개 때에 남의 집에 가서 밥 한 그릇을 대접받으면서 미안한 생각에 차마 다 먹지 못하기가 일쑤였다. 그래서 좀 남길라치면 옆에 앉았던 할머니가 이 낌새를 알아차리고 물을 부어 준다. 아무리 사양을 해도 소용이 없다. 한국의 할머니는 그 사람이 그냥 사양하는 것인지 또는 진정 거절하는 것인지를 통찰로써 금방 안다.

고맥락 문화권인 한국에서 의례적인 사양을 곧이곧대로 받아들였다간 낭패를 보기 십상이다. 상대방이 말은 어떻게 하건 눈치로 맥락을 읽어 내고 그 사람의 뜻을 판단하는 것이 매우 중요하다

# 009. 변변치 않다

**변변치 않다**
☞ 상대방의 칭찬을 받아들이거나 자신의 마음을 표현할 때 그것을 낮추는 겸손한 표현.

일반적으로 한국인은 상대가 칭찬을 하면 '변변치 않습니다', 또는 '뭘요, 아직 부족합니다' 등으로 칭찬에 동의하지 않거나 별것 아니라는 식의 답변을 한다. 이에 대해 한국인들은 '겸손한 사람이군!' 하고 생각하지만 외국인의 경우 '내가 잘못 칭찬했나'라고 생각할 수 있다. 우리들은 칭찬이란 첫술에 넙죽 받아먹는 것이 아니라고 듣고 보고 자랐기 때문이다. 그러니 오늘 따라 예뻐 보인다는 칭찬에도, 좋은 가방이라는 칭찬에도 손 사례를 치며 일단 뒤로 물러선다. 그것이 우리의 겸손이고 예의다. 주어진 기회에 대하여 "글쎄요,

잘 할지 모르겠습니다"라고 말한다. 자기의 능력은 자신이 내 보이는 것보다, 남이 먼저 인정 해 주는 것이라는 기대가 우리들 인식 속에 배여 있기 때문이다.

자신의 의견을 말할 때도 '제 소견으로는…', '보잘 것 없는 제 의견이지만…'이라고 하고, 자신의 작품을 이야기할 때 졸작拙作이라고 하는데 영어에서는 이에 해당하는 단어를 찾을 수 가 없다. '변변치 않은 저의 책' 또는 '저 같이 보잘 것 없는 사람' 등의 표현으로 자신을 낮추거나 자신의 행위나 소유물에 대해 겸손함을 보여준다. 한국에서는 사소한 자신감의 표현도 건방짐이나 무례함으로 인식되는 경우가 많기 때문이다.

또한 한국인들은 칭찬을 잘 받아들이지도 못하지만, 칭찬을 잘 하지도 못한다. 이와 달리 서양 사람들은 일상생활에서 칭찬도 잘하고, 또 칭찬을 자연스럽게 받아들인다. 이렇게 한국인들이 칭찬에 익숙하지 않은 이유를 두 가지로 생각해 볼 수 있다. 우선 당연히 해야 할 의무와 역할을 했을 뿐인데 고맙다는 치하를 받는 것은 경박한 처세라 생각했기 때문이다. 우리는 남이 몰라준다 해도 당연히 해야 할 일을 묵묵히 하는 것, 그것이 성숙한 사람의 자세라고 믿어 왔다. 또 다른 이유를 들자면 마음의 표현을 좀처럼 쉽게 하지 않는 특성 탓이다. 말이 많은 사람은 수다스럽고 경박한 사람으로 취급되기 십상이다. 우리는 사람 사이에 깊이 흐르는 감정의 강을 중요시 한다. 유교적 전통에 따르면 인간관계를 지배하는 원칙은 마땅히 지켜야 할 사회적 역할에 근거한다. 그래서 마땅한 일을 했을 때 감사 표시나 칭찬의 말을 잘 해주지 않는다.

또한 한국인은 남에게 자신을 드러내 보이는 것이 달갑지 않아 칭찬을 꺼리기도 한다. '모난 돌이 정 맞는다'는 속담에서도 보듯이 한국인들은 주위 사람들로부터 자신이 특출하게 보이는 것에 대해 부담을 갖는다. 함부로 나서는 것을 경솔하다고 생각한다. 수업시간에도 잘난 척하는 것처럼 보일까봐 입을 다물고 있는 경우가 많은데 이는 다른 사람과 조화로운 관계를 중시하는 의식과도 연관이 있다.

유교문화의 영향으로 겸손을 중요시하는 한국인은 칭찬 받기엔 아직 부족하다는 의미로 칭찬에 동의하지 않거나 자기를 낮추는 경향이 있다. 누군가에게 축하를 받거나 칭찬을 받을 때, '변변치 않습니다' '부끄럽습니다', '별거 아니에요' 혹은 '천만에요'라고 말한다. 이는 상대방의 칭찬을 부인하는 것이 아니라 그 칭찬을 수용하는 한국인 특유의 방식이다.

# 010. 숟가락이 몇 개인지 다 안다

**숟가락이 몇 개인지 안다**
☞ 그 집안 사정을 자세히 알고 있다.

"안녕하세요. 파란색 대문 집에 새로 이사 온 영희인데요. 엄마가 떡 가져다 드리래요." "그래 잘 먹겠다고 전해드리렴. 잠깐 기다려봐. 요건 엄마 갖다드려" 하며 내미는 접시에는 사과 몇 알이 담겨있다. 이런 모습은 1980년대 까지만 해도 너무나 익숙하게 보던 것이다. 이런 풍경들을 재현해서 그 시절로 추억여행을 떠나게 해준 드라마 '응답하라 1988'은 큰 인기몰이를 했다. 그때 그 시절을 흔히 '이웃집 숟가락이 몇 개인지 다 알던 시절'이라 부른다. '숟가락이 몇 개인지 안다'는 말은 그 집안 사정을 자세히 알고 있다는 의미이다. 이웃과 얼마나 친한지를 나타내는 표현이기도 하지만, 옛날농경사회에 '나'와 '너'의 구분이, '내 집'과 '네 집'의 구분이 없었음을 보여주는 표현이기도 하다. 그만큼 이웃 간 왕래도 잦고 가족처럼 지냈다는 뜻이다.

여기서 숟가락은 집안사정을 대표하는 말이다. 그 집의 식구가 몇 명인지 같이 식사할 만한 사람은 몇 명인지 다 안다는 이야기가 된다. 또한 부엌의 살림살이가 어떻게 되어 있는지도 서로 잘 알고 있다는 이야기도 된다. 무엇이 부족하고 무엇이 여유가 있는지에 대해서도 아는 가까운 사이라는 것이다. 옛날에는 이런 사이를 '이웃사촌'이라고 했다. 우리말에서 숟가락은 늘 특별한 의미가 있다. 한국어 표현을 보면 숟가락의 중요성을 알 수 있다. 죽음과 삶을 표현할 때 모두 숟가락을 사용한다. 아이가 태어나면 '밥숟가락 하나 늘었다'고 하며 사람이 죽으면 '밥숟가락 놓았다'고 한다

이렇게 이웃집 사정을 잘 알고 있다는 것은 그만큼 남의 집을 내 집 드나들 듯 하였다는 말이다. 대문도 없는 집이 대부분이었고 남의 집을 열어보아도 실례가 되지 않았다. '마실간다'는 말은 외국인들이 받아들이기 쉽지 않는 이웃집 방문법이다. 전화나 양해 같은 것 필요 없이 아무 때나 "있소?" 하면서 사립문을 밀고 들어서면 되었다. 초대나 예약은 필요 없었다. 아무도 "실례합니다" 따위의 말을 하지 않았다. 그냥 헛기침을 몇 번 하면서 불쑥 들어 왔다. 이웃집을 내 집처럼 들락거리며 이야기를 나누고, 음식도 만들어 서로 나눠 먹는 등 이웃과 희로애락을 공유하며 사는 생활방식이었다

골목의 삶은 공동체의 삶이다. 옆집에 누가 살고 그 집에 숟가락

이 몇 개인지도 알고 있다. 부부 싸움이 나면 동네에서 모르는 사람이 없을 정도다. 이웃이 어려움을 당하면 내남없이 나서서 도왔다. '멀리 있는 사촌보다 가까운 이웃이 낫다'는 속담은 마을 사람들 사이의 친밀함을 자랑하는 말이었다. 골목에서는 아이들이 뛰놀고 온갖 장수들이 드나들었다. 해가 지더라도, 외등에 불이 들어오더라도 밥을 먹으라는 어머니의 고함이 열 번은 족히 들릴 때까지 아이들은 골목과 함께했다. 이는 다른 나라와는 차별화된 우리나라만의 고유 정서였고 삶의 방식이었다.

# 011. 알아서 해

**알아서 해**
☞ 내 생각을 읽어서 내 마음에 쏙 들게 해봐.

　한국인들이 다른 사람에게 무엇인가를 지시할 때 흔히 쓰는 말이 있다 "알아서 해." 직장생활을 하면서 상사들이 사소한 것이나 굳이 정해주지 않아도 될 것을 물었을 때 '알아서 해'하곤 한다. 그런데 속뜻을 모르는 사람은 자신에게 모든 것을 결정하라는 뜻으로 오해하고 자기 마음대로 결정해서 곤란한 상황이 되는 경우가 종종 있다. 그 말의 뜻은 '자네가 내 생각을 읽어 내 마음에 쏙 들게 처리해 봐'이런 뜻이다.

　음식을 주문할 때도 무얼 시킬까하고 물으면 '아무거나 알아서 시켜'라고 하거나, 원하는 생일선물이 있느냐고 물어도 '아무 것도 필요 없어'라든가 '그냥 비싸지 않은 것으로 알아서 해'라고 한다. '알아서 해'에 내포된 뜻은 복잡하다. '정말 네 마음대로 알아서 해도 좋다는 의미'라기보다는 '이쪽 마음을 잘 헤아려 알아서 행동하라'이다. 상대방의 속마음을 잘 헤아려 그가 원하는 일을 알아서 먼저 해 주는 사람을 보고 '입 안의 혀 같다.'고 한다.

'알아서 모신다'를 의미하는 '촌탁忖度'은 한, 중, 일 3국이 공유하는 정서를 담은 단어이다. 얼마 전 일본에서 촌탁, 일본어로 손타쿠 そんたく로 읽히는 단어가 유행어처럼 번졌다. 아베 총리와 부인 아키에여사가 평소 친분 있는 모리토모학원 재단에 국유지를 헐값에 팔도록 모종의 압력을 행사했다는 '아키에 스캔들' 과정에서 불거진 말이다. 일본 신문방송은 연일 이 단어에 주목했고 SNS를 통해서도 널리 퍼졌다. 촌탁忖度이 중국 고전 시경詩經의 '다른 사람의 마음을 미리 헤아려서 안다(他人有心予忖度之)'에 나온다. 상대방이 구체적으로 어떤 지시나 명령을 내리지 않았지만 스스로 알아서, 분위기와 전후맥락을 짐작해 상대가 원하는 방향으로 행동하는 것을 뜻하는 것으로 때로는 '알아서 긴다'의 의미가 된다. 지위가 높은 사람들 앞에서 아랫사람이 '알아서 기는' 행태가 만연한 우리 사회에 '촌탁忖度'이라는 단어는 일상용어가 아니라 낯설지 몰라도 그 의미는 너무나 익숙하다.

어른들은 속으로는 기대하면서도 겉으로는 '괜찮다'라고 한다. 어른들의 그 괜찮다는 표현은 '알아서' 기대치를 충족시켜주지 않으면 섭섭하다는 뜻이다. 아랫사람에게 원하는 것이 있을 때는 솔직하게 이야기해주면 편할 것인데 아랫사람의 처분에만 맡기고 있다가 정작 결과가 나온 뒤에는 자기 마음을 통찰해서 원하는 것을 해주지 않았다는 이유로 불평을 하거나 원망을 해서 둘 사이가 불편해지는 경우가 많다. 이렇게 대놓고 요구하기보다 알아서 해주기를 기대하는 심리에는 내가 원하는 것을 당당히 요구하면 체면이 깎인다는 생각이 깔려 있다. 또 다른 이유는 말하지 않아도 아랫사람이 다 알아서 해준다는 것은 나에 대한 애정이나 관심이 있기 때문이라는 믿음 때문이다.

# 012. 언제 밥 한번 먹자

**언제 밥 한번 먹자**

1. 의례적인 인사 표현.
2. 앞으로 긍정적 관계를 형성하고 유지하고 싶다.

 

우리들이 하는 가장 흔한 약속이면서도 가장 지켜지지 않는 약속이 "언제 밥이나 한번 먹자"다. '밥 한번 먹자'는 말을 들으면 그냥 한 귀로 듣고 한 귀로 흘려버린다. '언제 밥한 번 먹어요', '나중에 한 잔해야지', '언제 밥 한번 살게', '내가 다음에 한턱 쏠게' 등은 실제로 언제 만나자 또는 일정한 날짜에 만나서 식사를 하자라는 뜻보다는 헤어질 때의 인사법이다. 정말 언제 만날 수도 있고 그렇지 않을 수도 있다. 단지 헤어질 때 '의례적'으로 사용하는 말이다. 말을 하는 화자나 그것을 듣는 청자는 그 말이 '정말로 언제 어느 곳에서 식사를 하는 것이 관건이 아니다'라는 사실을 서로 간에 알고 있기 때문이다. 진짜로 밥을 먹자는 약속이 아니라 그 말을 듣는 이와 더 친해지고 싶다는 뜻일 뿐이다. 언제인지 확실한 약속은 할 수 없지만 마음만은 당신과 같이 밥을 먹고 싶고, 술을 마시고 싶고, 통화를 하고 싶다는 표현이다.

한국 사람들 중 이 말을 단순히 밥을 먹자는 이야기로만 받아들이는 사람은 없을 것이다. 이 인사말이 상대방과 식사를 통해 긍정적 관계를 형성하고 유지하고 싶다는 의미를 포함한다는 것을 알고 있기 때문이다. "밥 같이 먹자"는 말은 다른 어떤 제안을 하는 것 보다 부담도 덜 되고, 친해지고 싶은 사람에게 다가갈 수 있는 표현으로 쓰인다. 윗사람에게는 "밥 사주세요" 이 한마디로 거리감을 좁히기도 한다. 관심이 가는 이성이 생겼을 때나 서먹서먹한 관계를 진전시키고 싶을 때 혹은 낯선 사람과 친밀감을 형성해야 할 때 가장 쉽게 쓰는 인사말이기도 하다.

한국인의 인사말 '식사하셨어요?' 또는 '밥 먹었어?'라는 표현은 상대방의 식사 여부를 묻는다기보다 안부를 묻는 역할을 한다. 시간대에 따라 '아침 식사 하셨어요?', '점심 식사 하였어요?' 등으로 묻는 경우도 있다. 이는 진짜 식사 했느냐를 물어본다기보다 의례적으로 말을 건네기 위해 혹은 인사치레로 던지는 말일 뿐이다. 밥을 먹지 않았어도 "예"라고 대답하는 것이 보통이다. 세계 어디에도 없는 우리만의 특별한 인사법이다 무탈하게 지내냐는 뜻이 함축되어있다.

부부싸움을 한 후 남편이 아내에게 "나, 배고파"라고 말하는 것은 화해를 제안하는 것이고, 부모의 속을 썩이던 자식이 돌아 왔을 때

부모가 잘잘못을 따지기보다 "밥은 먹었냐?"라고 물어보는 것은 용서와 화해의 마음을 담고 있는 것이다. 병문안을 갔을 때 환자에게 '밥을 잘 먹어야 해'라는 말은 환자의 쾌유를 비는 말이다. 먼 길을 떠나는 혹은 먼 길에서 돌아 온 사람에게 '밥 먹고 가라'고 하는 것은 헤어짐에 대한 아쉬움과 안타까움, 그리고 만남에 대한 반가움과 고마움을 표현하는 말이다.

문금현의 「한국어 빈말 인사 표현의 사용 양상과 특징」(『언어와 문화』 5권 1호, 2009)에서는 '밥 한번 먹자는 글자 자체로는 별 의미 없는, 답변에 대한 관심 보다는 상대방에 대한 관심을 보여주기 위한 빈말 인사'이라고 설명한다. '빈말 인사 표현은 한국인들이 정과 체면, 겸손을 중시하고 상대를 배려하다 보니 생겨난 의례적인 인사 표현'이기 때문에 구체적인 식사약속을 잡기 위한 반문은 상대방을 당황하게 할 뿐이다.

## 013. 지금 가고 있어

**지금 가고 있어**
☞ 지금부터 조금 더 기다려야 해.

약속 시간에 늦은 친구에게 전화로 '지금 어디야?'라고 물어 보면, '지금 가고 있어', '거의 다 왔어'라고 대답한다. 5분 후, 10분 후에 물어봐도 친구의 대답은 늘 한결같다. '거의 다 왔어'는 곧 온다는 말이 아니라 '지금 출발했으니 조금 더 기다려야 할 것이다'는 말로 받아들이면 된다. 거짓말이라기보다는 한국인들의 입버릇 같은 말이다. 이제 막 일어나서 집을 나서 놓고도 "거의 다 왔어"를 외친다. 상대방의 초조함을 진정시켜주는 효과가 있으면서 상대방의 기분을 상하게 하지 않으려는 심리 역시 담겨 있다. 연인, 부부끼리 자주 하는 거짓말 1위가 "지금 가고 있어, 거의 다 왔어"라고 한다.

중국집에 배달시킨 음식이 오지 않아 독촉 전화를 하면 "지금 막 출발 했어요, 곧 도착할 겁니다!" 이 말의 속뜻은 "아직 면도 안 삶았는데 30분은 더 걸려요"이다. 당장의 위기를 모면하기 위해 하는 거짓말이고, 알고도 하는 거짓말, 알고서도 속아주는 거짓말이다. 친구들과 신나게 놀고 있을 때, 귀가 시간이 다가오면 걸려오는 부모님의 전화. "어디니? 언제 오니?" 그러면 이렇게 대답한다. "조금 이따 갈 거예요!" 그런 후에도 몇 시간을 더 놀다 집에 들어간다.

이렇게 한국인은 외국인들 시각으로 보면 거짓말을 밥 먹듯이, 숨쉬듯이 하는 사람들이다. '조선인은 거짓말하고 속이는 경향이 농후하다. 남에게 해를 끼치고도 부끄럽게 생각하지 않고 우쭐댄다.' 400여 전 『하멜표류기』(헨드릭 하멜지음, 1688)에 언급된 대목이다. '성품이 착하고 매우 곧이 잘 듣는 사람들이어서 원하는 대로 속여 먹을 수 있다'고도 했다. 350년 전 한 서양인의 눈에 비친 한국인은 '잘 속이고 잘 속는' 민족이었다. 한국 아이들은 일찌감치 부모에게 거짓말을 배운다. 누군가에게 전화가 왔을 때 아이에게 "엄마 없다고 그래", "모른다고 그래", "이건 말하지 마", 또한 놀이공원이나 대중목욕탕 입장권 매표소에서 부모는 아이에게 나이를 속이라고 강요한다. 뷔페식당 앞에서도 초등학생이 미취학 아동으로 바뀐다.

한국인들이 거짓말을 잘하는 이유에 대해 5년간 한국인의 거짓말을 분석한 언어·행동심리 분석가 김형희가 『한국인의 거짓말』(추수밭, 2016)에서 내린 결론은 한국인들이 거짓말에 너무 관대하기 때문이다. 한국인들이 거짓말을 잘하게 된 원인 가운데 하나는 '거짓말에 무뎌진 사회 분위기' 탓이다. 타인에게 거짓말을 지적받는 것은 치명적인 모욕이며, 모욕이어야만 한다. 그러나 우리 사회에서는 속였다가 들키는 사람보다 속은 사람의 사회 복귀가 훨씬 힘들다. "속은 놈이 바보지." 속은 사람에게만 거짓말에 대한 책임을 추궁하는 사회 분위기는 '눈 하나 깜빡하지 않고' 마음 놓고 거짓말을 하게 만든다고 저자는 파악하고 있다.

'지금 가고 있어'와 같이 곤란한 상황을 모면하기 위한 거짓말, 습관적으로 내뱉는 뻔한 거짓말도 있지만 어떤 거짓말은 상대방의 기분을 좋게 해주고 자존심을 높여 주기도 하며, 인간관계에 있어서 윤활유 같은 역할을 하기도 한다. "난 정말 괜찮아", "오늘 따라 멋져 보여요" 같은 말들이다. 어떻게 보면 서로 약속한 거짓말이며 상대에 대한 배려가 있어 오히려 고맙게 느낀다.

# 014. 차린 것은 없지만 많이 드세요

**차린 것은 없지만 많이 드세요**
☞ 정성껏 준비하느라 고생했으니 많이 드세요.

    한국인들은 아무리 잘사는 집이라 해도 손님이 오면 "누추하지만 어서 들어오세요"라고 한다. 또, 많은 음식을 차려 놓고서도 주인은 "아무것도 차린 것이 없지만 많이 드십시오"라며 음식을 권한다. 말은 그렇게 하지만 사실은 '많이 차렸는데 알아주세요!'라는 반대 의미이다. "별 말씀을 다하십니다, 상다리가 부러지겠습니다" 이 말이 호응되는 말이다. 사실 이 표현은 대부분의 한국 사람들에게는 이미 관용적 대구로 쓰이고 있다.
    그러나 외국인들이 이런 인사말을 들으면 황당할 수밖에 없다. 상다리가 휘어질 만큼 진수성찬을 차려 놓고 차린 것 없지만 많이 먹으라는 말이나, 으리으리한 집에서 찾아온 손님에게 누추하지만 들어오시라는 말 등, 겸손이라 하기에는 너무 이해할 수 없는 말이다.

"오시느라고 고생하셨어요"라는 우리의 인사말도 서양인들의 시각에서는 먼 거리를 여행하고 돌아온 사람에게 하는 인사로는 부적절한 표현이 된다. 한국인들은 여행길 자체를 고생으로 여긴다. 교통이 불편했던 옛날에 집 밖을 나서는 일은 고생길에 다름 아니었다. 그래서 그런지 지금도 먼 길을 다녀온 사람에게는 "고생 많으셨지요"라고 인사를 건넨다. 그러나 서양인들은 여행은 항상 즐거운 것으로 인식하기 때문에 "여행 즐거우셨나요?(Did you have a good trip?)"라고 인사한다.

우리의 전통적 언어문화는 자기를 낮추고 양보하는 것을 미덕으로 여겼다. 그래서 임금님도 자신을 덕이 부족한사람이라는 뜻의 과인寡人이라 칭하고, 신하들도 소신小臣이니 소인小人이니 하며 자신을 낮추는 것이 관례화 돼 있었다. 자기자랑, 아내 자랑, 자식자랑을 하는 사람은 팔불출이라 했다. 그래서 사랑하는 자녀를 '아무것도 모르는 어리석은 것들'이라 불렀다. 우리말의 어휘에는 자신을 낮추어 부르는 호칭이 폭넓게 발달되어 있다. 이는 자기 자랑을 자연스럽게 하는 서양의 언어문화와 크게 다른 점이다. 공공연한 마누라 자랑이나 자식자랑은 사회적 금기처럼 여겨왔다.

'준비가 부족하지만 잘 봐주세요', '제가 능력은 없지만 열심히 하겠습니다', '잘 모르지만 한 말씀 드린다면~' 우리가 관용어처럼 쓰는 이러한 표현들은 자신을 낮추면서 상대를 높이는 것이니 상대방을 존중하고 배려하려는 마음과 이어질 때는 긍정적으로 작용하기도 한다. 하지만 우리는 겸손이라는 맥락 때문에 한 입으로 두말을 하는 셈이 된다. 말을 할 때 정보 보다는 문맥, 상황, 느낌, 정황을 중요시 하는 한국인들에게는 겸손의 의도가 충분히 전달될 수 있지만 정보를 중시하는 문화권의 사람들에게는 잘 통하지 않아 소통에 문제가 생긴다. '이렇게 많이 차리고도 왜 거짓말을 한단 말인가.' 이와 반대로 초대받아 간 자리에서 "이 음식 준비하느라 하루 종일 걸렸어요. 부엌에 얼마든지 있으니 갖다 잡수세요."라고 하는 말을 듣는다면 아마도 한국 사람은 음식을 먹기 전부터 기분이 상하기 십상일 것이다.

겸손하여 양보하고 사양하는 '겸양의 덕'을 최고로 치는 유교적 전통이 남아 우리는 아직도 자신의 능력을 부정하거나 축소하는 관례적인 표현을 즐겨 사용한다. 우리에게는 이런 말이 자연스럽게 들린다. 말하는 사람이 겸손해 보이고 교양도 있어 보이기 때문이다.

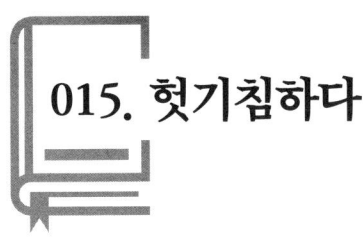

# 015. 헛기침하다

**헛기침하다**
☞ 상황에 따라 상대방에게 자신의 불편한 심리를 알릴 때 쓰는 표현.

'헛기침하다'는 '인기척을 내거나 목청을 가다듬거나 하려고 일부러 기침하다'라는 의미로 사전에서 풀이하고 있다. 하지만 우리문화에서는 헛기침은 백가지 이상의 뜻을 담고 있다. 외출하고 돌아오시는 아버지가 대문 앞에서 내는 헛기침은 곧 들어가니 옷매무새를 다듬으라는 뜻이다. 이른 아침에 내는 아버지의 "어흠" 헛기침 소리는 얼른 일어나라는 소리이기도 하다. 어쩌다가 혼날 짓을 했을 때 밥상머리에서 "어흠~" 하시면 말없는 꾸중이기도 하다. 때로 아버지의 헛기침은 난처한 자리를 피하는 수단이 되기도 했다. 집안일로 어머니의 잔소리가 길어질 때 "어흠~" 하며 자리를 뜨기도 하셨다. 그만큼 아버지의 근엄한 헛기침은 많은 것을 담고 있었다

이처럼 헛기침은 수많은 언어를 내포하고 있다. 헛기침의 장단과 강약에 따라 하던 동작을 멈추거나 짐작되는 상황에 대처해야 한다. 헛기침이 단순히 남에게 자신을 알리려는 목적도 있지만 허세를 부릴 때도 헛기침을 하고 몹시 기분이 나쁠 때도 헛기침으로 그것을 표현한다. 그러나 제일 많이 쓰이는 것은 남에게 자신의 불편한 심리를 알릴 때이다. 예절과 법도를 강조한 유교 문화 속에서 살아온 한국인들은 직설적인 의사표현에 익숙하지 못할 뿐더러 그렇게 하면 상대방을 당황스럽게 할 것이라 여겼다. 말로 하는 표현을 껄끄러워 하는 사회에서는 눈빛, 표정, 몸짓, 발짓, 손짓 혹은 헛기침만으로도 상대방의 마음을 알아차리는 기술이 발달할 수밖에 없다.

이규태는 수필 「헛기침으로 백 마디 말을 하다」에서 시어머니와 며느리 사이에 오가는 대화를 예로 들어 '통찰의 언어'를 설명하고 있다. 비가 오는데 며느리는 아기의 젖을 물리고 다림질을 한다. 이를 본 시어머니는 아기에게 "아가 할머니가 업어줄까?"라고 한다. 이는 아기가 아닌 며느리에게 빨래를 걷으라고 말하는 통찰의 언어이다. 시어머니와 며느리의 대화는 내심을 곧바로 말로 표현하지 않고 빙빙 둘러대는 한국인들의 대화의 전형이다. 시어머니와 며느리가 서로 통찰의 언어를 이해할 수 있었던 것은 오랫동안 동일한 문화적인 관습 아래 같은 상황을 함께 공유해 온 사이기에 가능했던 것이다.

한국인의 행동을 규정지었던 〈소학小學〉이나 〈내훈內訓〉에서는 '비

록 비어 있되 찬 것처럼 하며, 사람이 없되 있는 것처럼 하라.'고 가르쳤다. 방에 들기 전에 반드시 건기침을 하라 했고, 문밖에 신 두 켤레가 있는데 말소리가 없으면 결코 들어가서는 안 된다고 했다. 이것은 예리한 판단력으로 상황을 꿰뚫어 보는 '통찰$^{洞察}$'에 해당된다. 상호간의 조화나 안정을 위해서는 통찰보다 더 좋은 매체가 없다. 한국인들은 상대를 먼저 배려하고, 거기에 맞는 대화와 행동을 취함으로써 친밀한 인간관계를 형성할 수 있었다.

# 말이 필요 없는 문화와
# 말을 해야 알지 문화

한국인의 의사소통 방식은 어떤 메시지를 오해 없이 정확하게 알리기보다는 듣는 사람이 눈치껏 알아들을 수 있도록 넌지시 알리는 방식을 선호한다. 그래서 무슨 이야기를 분명하고 똑 부러지게 말하기보다는 우회적으로 말하거나 두루뭉술하고 불투명하게 표현한다. '너무 덥지 않나요?' 의문문의 형태를 띠고 있지만 실제로는 창문을 열라는 완곡한 요청이다. '배고프지 않니? (밥 먹자)', '아이 병원비가 필요한데 큰일 났네 (돈 좀 빌려줘)', '난 네가 해주는 아침밥을 평생 먹고 싶어 (결혼해 줘)'도 마찬가지이다.

이처럼 직접적으로 말하기보다 돌려 말하는 것을 미덕으로 여기는 문화를 고맥락 문화 'high context culture'라 한다. 문화인류학자 에드워드 홀 Edward Hall은 커뮤니케이션의 방식에 따라 문화를 고맥락 문화 High Context와 저맥락 문화 Low Context로 구분했다. (『문화를 넘어서』, 에드워드 홀, 한길사, 2000) 저맥락 문화는 커뮤니케이션에 있어서 직설적이고 명료하며, 자기 의사를 말과 문자로 분명히 밝힌다. 반면 고맥락 문화에서의 커뮤니케이션은 우회적이고 애매하며, 언어에 담긴 뜻이 함축적이고, 상대방과의 관계를 고려한다. 의사소통에서 의미 전달이 말이나 문자에 의존하는 부분이 클수록 저맥락 문화이고, 명시적인 표현이 적을수록 고맥락 문화다. 다시 말해서 '말이 필요 없는 문화'가 고맥락적인 문화이고, '말을 해야 알지'의 문화가 저맥락적인 문화이다.

고맥락 문화권에는 커뮤니케이션의 목표가 화자와 청자간 조화와 유대를 증진시키는 것이기에 문장의 의미나 진실성보다는 전반적인 감성의 표현이나 공손함이 중시된다. 이 때문에 고맥락 문화권의 사람들은 상대방에 대한 답변이 부정적인 것일 때 답변을 망설이게 된다. 솔직하고 정확하며 직설적인 저맥락 문화의 의사소통 방식이 한국인들에게는 무례하게 받아들여지거나 당황스럽게 느껴질 수 있다. 한국인과 일해 본 서양인은 대부분 한국인이 '애매모호하게 말을 한다' 또는 '거짓말을 한다'는 평가를 한다고 한다.

우리나라가 고맥락 문화권이라는 증거들은 곳곳에 있다. 우리말에는 주어를 생략하는 경우가 많다든가 직접 말하지 않고 돌려 말하는 완곡어법이나 반어적인 표현이 발달했다는 것 등이다. 또한 한국인이 사과나 감사 사랑의 표현을 잘 안 한다고 하는 것은 이러한 고맥락적인 특징에도 원인이 있다. 말보다는 느낌을 중요하게 생각하기 때문이다. 면접 본 회사 사장이 '나중에 연락드릴게요'라는 말을 문자 그대로 해석해서 하염없이 기다렸다가 상처받았다는 사람들은 말을 그대로 받아들여 생긴 오해이다. 거절할 때 '싫다'고 말할 수도 있지만 '생각해 보겠다', '알아보겠다' 이렇게 돌려 말한다. 부탁받았을 때도 '안 된다'가 아니라 '알아보고 나중에 알려 주겠다'고 말하는 경우는 '안 된다'는 표현을 돌려 말하는 것이다. 우리말은 상대방이 말은 어떻게 하건 눈치로 맥락을 읽어 내고 그 사람의 뜻을 판단하는 것이 매우 중요하다.

저맥락에서는 문장 하나하나의 의미가 중요하지만 고맥락에서는 언어보다는 그 언어에 깔려 있는 함축적인 메시지나 감정이 중요하다.

# 2장

# 집단 vs 개인

# 016. 괜찮아요

**괜찮다**

☞ 상대가 불편해질까, 마음이 상할까 해서 배려하는 '관계의 언어'

괜찮다는 '관계치 아니하다'가 줄어든 말이다. '관계關係'는 한자어이다. '괜찮다'는 '나쁘지 않다', '좋다', '보통이다', '정상이다', '바람직하다' 등의 의미를 갖고 있다. 그 사용범위가 굉장히 넓어서 한마디로 의미를 정의하기는 어렵다. "춥지 않으십니까?"란 질문에 "괜찮습니다."라고 대답하는 것처럼, '괜찮다'는 '염려할 것 없다, 무방하다'란 뜻으로 가장 많이 사용된다. 또한 "저 친구는 괜찮은 사람입니다."에서는 '쓸 만하다, 별로 나쁘지 않다'란 뜻으로도 쓰이고 있다. '괜찮다'라는 언어에는 많은 뜻이 담긴다. 기분이나 상황에 대한 답변이 될 때도 있고, 어떤 것의 상태를 이야기 할 때도 있다. 그렇다면, 이 '괜찮다'는 그 안에 다양한 의미를 함축하고 있다고 생각할 수 있다.

'괜찮다'는 한국인의 성격 특성을 가장 잘 나타내는 말이다. 한국인들은 괜찮지 않을 때에도 괜찮다는 말을 곧잘 쓴다. 속으로는 불쾌하고 난감한 심정인데도 입에서는 '괜찮아요' 라는 말이 튀어 나온다. 어느 때는 남이 걱정할까봐 어느 때에는 자기 약점이 남에게 보일까봐 그런 말을 쓰기도 한다.

이 단어를 제대로 파악하려면 관계를 중시하는 한국문화를 이해해야만 한다. '괜찮다'라는 말이 어떻게 생겨났는지 어원을 따라가 보면 '관계하지 아니하다 → 관계치 않다 → 괜찮다'로 변화해 온 것을 알 수 있다. '괜찮다'를 '관계하지 아니하다'의 준말이라 본다면 이 말은 어떤 일이 생겨도 그 일이 우리라는 집단에서는 별 문제가 되지 않는다는 뜻으로 수용된다. 그래서 남이 자기 옷사락에나 물을 엎질렀을 경우에도 인간관계를 소중히 여기는 한국인들은 화를 내기보다 '괜찮아요' 라고 하는 경우가 많다

『생각의 지도』(김영사, 2004)를 쓴 리처드 니스벳의 실험 결과에도 나타나 있듯이 사물을 볼 때 서구 학생들은 개체를 보는 데 비해 아시아의 학생들은 개체와 개체 간의 관계를 본다. 그래서 아시아의 경제발전을 인간 사이의 끈끈한 정으로 풀이한 학자가 있는가 하면, 반대로 아시아의 부패와 경제성장의 장애요소로 중국의 꽌시關係처럼 연고주의, 정실주의를 드는 연구가도 있다. 하지만 서양에서는 인간관계의 연줄보다는 공식적인 법 절차를 더 중요시 한다. 오랫동

안 농경 정착사회를 살아온 동양사회는 인간의 관계를 중시하고 이를 중심으로 문화를 발전시켜 왔다. 한 곳에 정착해서 오랜 세월 함께 살다보니, 인간사이의 예와 신의, 그리고 인간의 관계에 대한 정립이 무엇보다 우선이었고 자연히 이에 관한 학문과 철학이 고도로 발달되었다.

이러한 사회구조 속에서 개인은 상대방의 감정을 해치지 않으려 조심하게 되고 설사 이론적으로는 자신의 주장이 옳다 하더라도 체면이나 남을 의식하기 때문에 자신을 강력하게 내세우지 못하고 감정을 억제하면서 살게 되었다. '괜찮다'는 상대가 불편해질까, 마음이 상할까 해서 배려하는 '관계의 언어'로 한국인의 인간관계를 가장 잘 엿볼 수 있는 말이다. 이 말은 내가 아닌 우리라는 공동체를 염두에 둔 배려이며 모든 현상을 관계의 차원에서 보려는 우리 문화의 한 단면이기도 하다.

# 017. 모난 돌이 정 맞는다

**모난 돌이 정 맞는다**
1. 말과 행동에 모가 나면 미움을 받는다.
2. 너무 뛰어난 사람은 남에게 미움을 받기 쉽다.

 속담은 특정문화권에서 오랜 세월 살아온 사람들 대부분이 공감하는 내용을 담고 있다. 한국인들 사이에 오랫동안 입에 오르내리던 '모난 돌이 정 맞는다'는 속담은 두 가지 해석이 가능하다. 우선 말과 행동에 모가 나면 미움을 받는다는 말이고 또 다른 뜻은 너무 뛰어난 사람은 남에게 미움을 받기 쉽다는 말이다. 이렇게 '모가 났다'는 것은 '남과는 다르다'는 의미와 '남보다는 낫다'는 두 가지 의미를 갖는다. 뾰족하고 울퉁불퉁하게 모가 난 돌은 정으로 쪼아 다듬어야 한다는 것은 남과 다르거나 남보다 나으면 우리 사회에서 받아들이지 못한다는 말이다. 그래서 '다수의 의견을 존중하고 따르는 것이 자신의 주장을 세우고 펼치는 것보다 옳다'라는 뜻으로 해석되기도 한다.

'모난 돌이 정 맞는다', '튀지 마라' 이와 함께 '가만히 있으면 중간이라도 간다', '사람 많은 쪽으로 줄을 서라'는 한국사회에서 지혜로운 처신이라 알려져 왔다. 별남을 경계하는 뜻에서 나온 말로써 우리 사회에 깊숙이 뿌리내린 집단주의적 성향을 보여준다.

정수복의 『한국인의 문화적 문법』(생각의 나무, 2007)에서는 '집단주의 사회에서 가장 큰 벌은 집단에서 따돌림을 당하는 일'이라고 설명하고 있다. 그런 집단주의 사회에서 개인의 머릿속에는 소속 집단의 규범을 따르지 않고 남들과 다르게 행동하면 집단으로부터 배제 당한다는 생각이 각인되어 개인의 독자성 형성과 주체 형성을 가로막는다고 한다.

집단의 속성은 일체성이다. 집단의 결속과 단결에 방해가 되는 개인은 용납되지 않는다. 남다르거나 두각을 나타내는 사람을 시기하며 끌어내린다. 남들과 다르다는 것을 일탈로 여기며 무리와 함께 할 수 없다는 의미로 받아들인다. 능력이 있어도 숨기고 재주가 있어도 드러내지 말아야 한다고 가르쳐 온 것이 우리 문화다. 그래서 남들의 이목을 생각하고 남들과 다르지 않은, 튀지 않는 선택을 하기 위해 애쓴다.

이런 이유로 한국인들은 다른 사람들과 비슷비슷하게 살아가는 것을 잘 사는 것이라고 믿는다. '나도 남들처럼 결혼도 하고 집도 사고 차도 사고…'라는 말처럼 남들과 같아지거나 비슷해지기를 원한다.

유교적 전통과 동양적 사상이 깊이 뿌리내린 우리사회에서는 타인과의 조화와 유대감을 매우 중요하게 여겼다. 집단에 융화되기 위해서는 개인이 가진 고유성을 변화시키고 순응시켜야 한다. 개인적인 감정이나 욕구를 표현하거나 추구하는 것은 사회에 갈등을 야기하거나 조화를 해치기 쉽다고 생각했다. 타인과 발맞춰 조화롭게 지내기를 장려하고 혼자 튀는 것에 대한 경계를 '모난 돌이 정 맞는다'라는 속담에 담고 있다.

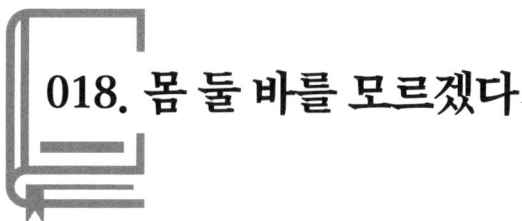

## 몸 둘 바를 모르겠다

☞ 감정적으로 어찌 할 바를 모르겠다.

한국인들은 매우 고맙거나 미안할 때 또는 부끄러울 때 '몸 둘 바를 모르겠다'는 표현을 쓴다. '감정적으로 어찌 할 바를 모르겠다'는 뜻이다. 한국인들은 미안해서, 고마워서, 행복해서, 즐거워서, 창피해서, 괴로워서 '몸 둘 바를 모른다', '머리 둘 데를 모르겠다'를 쓰기도 한다. '몸 둘 바'를 달리 말하면 '처신處身'이다. 어떻게 처신해야 할지를 모른다는 말이다.

처신은 '세상을 살아감에 있어 가져야 할 몸가짐이나 행동'을 말한다. 예를 들면 '지도자로서의 그의 처신은 부적절했다', '남에게 폐가 되지 않도록 신중하게 처신해라' 라는 식이다. 관계 중심의 인간관계에서는 '남이 나를 어떻게 보느냐'가 중요하다. 알게 모르게 '남을 의식하며' 살아간다. 보는 눈이 있으면 처신에 신경을 쓰게 마련이다. 처신은 주변과의 조화를 이루기 위해 필요한 것이다. 집단주의 문화에서는 집단 내의 조화를 중시하고 그때그때 자신이 처한 사회적 맥락에 적합한 행동을 해야만 한다.

옛 어른들은 늘 아랫사람들에게 처신處身을 잘하라고 조언했다. 자신의 몸을 어디에 둘지 알라는 것은 공동체와의 조화를 염두에 두라는 말이다. 내가 있어야 할 곳, 내가 지켜야 할 것, 내가 갖춰야 할 바를 아는 사람이 바로 자신의 처신을 아는 것이다. 하지만 희로애락喜怒哀樂을 당해서 적절히 처신하는 것은 쉽지 않은 일이다. 그리하여 그 사람의 처신을 보면 품격을 알 수 있다고 하였다. 처신이 경솔하고 올바르지 않으면 사람들의 손가락질을 받게 되고 처신을 늘 삼가고 단정히 하면 존경을 받았다.

조선시대 선비들의 보편적인 처세관은 수양修己을 바탕으로 공동체의 조화로운 삶을 구현한다는 목적 아래 스스로를 가다듬는 수신修身과 주변과의 조화를 이루기 위한 처신處身이었다. 이남훈의 『처신: 나의 진가를 드러내는 힘』(알에이치코리아, 2014) 에서 저자는 현대적 의미에서의 처신處身을 자신이 정확하게 있어야 할 곳을 알고 그곳에 위치해 있음으로써 더 나은 발전을 꾀하는 전략적 행동이며, 단순히 생존을 도모하는 것을 넘어서 더 높은 곳으로 도약하도록 돕는 포지셔닝 전략이라고 한다.

지금 한국사회 저변에 깔려있는 생활정서 중 가장 큰 영향력을 미치고 있는 것은 유교라 할 수 있다. 우리는 인仁과 예禮같은 복잡한 철학적 개념을 모른다 해도 '예의 없다', '경우가 없다', '처신이 부적절하다' 등의 말 속에서 유교 사상을 몸으로 자연스레 익혀왔다. 조선시대의 선비들은 '몸 둘 바'를 아는 것이야말로 배움과 성숙의 요체라고 생각했다.

# 019. 볼 낯이 없다

**볼 낯이 없다**
☞ 집단이 공유하는 보편적 원칙에 위배되었음을 말하는 것이고 사회적 역할이 제대로 되지 않은 상태를 나타내는 말.

　우리나라 말의 '낯'은 얼굴과 같은 말이다. '얼굴'이라는 말에는 두 가지 뜻이 있다. 하나는 신체부위 명으로서 몸통, 팔, 다리 등과 구별되는 안면顔面이고, 다른 하나는 "볼 낯이 없다"든가 "얼굴이나 세워 달라" 등과 같은 체면으로서의 얼굴이다.
　어른의 체면, 교육자의 체면, 아버지의 체면, 남자의 체면 등은 모두 집단이 요구하는 일정한 '사명, 역할, 본분, 도리'와 같은 말이다. 이런 점에서 '감히 뵈올 낯이 없다', '얼굴을 들 수 없다', '어디다 낯을 들고 다니느냐?' 등은 집단이 공유하는 보편적 원칙에 위배되었음을 말하는 것이고 사회적 역할이 제대로 되지 않은 상태를 나타내는 말이다.

'부끄러워 낯을 들 수 없다'는 것이 양심에 기반을 두는 체면이라면 '낯을 내고 싶다', '한번 낯을 세워야 겠다' 등의 언어들은 허세에 이끌리는 체면이다. 그런 허세의 몸짓이 쉽게 간파되었을 때는 '낯 간지럽다'는 따끔한 비판의 말이 등장하기도 한다. 집단주의 문화권은 집단내의 조화와 자신의 체면은 물론, 집단의 체면과 상대방의 체면을 중시한다. 체면이란 관계를 전제한다. 남의 눈을 중요시 생각하기 때문에 체면을 차린다.

18세기의 소설인 박지원의 『양반전』에 나타나 있는 선비의 체통을 지키기 위한 내용을 살펴보면 "…쌀값을 묻지 말고, 더워도 버선을 벗지 말고, 밥을 먹을 때 맨상투로 밥상에 앉지 말고….막걸리를 들이켠 다음 수염을 쭈욱 빨지 말고, 담배를 피울 때 볼에 우물이 파이게 하지 말고…추워도 화로에 불을 쬐지 말고, 말할 때 이 사이로 침을 흘리지 말고…" 등등 모든 품행에 있어서의 형식과 외면적 체통을 중시하고 있다. 또한 이러한 외면적 체통에 대한 위반은 자기 자신만이 아닌 자신의 가문과 자신이 속해 있는 집단에 수치심과 손상을 주는 것으로 생각되었기에 비록 형식과 가식이라 할지라도 사회 속에서 용인되는 명분과 규범을 생명처럼 지켜야만 했다.

'무안無顔하다'는 한자 그대로 해석하면 '얼굴이 없다'라는 뜻으로 부끄러워서 얼굴을 들지 못하거나 상대편을 대할 면목이 없는 경우를 말한다. 나는 재미있다고 이야기했는데 남들은 전혀 웃고 있지 않을 때, 많은 사람들 앞에서 장담했던 것이 안 되었을 때 우리는 무안함을 느낀다. 무안함은 체면을 중시하는 우리 사회에서 개인에게 정신적 충격을 주기도 한다. 그리고 자신감을 잃게 되고 심리적으로 위축되어 다른 일에서도 실수를 범하는 경우가 생긴다. 그렇기 때문에 우리는 상대방이 무안함을 느끼지 않게 배려하고 특히 고의로 무안을 주지 않아야 한다. 고의로 무안을 주는 것은 상대방에게 증오와 원망하는 마음을 갖게 한다.

'볼 낯이 없다'는 요즘에 와서 '쪽 팔린다'라는 비속어로 다시 부활했다. '쪽팔리다'는 이미 국어사전에도 올라간 상스러운 말이다. 사전은 이를 '부끄러워 체면이 깎이다'라고 풀이 한다. '낯이 서지 않는다', '볼 낯이 없다', '면이 서지 않는다' 따위가 본디 쓰던 말이라 쓰고 있다. 시대가 바뀌었지만 타인의 눈으로 자기를 점검하고 그 가치를 결정하는 태도는 한국의 젊은이들에게도 여전히 유효하다.

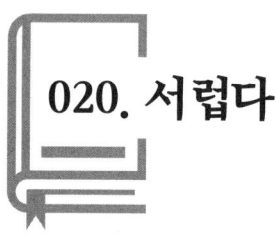

# 020. 서럽다

**서럽다**

☞ 상대와 마음을 주고 받으며 서로의 심정을 읽어내는 일련의 과정들이 원활히 이루어지지 못해 발생하는 감정적인 손상.

'나한테 어찌 섭섭하게 이럴 수가 있나', '섭섭하게 생각하지 마세요' 등에서 섭섭하다는 말은 나의 믿음과 정성을 인정해주지 않고 평가해주지도 않는데 따른 실망감의 표현이다. 상대에 대한 섭섭함이 극대화되면 서러워진다. '서러움'이란 '환희', '분노', '경악', '고통'처럼 일순간에 폭발적으로 치밀어 오르는 감정이 아니다. '서러움'은 누적되는 감정이다.

'서럽다'는 사전적으로는 '원통하다' '원망스럽다' '미워하다' '억울하다' 등이 서러움에 해당된다. 그런데 그 원통하고 원망스럽고

밉고 억울한 이 복잡한 감정을 제대로 표현할 수 있는 적절한 외국어 단어를 찾기는 어렵다.

'슬프다'는 말은 자기중심적인 말이지만, 서럽다는 말은 철저히 '관계의 정서'이다. 남이 없다면 서러움이란 있을 수 없다. '서러움'은 저 혼자 스스로 생겨나는 감정이 아니다. 항상 '서러움'을 일으키게 한 상대를 필요로 한다. 다른 사람과의 비교를 통해 일어나는 감정이다. 따라서 상대방이 내 마음을 몰라 줄 때 느끼는 한국인 특유의 정서는 '슬프다'라고 표현하는 것보다 '서럽다'고 하는 것이 더 적절하다. 서러움이 복 바친다고도 하고, 서러운 내 신세를 한탄하기도 한다.

마음을 주고받고 상대의 심정을 읽고 내 심정을 내 보이는 일련의 과정들이 원활히 이루어지지 못해 심정적으로 손상이 발생하면 서러워진다. 서러움은 한국인이 집단적이고 관계중심적인 문화의 특성이다. 내가 상대를 깊이 헤아리듯 상대 또한 나를 헤아려 내 서러움을 달래줬으면 좋겠지만 상대가 무심하기 짝이 없을 때 나는 몹시 서럽다. 서러움에는 자신의 처지를 알아주는 이가 없어 원통하다는 의식 또는 다른 것과 비교해서 자신의 처지가 특수하다는 의식이 수반된다.

집단주의적인 한국문화에서 자신이 속한 집단에 대한 이해와 배려 없이 개인의 욕구나 감정을 표현하는 데만 초점을 둔다면 이러한 태도는 사회관계의 질서를 위협하고 조화를 깨뜨리는 행위라고 간주되기 쉽다. 그러므로 가능하면 자신의 감정이나 욕구를 억누르고 서로에게 양보하며 타협할 것을 강조한다. 따라서 자신의 마음을 드러내는 것이 한국인들에게는 쉽지 않다. 상대방을 힘들게 하여 괴롭힐까봐 배려하기에 그렇다. 서러움은 혼자 삭여야만 하는 감정인 것이다. 나와 너의 관계에서 비롯되었지만 스스로 해결해야 하는 문제이다.

따라서 한국인들은 상대를 섭섭하게 또는 서럽게 만들지 않으려면 상대가 어떤 심정을 느끼는지 세심하게 살펴서 처신해야 된다. 말하지 않아도 알아야 한다. 서러움의 정서는 한국인의 집단적이고 관계중심적인 문화 특성과 한국 특유의 우회적인 표현 양식이 합쳐져서 나타난 것이다.

# 021. 서먹하다

**서먹하다**
☞ 상대와 구체적인 관계를 맺기 전에 나타나는 불안하고 불편하고 부자연스럽고 익숙하지 않은 감정.

'서먹하다'는 낯이 설거나 친하지 아니하여 자꾸 어색하다는 뜻이다. '낯설다', '서먹서먹하다', '소원疏遠하다'와 같은 뜻을 갖는 말이다. 처음 만나 모르는 사람과는 분위기나 관계가 서먹하나. 서먹서먹함은 서로 정이 없거나 느슨할 때 나타나는 불안하고 불편하고 부자연스럽고 익숙지 않은 감정이다.

한국인들은 처음 만나는 사람과의 대면이 어색하다. 모르는 사람과 한 공간에 있게 되면 서먹해 하곤 한다. 옆 사람이 소개라도 시켜 주면 그제야 마지못해 인사를 나누는 정도다. 특별히 거만해서가 아니라 새로운 사람과는 그저 쑥스럽고 어색해서이다. 우리는 낯선 사람의 접근을 꺼리고 서먹해하는 배타적인 문화를 가지고 있다. 외국인들은 한국인들이 처음 만나면 무뚝뚝하고 퉁명스럽다고 평하곤 한다. 여기에는 폐쇄된 농경사회에서 오랫동안 외부인에 대한 경계심을 지녔던 배타적 심리가 깔려 있다.

길을 가다가 모르는 사람과 마주치면 우리는 인사하지 않는다. 그 사람과 나의 관계가 설정되지 않았기 때문이다. 한국인들은 초면에 "고향이 어디세요? 학교는 어딜 나왔어요?" 이런 질문을 곧잘 던지곤 한다. 나이를 묻기도 한다. 형 동생을 빨리 정해야 하기 때문이다. '말 놓으세요.', '지금부터 형님으로 모시겠습니다.' 이런 말을 하고서야 비로소 대화가 활기를 띤다.

한국인들이 서먹한 관계를 진전시키고 싶을 때 혹은 낯선 사람과 친밀감을 형성해야 할 때 가장 쉽게 이용하는 방법 중 하나가 바로 함께 밥을 먹고 술을 마시는 것이다. '술은 처음 만난 사람도 십년지기 친구로 만든다'는 말처럼 술은 서먹서먹한 사람들을 연결하는 고리 역할을 하기도 한다. "밥 한 번 먹자", "술 한 잔 하자"는 말은 만나서 속 깊은 얘기라도 나눠보자는 뜻이다. '밥 한번 먹은' 또는 '술 한 잔 한' 관계는 서먹함이 사라지고 친근감과 동질감을 갖게 된다.

한국인들은 이러한 서먹한 감정을 사람에게 뿐 아니라 사물에게도 느낀다. '산 설고 물설다'는 말은 '타향이라서 모든 것이 매우 낯설고 서먹서먹하다'를 말한다. 예를 들면 '산 설고 물 선 곳에 와서 장사를 하려니 힘든 점이 한두 가지가 아니다'와 같이 쓴다. 세월이 쌓여 점점 눈에 익고 귀에 익어 정이 들어야만 서먹함이 사라지는 것이다.

　서먹하다는 말은 '멋쩍다', '쑥스럽다'와도 바꾸어 쓸 수 있다. 또한 요즘 일상 대화에서 뿐만 아니라 방송에서도 심심찮게 들을 수 있는 '뻘쭘하다'라는 표현도 쓴다. 대개 무언가 어색하거나 서먹서먹하고 계면쩍게 느끼는 경우에 쓰는 데 표준어가 아니기 때문에 '데면데면'을 쓰는 것이 바람직하다. 한마디로 서먹서먹함은 관계를 맺기 전에 나타나는 불안하고 불편하고 부자연스럽고 익숙지 않은 감정이다. 함께 한 세월이 길어 정이 들고, 서로의 사생활을 깊숙이 알게 되었을 때 비로소 서먹함이 없어지고 친근함을 느끼게 된다.

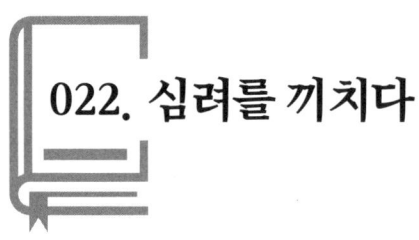

# 022. 심려를 끼치다

**심려를 끼치다**
☞ 자신이 마땅히 해야만 하는 사회적 의무를 다하지 못해 공동체를 혼란스럽게 만든 데 대한 부끄러움과 뉘우침의 의미.

    사회를 구성하는 개인 혹은 집단은 다양한 관계 속에서 여러 가지 상황에 놓이게 된다. 때로는 다른 사람에게 물질적, 정신적 피해를 입히기도 하고, 사회적으로 위반이 되는 행위를 하기도 하는데, 이때 필요한 것이 사과이다.
    우리나라 사람들은 유난히 사과의 말을 못한다. 사과를 꼭 해야만 하는 자리에서도 '미안하다'는 말 대신에 '이를 어쩌나' 하거나 '좋은 게 좋은 거지'라는 말로 얼버무리거나 아니면 어색한 웃음을 짓기도 한다. 이처럼 한국인들이 미안하다는 말을 어색해하는 것은 마음의 표현을 좀처럼 쉽게 하지 않는 유교문화의 영향이 가장 크다. 그래서 어떤 경우에는 아예 '입이 열 개라도 할 말이 없다'는 표현으로 자신의 잘못을 인정하기도 한다. 말을 하지 않는 것이 훨씬 진심에 가깝다는 우리의 인식이 담겨 있다.

이러한 생각이 반영되어 한국인들의 사과표현은 다양하지 않고 정형화된 몇 가지에 불과하다. 그 중 가장 자주 쓰는 공식적인 사과는 "심려를 끼쳐 송구스럽게 생각합니다"이다. 물의를 일으킨 연예인, 정치인, 재벌, 공인들이 여론에 몰리면 마지못해 하는 말이다. 심려心慮의 문자 그대로의 뜻은 '살피고 생각하다'로 심사숙고深思熟考를 뜻한다. 심사숙고의 일반 사전적인 의미는 '깊이 생각하고 깊이 고찰하다', '신중愼重을 기하여 곰곰이 생각하다', 또는 '깊이 생각하고 또 생각하다'로 매우 신중하게 생각하는 것을 뜻한다. 곧 '심려한다'는 마음속으로 걱정을 한다는 말이다. 다른 사람에게 걱정(심려/염려), 누累, 불편, 수고, 손해, 폐弊, 해害 등을 주게 될 때 사용되는 '끼치다'를 붙여 사용한다.

심려를 끼치지 않으려고 노력한다는 말에는 '남의 눈을 의식한다', '남의 마음을 헤아린다'는 말을 함축하고 있다. 관계 중심의 인간관계에서는 '남이 나를 어떻게 보느냐'가 매우 중요하기 때문이다.

'심려를 끼쳐 죄송하다'는 사과표현에는 자신이 마땅히 해야만 하는 사회적 의무를 다하지 못해 공동체를 혼란스럽게 만든 데 대한 부끄러움과 뉘우침의 의미를 담고 있다. '심려'는 한국인들이 깊은 인간관계를 바탕으로 하는 어휘를 많이 쓰고 있다는 것을 단적으로 보여주는 말이다.

## 023. 애교

**애교**

☞ 신뢰와 정(情)을 기반으로 성립된 의존적 인간관계에서 상대에게 귀엽게 보이려는 몸짓이나 태도.

'애교愛嬌'는 남에게 귀엽게 보이는 태도를 말한다. 또한 애교는 봐주거나 웃어넘길 수 있는 작은 실수나 행위 등을 가리키기도 한다. 의미는 비슷하나 약간 계산적이고 부정적인 느낌의 '아양'이라는 단어도 있다.

'응석'이나 '어리광'도 애교와 바꾸어 쓸 수 있는 단어들이다. 어리광은 어른에게 귀염을 받거나 남의 마음을 기쁘게 하려고 어린아이의 말씨나 태도로 버릇없이 굴거나 무엇을 흉내 내는 일이고, 응석은 '어른에게 어리광을 부리거나 귀여워 해주는 것을 믿고 버릇

없이 구는 일'로 나와 있다. 두 표현 모두 어린아이의 행동을 모태로 하고 있으며 응석과 어리광은 유아의 어머니에 대한 의존관계를 암시하는 단어이다. 응석의 원형은 아이와 엄마 사이다.

애교는 분명 논리에 어긋나는 행동이다. 그러나 애교를 부리는 쪽은 무리한 요구를 하고 말도 안 되는 억지를 부려도 상대방이 받아줄 것이라 믿고 요구한다. '봐준다', '눈감아 준다', '어여삐 여긴다'라는 말은 상대가 취할 것이라 생각하는 반응이다. 이러한 믿음의 근거는 상대방에 대한 신뢰와 정情에서 나온다. 정이나 인정이란 독립적인 인간관계가 아닌 의존적 인간관계에서만 성립한다. 애교가 통한다는 것은 그만큼 나와 그 사람과의 관계가 깊은 정을 바탕으로 해서 이루어져 있다는 것을 반증한다. 이처럼 응석, 어리광, 애교의 세계는 정情의 세계다. 어떤 미운 짓을 해도 용서가 된다. 합리성이나 논리성이 있을 수 없다. 이어령의 『말』(문학세계, 1990)에서는 '응석'은 자기를 지배하는 어떤 힘에 대하여 자기 자신을 내맡기는 행위, 그 힘 속에 휩쓸려 안기려는 몸짓이라고 하고 있으며, 근본적으로 응석 뒤에 숨어있는 의식은 의존성이며 달콤한 기대, 맹목적인 믿음, 그리고 낙관성이라고 한다.

자식이나 아내, 동생, 후배가 무리한 요구를 하고, 말도 안 되는 억지를 써도 한국인들은 이를 귀엽게 애교로 봐 준다. 그리고 웬만하면 청을 들어준다. 사소한 호의나 실례가 당연하게 받아들여지는 우리의 문화적 특성은 응석, 어리광, 애교가 통하는 정서에서 나왔다.

일반적으로 윗사람이 아랫사람에게 애교를 부리지는 않는다. 애교는 약자의 언어다. 한국, 일본 등 동아시아 국가에서는 보편적이지만, 영어로 애교라는 말 자체는 번역 불가하며 그런 비슷한 말조차 없다고 한다. 영어에는 성인이 남에게 귀엽게 보이려는 행동을 의미하는 단어가 없다. 왜냐하면 서양에서는 귀여움은 아기나 동물에게만 사용되기 때문이다. 수평적이고 동등한 인간관계를 맺는 것이 일반적인 서양인들은 동양인들이 하는 애교를 보면 미성숙한 사람이라 간주한다.

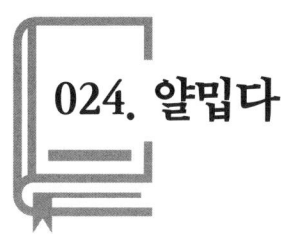
# 024. 얄밉다

**얄밉다**
☞ 화날 정도는 아니지만 상대방에게 서운하고 섭섭하고 다소 불만스럽게 느껴지는 마음.

'얄밉다'는 '밉다'와는 다르고 '가증스럽다'와도 다르다. 밉다가 마음에 들지 않는 행동을 의미한다면 얄밉다는 매우 약고 영리하여 마음에 들지 않는 데가 있는 것을 말한다. 얄밉다는 '말이나 행동이 약빠르고 밉다'는 뜻을 내포한다. 하는 짓이 화날 정도는 아니지만 그래도 마땅치 않다는 의미이다. '가증스럽다'는 여기에 '괘씸하다'는 의미가 더해진다. '때리는 시어머니 보다 말리는 시누이가 더 얄밉다'라는 속담은 얄밉다의 의미를 분명하게 알게 해준다. 자기에게 직접적으로 나쁜 짓을 하는 사람보다도 자기를 위해주는 척하면서도 속으로 해치려는 사람이 더 밉다는 뜻이다.

'얄밉다'에는 시기심이나 질투가 포함되기도 한다. 남이 잘되기 때문에 그 잘 되는 상대방이 미워지는 마음이다. 나와 비교해서 더 나은 상대를 '이유 없이 얄미운 사람', '왠지 얄미운 사람'이라고 한다. 이런 경우 얄밉다 대신에 '재수 없다', '밥맛 없다'를 쓰기도 한다.

얄미운 사람을 '밉상'이라고도 한다. 이 '얄미운 사람'은 대부분 '주는 것 없이 싫은 사람'으로 발전한다. 눈에 거슬리기 때문이다. '남자 친구가 다른 여자에게 관심을 보이면 '괜히 그녀가 얄밉다'처럼 쓴다.

얄밉다는 미움과도 다르지만 그렇다고 혐오의 감정은 아니다. 얄밉다는 매우 싫어하거나 증오한다는 것이 아니라 감정적으로 받아들일 때 썩 좋지 않은 마음을 표현할 때 쓴다. '그 사람은 좀 얄미워'라고 한다. 지금 우리 사회에서는 얄밉다는 말보다는 '혐오'라는 표현을 더 많이 쓰고 있다. 작은 것에도 자신의 마음과 생각에 맞지 않으면 '극혐'이라는 신조어로 자신의 불편한 감정을 드러낸다. 사실 '혐오'는 사전적 의미로 '싫어하고 미워하다'라는 뜻이다. 심리학 용어로는 자신에게 해로운 것을 제거하고자 할 때 발생하는 정서를 말하는데 이때에는 그것을 배설하거나 토하고 싶은 행동을 보이기도 하는 극한 감정이다.

얄미움은 상대방에게 서운하다는 마음, 나의 기대와 달라 마음에 모자라게 느껴지고 섭섭하고, 다소 불만스럽게 느껴지는 마음이다. 나에게 예절이나 신의를 어긋난 행동을 했다고 여겨져 분하고, 남이 보기에 미움 받을 만하다는 생각이다. 또한 얄미움은 잘나거나 약삭

빠르거나 위선적인 사람들에게 느끼는 불편함이기도 하다. 즉 관계 정서에서 나온 말이다. 이 모든 감정을 살려야 하기에 번역하기에는 난해한 단어이다.

# 025. 억울하다

**억울하다**
☞ 남의 잘못으로 자신이 안 좋은 일을 당하거나 나쁜 처지에 빠져 화가 나거나 상심하는 것.

억울하다는 말에는 다양한 감정이 들어간다. 서운하기도 하고, 뭔가 답답하기도 하고, 불공정하다고 느끼기도 한다. '자기는 잘못한 것이 없는데 남의 잘못으로 자신이 안 좋은 일을 당하거나 나쁜 처지에 빠져 화가 나거나 상심하는 것'이 '억울'의 뜻이다. '억울抑鬱'이 한자어임에도 일본어와 중국어에서는 한국어와 같은 의미로 사용하지 않는다. 다른 나라 말로는 한 단어로 딱 찾기가 어려운 감정을 담은 표현이다.

아무 잘못 없이 꾸중을 듣거나 벌을 받거나 하여 분하면 '아무 죄도 없이 벌을 서기가 억울했다'고 하고, 누군가의 음모에 의해서 나쁜 일을 했다고 누명을 쓰는 경우에 '억울한 누명을 썼다'고 한다. 누군가가 사망했는데, 누명을 쓰고 사망했거나, 말도 안 되는 사유로 사망하는 경우에 '억울하게 죽었다'는 말을 쓰기도 한다.

'억울함'은 현재 우리 사회를 관통하는 정서이다. 너도 나도 억울함을 호소한다. 어린아이에서 노인에 이르기까지 한국인들은 '억울하다'라는 말을 자주 쓴다. 한국인에게 억울함의 근원은 뿌리가 깊다. 한恨과 원怨이라는 한국인 특유의 감정에까지 닿는다.

'한국인들이 그런 느낌에 거듭 사로잡히고 "억울하다"라는 말을 자주 사용한다는 것은 역사적 상황이나 사회적 현실을 반영한다'고 사회학자 김찬호는 『모멸감』(문학과 지성, 2014)에서 지적하고 있다. 한국인에게는 크고 작은 힘에 휘둘려 손해를 입거나 불리한 처지에 놓였다고 여겨지는 일이 많았다. 그 힘이 정당하지 않고 그것을 행사하는 사람이 올바르지 않다고 생각되기에, 눈앞에 벌어지는 상황과 결과에 동의할 수 없다. 그럴 경우 부조리한 권력에 맞서거나 개선을 도모해야 마땅하지만 한국인들 대부분은 그와 비슷한 권력을 획득하려고 애를 쓴다. '억울하면 출세하라'는 말은 그러한 사고방식을 단적으로 드러낸다.

'억울하면 출세하라'에서 출세는 권력이나 경제력을 얻어, 그 힘으로 제 하고 싶은 대로 할 수 있는 사람이 되는 것을 의미한다. 힘없고 빽없으니 참으로 억울하다. 하지만 아무리 억울해도 '목구멍이 포도청'인지라 참아야 한다는 생각이다. 억울함이란 감정은 사회적 관계에서, 그중에서도 주로 비교를 통해서만 형성되는 감정이다. 무인도에서의 삶이 고독하고 힘들 수는 있지만 혼자서 억울함을 느낄 수도, 그 감정으로 인해 다른 누군가를 원망할 수도 없다.

# 026. 유난스럽다

**유난스럽다**
☞ 언행이나 상태가 자신이 속한 집단과 아주 다르다는 부정적인 의미.

유난스럽다는 언행이나 상태가 보통과 아주 다르다 또는 언행이 두드러지게 남과 달라 예측할 수 없는 데가 있다는 말이다. '유난'은 이처럼 언행이나 상태가 보통과 다르게 특별하다는 뜻이었는데 언제부턴가 우리 사회에서는 상대방을 비꼬고 무시할 때 쓰고 있다. 유난에 '그런 행동을 경망스럽게 자꾸 하다' 또는 '그런 성질을 겉으로 나타내다'는 뜻의 '떨다'를 붙여 '유난 떤다'와 같이 사용할 때이다. '유난 떤다'는 '꼴사납다', '별나다', '까탈스럽다', '튄다'와 같은 말과 바꾸어 쓸 수 있는 데 모두 부정적 의미를 담고 있다.

음식점에서 음식을 가려서 주문하거나, 공공장소나 대중교통을 이용할 때 마스크를 쓴 사람을 보면 '유난 떤다'는 시선을 보낸다. 그런 시선을 피하려고 채식주의자임에도 선별적 주문을 포기하는 사람도 있고, 뿌연 미세먼지 속에서도 마스크를 쓰지 않는 사람도 있다.

우리나라 사람들은 나와 다르면 '유난 떤다'라고 비아냥거리는 경우가 많다. 찌개를 여러 사람이 함께 먹는 것에 대해서 거부감이 들어 각자 덜어 먹기를 원하는 사람들을 '까탈스럽다', '유난을 떤다' 이런 식으로 말하는 것도 그 한 예가 된다. 개인윤리보다 집단윤리가 우선시되고 개인의 가치관보다 사회의 가치관이 앞서는 곳에서는 개인은 다른 이들의 시선에서 자유로울 수 없다. 그래서 한국인들은 타인의 눈을 항상 의식하고 '사람들의 손가락질을 받는 일을 하지는 않을까' 매 순간 생각해야만 한다. 남들과 다른 스타일을 하려면 '튄다'고 어색해하고 거북해한다. '남들이 뭐라고 생각하겠냐'며 유난스럽지 않으려 애를 쓴다.

이규태는 『한국인의 의식구조 4』(신원문화사, 1983)에서 한국은 수천 년 동안 농경문화를 기반으로 살아왔기에 집단적인 인간관계가 형성되었다고 한다. 한국의 공동체는 남의 눈에 거슬리지 않고, 남의 눈 밖에 나지 않으며, 남으로부터 손가락질 당하지 않는 인간을 가장 이상적인 인간상으로 여겨왔다. 그래서 교육의 목적도 자기 계발이나 창의성이 아닌 공동체 생활을 위해서 평균적인 인간 형성 차원에서 이루어졌다고 한다.

한국인의 정서에는 자신의 집단과 조금이라도 다른 것은 위험시하는 특징이 있다. 따라서 인간관계에 있어서도 엄격한 윤리와 구별, 서열 등을 정해놓고 관계적 틀을 형성하며 각각의 신분에 맞는 행동양식과 규범을 설정하고 있다. 개인의 형편에 따른 융통성은 최소화되며 이러한 틀에서 벗어나기란 매우 어렵다. 자신과 다르면 '틀리다'고 지적하는 사람들이 한국인이기 때문이다.

# 027. 의리

**의리**
☞ 한 번 맺은 사람과의 관계를 변함없이 잘 유지하는 것.

'의리'의 사전적 의미는 '사람으로서 마땅히 지켜야 할 도리'나 '사람과의 관계에서 있어서 지켜야 할 바른 도리'이다. 일반적으로 의리라고 하면 한 번 맺은 사람과의 관계를 변함없이 잘 유지하는 것을 뜻한다. 원래 의리라는 말은 일본에서 유래한 말이다. 한자로는 '義理'라고 쓰고 일본사람들은 '기리ギリ'라고 발음한다. 일본인이 생각하는 의리는 개인과 개인과의 관계를 나타내는 것이라면 한국인의 의리는 공동체와의 관계를 말한다. 일본인들처럼 다른 누군가에게 지켜야 할 의무로서의 의리가 아니라, 누구나 지켜야 할 마땅함을 따지는 것이다.

현재 한국사회에서 의리는 조직폭력배, 군인, 경찰, 남자의 우정 등 남성들 사이의 관계에서 주로 사용되고 있다. 한국남자들에게 '의리에 살고 의리에 죽는 사나이', '다른 건 몰라도 의리 하나는 끝내주는 사람'이라고 하면 남자에게는 더 없는 찬사였다. '참 의리 없는 놈'이라 인식되면 신뢰를 잃어 배신자라고 상대를 하지 않아 스스로 그 고장을 떠나는 것이 상례였다. 이렇게 의리를 말할 때 친구 간에 끈끈함을 떠올리지만 배타성, 패거리 문화라는 부정적 함의 또한 지닌다.

한국인들은 특정한 조직의 내부 응집력에 대해 말할 때 '의리'라는 단어를 먼저 떠올린다. '그 사람 의리 있다'는 말은 공동의 이익을 위해 자신의 무언가를 희생한 사례들을 생각하게 한다. 의리란 일반적으로 한 번 맺은 사람과의 관계를 변함없이 잘 유지하는 것을 뜻하지만 우리 사회에서는 아는 사람끼리 적당히 봐주고, 적당히 거짓말해 주는 것을 뜻한다. 이를 부정부패라기보다 사람 간 인정의 당연한 도리요, 의리의 표현으로 생각해 왔다. 그렇기 때문에 한국에서는 규칙대로 하거나 원칙을 너무 강조하면 살아가기 힘들다. '의리 없는 사람'으로 통하기 쉽다.

김숙현은 『한국인과 문화 간 커뮤니케이션』(커뮤니케이션북스, 2001)에서 '집단주의 문화권의 인간관계는 영구적이며 비대칭 상호교환 개념을 내포한다'고 파악하고 있다. 집단주의 문화가 중시하는 의리는 영구적으로 지속되는 관계 속에서 이번에 진 신세를 훗날 다른 형태로 갚는다는 대 전제를 깔고 있다. 이에 비해 개인주의 문화권의 인간관계는 일시적이며 받은 호의에 대해서는 상응한 형태로 보답하는 대칭적 상호교환의 성격이 짙다. 우리나라에서는 군신유의君臣有義, 붕우유신朋友有信을 강조한 유교사상이 집단주의에 영향을 주었다고 볼 수 있다.

# 028. 인연

**인연**

☞ 사람과 사람이 만나는 데 작용하는 직접적, 간접적인 모든 요인.

한국어에는 불교, 기독교, 무속 신앙 등 여러 종교에서 유래된 언어표현 들이 있다. 그중 '옷깃만 스쳐도 인연이다'나 '인연을 맺다'라는 표현에서의 '인연'은 불교문화의 영향을 받은 것이다. '인연'은 인因과 연緣을 아울러 이르는 말이다. 인은 결과를 만드는 직접적인 힘이고, 연은 그를 돕는 외적이고 간접적인 힘이다. 즉 불교에서 말하는 인연은 원래 모든 만물은 서로 연결되어 있으며 모두가 모두에게 어떤 방식으로든 영향을 주고받고 있다는 것이다. 사람뿐만 아니라 만물은 이처럼 서로 의존적임을 나타내는 말이다.

『동과서』(EBS 동과서 제작팀, 김명진 공저, 예담, 2008)에서는 인연을 '연기緣起'라는 개념으로 설명하고 있다. '나무 한그루 뿐 아니라 이 세상 모든 존재가 수많은 관계 속에서 생겨나고 사라진다. 이를 불교에서는 연기緣起라고 부른다. 연기란 모든 사물이 수많은 인연에 따라 생겨난다는 뜻이다. 연은 인연 즉 직접적인 또는 간접적인 수많은 원인을 가리킨다. 기起는 생겨난다는 뜻으로 동사적인 표현이다 모든 사물은 늘 변화하면서 새롭게 생겨나는 존재라는 뜻이다.

우리는 '인연'을 '인간관계가 맺어지고 끊어지는 데에는 어떤 숙명 같은 것이 있다'는 뜻으로 쓴다. 그리고 '맺다', '끊다' 같은 서술어와 함께 '인연을 맺다', '인연을 끊다'와 같은 형태로 사용한다. 열매나 꽃망울 따위가 생겨나거나 그것을 이룬다는 뜻을 가진 '맺다'라는 말을 인간관계에 쓴다는 것은, 누군가와의 인연을 맺는 것이 우연적으로 되는 것이 아니라 오랜 시간 주변과의 수많은 상호작용의 결과라는 의미이다. 이와 반대로 '인연을 끊는다'고 하는 것은 너와 나의 관계를 정리한다는 말이다.

한국인들은 누구와 만났을 때 좋은 관계를 지속하기 원하면 '이렇게 만난 것도 인연인데 앞으로 잘 지냅시다'라고 한다. 다시 만나고 싶지 않은 사람들도 있다. 그럴때는 '우리는 인연이 아닌가봐요' 하며 돌아선다.

'옷깃만 스쳐도 인연'이라는 말은 개인적인 공간과 사생활을 중요시 여기는 서양문화에서는 찾아보기 힘든 우리만의 독특한 문화가 녹아있다. 사람과 사람이 만나는 데에는 우주적 차원에서 수많은 요인들이 작용하여야만 가능하므로, 그 만남을 소중히 하라는 의미로 해석할 수 있다.

또 어울리는 한 쌍의 부부를 말할 때 '천 번의 생을 살아가면서 계속하여 인연을 맺게 되는 사이'라 하여 '천생연분千生緣分'이라고 한다. 서로 부부 관계를 맺을 수 있도록 하늘이 미리 마련하여 정해준 인연이라는 말이다.

# 029. 촌수

**촌수**

☞ 씨족 단위의 농경사회에서 혈연관계를 숫자로 표현한 것.

'촌수寸數'란 본디 친족 간의 멀고 가까움을 나타내기 위해 만들어진 체계이다. 민법상 친족은 8촌 이내의 혈족과 4촌 이내의 인척, 배우자를 통틀어 말한다. 친척의 범위를 이 정도로 넓게 잡는 나라는 거의 없다. 영미 권에서는 사촌(cousin) 다음을 뜻하는 단어가 없다. 일본에서도 사촌 너머의 친척을 가리키는 용어가 있기는 하지만 거의 쓰지 않는다. 내 혈육을 그리 가깝거나 특별하게 여기지 않기 때문이라고 본다. 우리는 어느 민족보다도 핏줄을 중요시하는 까닭에 가족 혹은 친척 간의 호칭이 아주 발달해 있다.

농경이 문화의 중심이었던 조선시대만 해도 촌수가 지닌 의미는 매우 중요했다. 많은 노동력을 필요로 했던 농경사회는 혈연관계의 친족들이 평생을 한마을에 어우러져 살며 서로 일손을 도왔다. 때문에 씨족 단위 농경사회에서는 나와 타인의 관계가 매우 중요했다. 이런 혈연관계를 숫자로 표현한 것이 바로 촌수인 것이다.

한 가족 구성원 안에 멀고 가까움에 따라 정밀하게 촌수를 따져야만 했던 문화가 친족 호칭어에도 반영되어 세분화 되었다. 또한 같은 촌수라도 나와 어떤 관계에 놓이느냐에 따라서도 세분화 되었다. 예를 들면, 같은 삼촌이더라도 백부, 숙부, 삼촌, 외숙부, 이모부, 고모부로 나누어진다. 사촌도 친사촌, 외종사촌, 고종사촌, 이종사촌으로 구분한다. 또한 예로부터 남녀 구분이 엄격하였고, 손위 손아래 관계를 엄격하게 따졌기에 형제자매를 가리키는 어휘에도 이러한 문화가 반영되어 있다.

한국 사람이 가장 중요하게 여기는 성姓도 본을 중요하게 여기며 같은 성에 같은 본이면 바로 극도의 친밀감을 나타낸다. 심지어는 권력을 잡으면 '사돈의 팔촌'까지도 챙기는 사례가 많다.

또한 부부는 '무촌'이라 하는데 촌수는 친족 간 혈연관계의 멀고 가까움을 나타내기 위한 것인 만큼 핏줄로 연결된 관계가 아니라 서로 다른 남남이 만나 이루어진 관계인 부부는 무촌이 되는 것이다.

촌수는 한 사람이 다른 한 사람과의 관계를 해석하려는 개인 대 개인의 상황보다는 많은 사람 속에서 나와 이사람, 나와 저 사람, 그리고 나와 이 사람 저 사람의 복수 관계 이해 시에 훨씬 그 가치가 더 분명해지며, 친인척간을 다른 사람에게 이해시킬 때도 매우 편리하다.

## 030. 핑계

**핑계**
☞ 자신의 잘못된 행위에 대하여 스스로의 책임을 모면하기 위해 주변상황에 전가시키는 설명.

한국인의 의식 구조를 연구하는 학자들은 한국 사람이 외국인에 비해 핑계를 잘 댄다는 주장을 한다. 무슨 일이 잘못되었을 때에 솔직한 자기반성과 실패에 대한 인정이 없이 윗사람, 아랫사람을 핑계 삼거나 형편에 핑계대기를 잘한다는 지적이다.

한국인에게 핑계심리가 발달되었다는 주장을 뒷받침하는 중요 증거는 우리나라의 속담 중에 핑계와 관련된 속담이 아주 많다는 것이다. 『한국 속담의 묘미』(김도환, 제일문화사, 1978) 속에 수록된 핑계관련 속담의 수가 무려 26가지나 된다는 점은 핑계가 한국인의 일상생활에서 주요한 관심영역의 하나였음을 반증한다. '핑계 없는 무덤 없다', '처녀가 애를 배도 할 말이 있다', '못되면 조상 탓', '잘되면 내 탓, 잘못되면 남의 탓' 등등 한국인의 일상생활에서 자주 등장하는 속담들이다.

핑계를 대는 행동은 한국인에게서만 나타나는 것은 아니다. 심리학자 브리기테 로저는 그의 저서 『핑계의 심리학』(로그인, 2010)에서 '사람들은 흔히 어떤 일에 이유를 대거나 정당화시키면서 진실을 왜곡하려고 할 때 의식적으로 핑계를 늘어놓는다'고 했다. 비난과 처벌을 모면하고자 자신의 책임을 핑계로 입증한다고 한다. 이처럼 책임을 회피하기 위한 핑계대기는 인간의 본성이라고 할 수 있지만 한국에서는 다른 문화권보다 더욱 발달되었고 핑계심리 또한 독특하다.

한국인의 핑계는 다른 문화권에서 볼 수 있는 사과 또는 정당화와는 그 성격이 다르다. 핑계대기가 자신의 잘못된 행위에 대하여 스스로의 책임을 모면하기 위한 설명인 경우가 많다. 집단주의 사회에서는 집단의 결정이 구성원의 행위에 영향을 미치기 때문에 책임회피를 하고 핑계를 대는 일이 많을 수 밖에 없다. 나의 행동이나 말이 구설수에 올랐을 때 사과를 하는 대신에 주변 상황에 전가시키려고 하기 때문이다. 그러므로 내가 잘못된 것은 내 탓이 아니라 부모 탓, 조상 탓, 세상 탓, 심지어는 무덤 탓으로까지 돌리고 있다.

한국인이 핑계를 잘 대는 이유가 체면문화와도 밀접한 관련이 있다는 주장도 있다. 「핑계의 귀인/인식론적 분석」(최상진·임영식·유승엽, 『한국심리학회 연차 학술발표 논문집』1991년 제1호, 1991)에서는 한국

사회에서 자신이 한 행위의 사회적 명분을 보호하려는 동기가 강해 핑계가 발달했다고 설명하고 있다. 더불어 사는 많은 사람들로부터 손가락질 당하지 않고 소외되지 않으려는 심리와 상대방의 체면을 유지하거나 상대방의 자존심을 고양시키려는 의도로 핑계를 많이 댄다는 연구 결과를 보여주고 있다.

영어 구문 중에 '미혼모의 변명'(Single mom's excuse)이라는 말이 있다. '해 보았자 통하지 않는, 즉 하나마나 한 변명'을 뜻한다. 그러나 우리나라에는 '처녀가 애를 배도 할 말이 있다'는 속담이 있듯이 한국의 미혼모는 할 말이 있다. 영국 사람들은 자신의 행동에서 초래되는 잘못된 결과는 자신의 탓으로 돌리기에 미혼모는 할 말이 없지만, 우리 한국 사람은 잘못된 결과는 남의 탓으로 돌리기에 미혼모도 할 말이 있는 것이다.

# 031. 허물없다

**허물없다**
☞ 서로 아주 사이가 좋아서 체면을 차리거나 조심할 것이 없다.

허물없다는 '서로 친하여 거북하지 아니하고 행동에 구애됨이 없다'는 말이다. 또 허물없다와 유사한 의미로 사용하는 말로 '이물 없다'란 말이 있다. 또 다른 말로 '너나들이'라고 한다. '너니 나니 하고 부르는 허물없는 사이'를 뜻하는 말이다. 우리말은 높임말이 다양하게 발달되어 있어서 웬만한 친구가 아니면, 설령 아랫사람이라 할지라도 함부로 '너'라는 호칭을 쓰지 않는다. 그런 의미에서 본다면 서로 반말을 하여도 불쾌한 생각이 들지 않는 사이야말로 가장 허물없는 사이다. 이런 사이를 '너나들이'라고 한다. 너나들이하는 사이에서는 형식적인 예의를 갖추지 않아도 되기 때문에 서로 속마음을 털어놓고 지낼 수 있다.

허물없는 관계라고 하는 것은 서로 아주 사이가 좋아서 체면을 차리거나 조심할 것이 없다는 말이 된다. 천소영의 『우리말의 문화 찾기』(한국문화사, 2007)에서는 허물을 '사람과 사람사이에 공간적 정신적 경계가 되는 것'이라고 하고 있다. 허물은 헐믓의 구조로 헐믓다의 어간 헐믓이 직접명사로 굳어진 어형이다. 지금 이 말은 그릇된 실수나 잘못이란 의미로 쓰이는데 통상적으로 허물이 없다고 말한다. 그러나 본래 허물이란 말은 훼손되거나 풀려서는 안 될 인간관계에서 공간영역의 경계를 지칭하는 말이었다. 그래서 둘 사이에 허물이 없다는 건 이치나 합리나 이해타산을 초월하여 인정이 통하는 그런 사이라는 뜻이다.

너와 나 사이의 허물없는 관계는 함께한 세월이 길어야 한다. 서로 간 실수가 있어도 흉이 되지 않고 체면의 경계가 없는 사이이다. 둘 사이에 허물이 없다는 건 이치나 합리나 이해타산을 초월하여 인정이 통하는 그런 사이라는 뜻이다. 그래서 조상들은 이 허물이라는 것을 좋아하지 않았고 가급적이면 서로 허물없이 지내려고 노력해왔다.

한국인의 의식구조는 종적 질서에 근거를 둔다. 그래서 서열에 예민하다. 정情과 덕德을 중요시 하는 한국인은 가까운 사람끼리는 이해타산을 초월한다. 이것이 발전하면 서로의 사생활 영역까지 양보한다. 이와 같이 인간적으로 깊숙이 연결되는 상태를 '허물없는 사이'라고 하여 인간관계의 궁극적 목적으로 삼았다.

## 032. 효

**효**
☞ 가족 중심적 문화에서 자식이 부모를 잘 모시는 도리.

효孝는 노老의 생략형과 자子의 합성글자로 아들이 노인을 업고 있는 모양이다. 효는 보통 자식이 부모를 잘 섬기는 것을 말하며, 효도孝道란 부모를 잘 섬기는 도리이다. 한국에서는 효가 최고 덕목이고 가치이다. '불효막심한 놈'이라는 말을 들으면 가장 치욕스럽게 생각한다.

유교가 한국문화에 끼친 영향 중 가장 큰 것은 효, 가부장제도, 조상숭배의 문화이다. 이러한 요인들은 혈족관계로 구성된 가족중심적인 사회로부터 파생된 결과이다. 피로 연결된 공동체는 우선 가부장적인 가족제도를 만들었다. 효가 그 공동체의 가장 중요한 덕목으로 제시되었고, 그것은 조상숭배와 연장자에 대한 존경심으로 이어졌다. 특히 한국 가정에서 가족의 가치를 개인의 가치보다 중요하게 여기는 가족 중심적 문화는 아직도 한국인에게 매우 강하게 남아있다. 한국인에게 가족은 자기 몸이나 국가보다 앞서고 효가 충忠·의義보다 우선이었다.

역사적으로는 삼국시대 때부터 효 교육을 국가 차원에서 실시했고 성리학의 나라였던 조선시대에 와서는 더 엄격하고 구체적으로 효 교육을 했다. 유교에서는 효를 모든 행실의 근원으로 삼고 있다. 효가 인仁에서 출발하기 때문이다. 한국인의 도덕기준인 삼강오륜의 오륜에도 '부모와 자식은 어떤 경우라도 친함을 유지해야 한다'는 부자유친父子有親이 첫 번째로 올라가 있다.

이처럼 한국인의 효는 서양은 물론 같은 유교권에서도 확연히 차별화되었으며 미풍양속의 뿌리이기도 하다. 외국인으로서는 이해하기 힘든 특이한 현상이 아닐 수 없다. 근대화과정에서 뿌리정신이 많이 희석되어가고 있다고 우려하는 소리가 높지만, 그래도 한국에는 여전히 효가 정신문화의 근저에 깔려있음을 부인할 수 없다. 역사학자인 아놀드 토인비는 "한국에서 장차 인류문명에 크게 기여할 수 있다면, 그것은 부모를 공경하는 효사상일 것이다."라고 하였다.

효는 우리 민족의 도덕과 문화를 형성했으며 아직도 우리 삶에 강하게 영향을 주고 있다. 한국에는 '효도 관광', '효도 선물' 등 부모님을 위한 산업이 독자적으로 발달되어 있다. 그만큼 수요가 많기 때문이다. 또한 시부모를 극진히 모셔 동네사람들의 귀감이 될 때

국가나 도·시·군에서 큰 상을 내리는데 이것을 일컬어 '효부상'이라 한다.

# 정 없이는 못사는 문화와
# 법 없이는 못사는 문화

개인주의 individualism 와 집단주의 collectivism 라는 용어를 처음 쓴 사람은 네덜란드의 비교문화 연구가 홉스테드 Geert Hofstede 이다. 홉스테드는 문화 차원 이론 cultural dimensions theory(1980)이라는 논문에서 개인주의와 집단주의가 문화를 구분하는 가장 중요한 차원이라고 하였다. 그는 한국, 중국, 일본을 집단주의적인 성향이 짙은 나라로 분류했고 반면 서구유럽과 북미의 나라들은 개인주의적 성향이 상대적으로 강하다고 보았다. 그 중에서도 미국은 개인주의의 전형으로 한국은 집단주의의 전형으로 꼽았다.

홉스테드는 한국사회에서 개인주의보다 집단주의가 발달해 있음을 수치로 설명하여 보여 주었다. 한 국가의 개인주의·집단주의 성향을 1~100점(1점에 가까울수록 집단주의)으로 표현했는데, 한국은 18점이었다. 이는 아시아 평균인 24점보다 낮은 수치이고 개인주의가 지배적 정서인 미국(91점)과는 큰 차이가 났다.

우리나라는 집단주의 문화의 속성을 다른 나라 보다 많이 보여주고 있다. 그 주된 이유는 유교사상에 그 뿌리를 두고 있으며 혈연위주의 문화를 가지고 있기 때문에 그 결속력이 강하다는 점에서이다. 또한 이런 집단주의가 형성된 배경에는 일찍이 농경문화를 이루면서 노동력을 얻는 것이 중요했고, 그 노동력을 위해 조화로운 공동체를 유지하는 것이 필요했기 때문이다.

집단주의적인 문화에서는 사람들 간의 연관성을 중요하게 생각하고 집단내의 조화와 그것을 유지하기 위해 타인에 대한 관심과 배려를 우선시 한다. 한국인들의 의식을 지배하는 가장 중요한 요소는 혈연, 지연, 학연 등과 같은 연고성이다. 또한 다른 사람들에게 보여지는 것에 관심이 많아 체면을 중요시한다. 의사소통 방식에 있어서도 자신의 생각과 감정을 자유롭게 표현하지 못하고 간접 표현방식의 의사소통을 하고 있다. 따라서 우리사회는 비언어적 표현에 민감하여 눈치가 발달하였다. 한국인들이 중시하는 집단의 조화와 인간적인 유대, 눈치는 한국의 집단주의 문화를 상징하는 핵심어이다.

집단주의문화에서는 한 개인이 그가 소속되어 있는 집단이나 조직의 한 부분으로 간주되고, 개인적인 성취보다는 인간관계 유지가 우선시되며, 집단의 가치기준을 개인의 가치기준보다 소중히 여긴다. 그러므로 개인의 도드라짐보다는 집단의 내부와 조화와 화합을 더 중하게 여기기 때문에 '모난 돌은 정'을 맞게 된다.

또한 한국어는 인간관계를 중요시하는 단어들이 발달한 '관계 중심의 언어'이다. '관계'란 둘 이상의 사람·사물·현상 등이 서로 연관이 있거나 관련을 맺는 것을 말한다. 인연, 애교, 의리, 정 등의 단어는 개인주의 문화권의 언어로는 번역하기 어렵고 서술어로 설명해야만 간신히 의사소통이 가능하다.

# 3장

# 밥 VS 빵

# 033. 고향

**고향**

☞ 조상 대대로 이어온 전통이 숨 쉬고, 부모·형제·친척들이 모이고, 명절 때면 고달픈 여행을 마다 않고 모두들 찾아드는 포근한 엄마 품과 같은 곳.

자기가 태어나서 자란 곳을 의미하는 '고향故鄕'이라는 단어는 세계 어느 언어에나 있는 말이다. 하지만 고향의 의미가 '조상 대대로 이어온 전통이 숨 쉬고, 부모, 형제, 친척들이 모이고, 명절 때면 고달픈 여행을 마다 않고 모두들 찾아드는 포근한 엄마 품과 같은 곳'이라는 의미를 지닌 경우는 한국에서 뿐이다. 영어 'hometown'은 자기가 태어나거나 자라서 친지들이 많은 장소를 연상시킬 뿐이다.

한국인의 이러한 고향 의식은 농경사회의 전통과 깊이 관련되어 있다. 본래 이동 유목민족인 서양 사람들은 떠나가 사는 것이 자연스러운 삶이다. 그러기에 고향을 특별하게 생각하지 않는다. 하지만 한 곳에서 조상대대로 농사를 지어 먹지 않으면 살 수 없었던 한국인들에게 있어 떠난다는 것은 일생일대의 큰일이었다. 농경지를 떠나는 것은 삶과 생산의 터전을 버리는 것이나 다름 없었기에 아주 위험한 일로 여겼고, 오랜 시간 한 곳에 머물러 사는 것을 이상적으로 생각하는 문화가 자리 잡았다.

고향은 있으나 갈 수 없는 신세를 '뜨내기 인생'이라 한다. 국어학자 천소영은 『우리말의 속살』(창해, 2000)에서 예전의 한국인들은 집을 떠나 내 고장 밖으로 나간다는 것에 대해 필요 이상의 저항감을 느꼈다고 한다. 그래서 집을 떠나 내 고장 밖에 나간 이를 말 그대로 나그네(나간 이)라 한다. 우리 의식 속에는 집을 떠나는 그 순간부터 고생길로 들어섰다고 생각한다. 실제 그렇지 않더라도 우리라는 동류에서 이탈하였다는 그 자체만으로 나그네 길은 춥고 배고프다고 인식했다는 것이다.

그래서 예전 사람들은 '역마살'을 최악의 팔자로 여겼다. 농경사회에서는 '떠돈다'는 것 자체가 정상적인 사회 구성원으로 살기 힘든 삶을 의미하는 것이었다. 점집에서 "역마살이 끼였어."라는 말을 들으면 당장 얼굴이 일그러지기 일쑤였다. 전통적 한국 사회에서는 고향을 떠나서 살게 되는 것을 큰 비극으로 여겼기 때문이다. '고향을 떠나면 천하다'는 속담은 고향을 떠나 낯선 고장에 가면 천대를 받기 쉬우며 고생이 심하고 외롭다는 말이다.

이 같은 정착성 때문에 전통사회에서 집을 옮기는 이사란 옮겨가 살지 않을 수 없는 불행한 사람이나 예외적으로 하는 일이었다. 이를테면 천재지변이나 전쟁, 유배流配 또는 그 마을에서 낯을 들고 살 수 없는 수치스러운 일을 저질러 동네에서 추방당했을 때 뿐이다. 멀쩡한 사람이 받는 가장 큰 벌이 마을에서 쫓겨나는 것이고, 죽을 때 가장 불쌍한 것이 객사客死라고 생각했다. 미운 사람을 욕 할 때도 '고향에서 죽지 못할 놈'이라는 뜻에서 '객사할 놈'이라고 했다. '객사할 놈'이란 말이 한국인에게 심한 욕으로 통할 수 있었던 것은 바로 이러한 고향의식에서 비롯된다. 평생 큰 풍파 없이 잘 살다가 자식 손주들 하나도 축 내지 않고 그 후손들에게 죽 둘러싸여 안방에서 편히 임종을 맞는 것이 가장 이상적인 죽음이라는 인식이 강했기에 객사는 쓸쓸하고 저주받은 죽음이라 생각했다. 심지어 '건넌방에서 죽어도 객사'라는 말이 있을 정도였다.

   고향을 중시하는 한국인들은 처음 만나는 사람에게 고향이 어디인가를 먼저 묻는다. 고향에 대한 애착은 동향인同鄕人의 유대를 강화하는 아름다운 정서를 일으킨다. 그러나 그 정도가 지나쳐서 끼리끼리 모이는 '패거리 문화'로 지역 갈등을 일으키는 요인이 되기도 하였다.

# 034. 구수하다

**구수하다**
1. 맛이나 냄새 따위가 입맛이 당기도록 좋다.
2. 말이나 이야기 따위가 마음을 잡아끄는 은근한 맛이 있다.
3. 마음씨가 넉넉하고 푸근하다.

'구수하다'는 말은 다양한 상황에서 쓰인다. 가장 많이 쓰일 때는 역시 우리의 전통 음식을 먹을 때이다. '된장찌개가 구수하다', '숭늉이 구수하다'고 할 때는 맛이나 냄새 따위가 입맛이 당기도록 좋다는 뜻이다. '사투리가 구수하다', '민요 한 자락이 구수하다'고 할 때는 말이나 이야기 따위가 마음을 잡아끄는 은근한 맛이 있다는 뜻이다. '고향 인심이 구수하다'라고 할 때는 마음씨가 넉넉하고 푸근하다는 말이다.

"그 사람 참 된장처럼 구수하네!"라고 하면 마음이 넉넉하고 푸근하다는 칭찬이다. '뚝배기보다 장맛'이라는 속담도 있다. 뚝배기의 겉모습으로 판단하기에 그릇이 보잘 것 없어 거기에 담긴 장맛도 별로일 것이라고 짐작하기 쉽다. 그러나 장의 맛을 보면 겉과 달리 구수하다는 말에서 유래돼 겉모습으로 판단하지 말고 실속을 보라는 뜻이다. '엇구수하다'는 말도 구수하다에서 나온 말이다. '엇구수하다'는 어떤 음식에서 구수한 냄새나 맛이 얼핏 날 때, 말이나 이야기가 듣기에 그럴듯할 때, 어떤 모습이나 태도가 수수하면서도 은근하여 이끄는 면이 있을 때 쓰는 단어이다. 이처럼 '구수하다'는 우리 생활의 다양한 국면에서 쓰여 왔다. 그 어느 경우에도 외국어로 번역하기는 힘들다.

'음식 맛은 장맛'이라는 말처럼 한국의 음식솜씨는 장맛으로 평가된다. 우리나라의 전통 장류의 맛은 한 단어로 설명할 수 없는 오묘하고 깊은 맛이 난다. 이는 오랜 시간과 정성의 숨결이 느껴지는 발효의 맛 때문이다. 간장과 된장의 맛을 가장 가깝게 설명하는 우리말이 '감칠맛'과 '구수한 맛'이다. 김치, 된장, 청국장. 우리 밥상 위의 대표적인 음식인데 모두 발효를 했다. 같은 재료라도 이렇게 발효를 하면 영양이 몇 배는 풍부해지고 구수한 맛이 난다. 농경사회인 한국에서는 '벼'와 함께 '콩'이 많이 재배되었고 콩을 주재료로 한 다양한 장류가 발달하게 되었다. 쌀 문화권인 한국은 쌀을 주식으로 하고 채소류를 부식으로 한 식단에서 부족한 단백질을 고기 대신 콩으로 보충하였고, 대표적인 발효음식인 장류를 탄생시켰다.

우리가 구수하다고 느끼는 음식들은 대부분 간장, 된장과 같이 발효음식이거나, 곡물을 익힌 후 누룽지나 숭늉 혹은 강냉이처럼 조리한 것인데, 서양에는 그런 종류의 음식이 없기 때문에 맛을 표현하는 말 또한 생겨나지 않은 것이라 볼 수 있다. 서양 사람들에게 누룽지를 맛보라고 하면 탄 곡물맛$^{\text{burnt grain}}$이라고 한다. '구수하다'라는 말을 정확하게 표현하는 영어 단어를 찾기는 어렵다.

## 035. 국

**국**

☞ 고기, 생선, 채소 따위에 물을 많이 붓고 간을 맞추어 끓인 음식으로 한국인 식사의 주 메뉴다.

'국'은 고기, 생선, 채소 따위에 물을 많이 붓고 간을 맞추어 끓인 음식이다. 예나 지금이나 출산하면 미역국을 먹는다. "너 같은 걸 낳고 미역국을 먹었느냐?"는 말은 참기 힘든 최악의 욕이다. 또한 '떡 줄 놈은 생각도 않는데 김칫국부터 마신다'는 속담도 있다. 우리는 떡을 먹을 때도 국물을 먹는다. 죽은 사람도 국이 있어야 밥을 넘긴다고 생각했다. 국이 없는 제사상은 없다. 제사상에 국을 여러 가지 올려야 하고 더러는 맹물도 놓는다. 음식 맛이 아니라 사람의 성격을 평가할 때도 '국물도 없다'라는 표현을 쓴다. 융통성이나 여유가 없는 사람, 지나치게 계산적인 사람을 일컫는 욕이다.

우리나라에서 국이 발달한 원인에 대한 견해는 다소의 이견이 있으나 대체로 3가지로 나누어 볼 수 있다. 주식인 밥을 쉽게 먹기 위해서 발달되었다는 설과, 농경문화에서 한정된 식재료로 많은 사람이 어울려 먹기에 국이 제격이었다는 설, 그리고 정착형 주거문화인 온돌의 발달로 온돌에서 남는 열을 이용하여 오랫동안 끓여 국물을 먹는 음식이 발달하게 되었다는 설 등이 있다. 이러한 원인들은 모두 농경문화와 깊은 관련성이 있다.

김칫국물, 깍두기국물, 게장국물 등 국물이 없는 한국음식을 찾아보기 어렵다. 맛이 있느냐 없느냐의 잣대로서 국물은 모든 음식의 기본이 되는 첫걸음이자 음식의 본질을 좌우하는 핵심이 되어 왔다. 국물은 찌개나 국에서만 중요한 것이 아니다. 냉면 같은 국수류에 이르면 국물은 객체가 아니라 주체가 된다. 한국인들은 국수를 먹을 때도 면보다는 면을 말아 먹는 국물을 중시한다.

국물을 대체로 '수프soup'라고 번역하는데 이는 본질적으로 우리 음식의 국과는 다르다. 우리의 경우 국은 식사의 주된 메뉴이지만 서양에서 수프는 메인 요리 전에 식욕을 증진시킬 목적으로 제공되는 부수적인 음식이다. 중국 일본 또한 마찬가지이다. 격식을 차린 중국 음식점에서는 국은 밥보다도 나중에 나온다. 기름진 음식을 먹고 난 뒤 입 헹굼을 위해 맨 나중에 제공되는 것이다. 일본도 식사 때 밥에 국물이 따라 나오기는 하지만 국은 엄연히 보조적 역할에 그칠 뿐이다.

한국인들은 예로부터 밥그릇 옆에는 어김없이 국그릇을 놓았고 밥숟가락을 뜨기 전에 국부터 한 숟가락 떠먹었다. 바쁘거나 먹을 것이 변변치 않을 때에는 다른 반찬 없이 국에다 밥을 말아 한 끼를 해결하기도 했다. 그래서 국 없이 밥을 먹을 때 '목에 멘다', '꾸역꾸역 밥을 넘겼다' 한다. 아무리 많이 먹었어도 국없이 먹은 밥은 '밥을 먹은 것 같지 않다'고 한다. 한국인의 국물 사랑은 오랜 전통으로 먹을거리가 풍부한 지금까지도 국물에 대한 애착은 변하지 않았다.

# 036. 까불다

**까불다**
☞ 가볍고 조심성 없이 함부로 행동 하는 것, 또는 건방지고 주제넘게 구는 것.

'까불다'는 가볍고 조심성 없이 함부로 행동 하는 것, 또는 건방지고 주제넘게 구는 걸 말한다. 이 말은 곡식에 섞여있는 잡티를 날려보내기 위하여 키질을 하는 것을 '까부르다'고 한 데서 생겨났다. 키는 곡식 따위를 까불러 쭉정이나 티끌을 골라내는 도구이다. 곡식은 절구통에 넣어 찧기도 하고 키를 이용해 쭉정이나 검부러기 등의 불순물을 분리시켜 날려 보내야 알맹이를 얻을 수 있다. 농민들은 이 과정을 '찧고 까분다'는 단어로 표현했다. 키질을 하기 위해서는 쉴 새 없이 바삐 움직여야 하기 때문에 그런 행동을 사람의 행동에 비유해 유래된 말이다. 철없이 경망하게 행동하는 사람을 일러 '까불이'라고도 한다.

'벼'를 '쌀'로 만드는 과정은 매우 힘들었다. 밥을 해 먹으려면 껍질을 벗긴 쌀이 있어야 하는데, 농촌에서는 곡식을 오래 보관하기 위해 껍질을 벗기지 않고 두었다가 며칠 먹을 분량씩만 절구에 찧었다. 그렇게 찧고 나면 곡식 알갱이와 껍질이 함께 섞여 있게 되고 이것을 키로 까부르면 잡티는 날아가고 쌀만 남는다. 발을 약간 벌리고 한 발은 조금 앞으로 내밀고 몸을 앞뒤로 흔들면서 키질을 하던 여인들의 모습이 옛 그림 속에 남아있다. 이렇게 키질로 쭉정이를 걸러내는 작업이 '까분다'이다. 우리나라 속담에 '쭉정이는 불 놓고 알맹이는 거둬들인다'라는 말이 있다. 이 뜻은 '버릴 것은 버리고 쓸 것은 들여 놓는다'는 뜻이다

곡식을 '까부른다'는 말이 언제부터인지 분별없이 경거망동을 하는 것을 일컫는 말로 쓰이고 있다. 이러한 행동을 보고 그만두라고 타이를 때 '까불지 말라'고 한다. 나이가 더 어린 아이가 큰 아이에게 마치 같은 또래한테 하듯 버릇없이 장난을 친다면, 큰 아이는 이렇게 말한다. "까불지 마!" 또는 "까불고 있어."라고. '어린놈이 왜 친구처럼 그러느냐?', '혹은'네 행동이 지나치다' 정도의 의미이다. 성인이 되면 '까불다' 대신에 '점잖지 못하다' 등의 다른 단어를 쓴다. 아이가 아닌 다 큰 어른에게 있어서 '까분다'는 말은 매우 모욕적으로 들리기 때문이다. 아래 사람이 윗사람을 보고 '까분다'고 하거나 '까불지 말라'고 하지는 않는다. '까분다, 까불지 말라'는 말은 아이들끼리 어르고 윽박지를 때 흔히 쓰는 말이고 윗사람이 아래 사람

을 보고 타이를 때나 쓰는 말이다. 어른들이 이 말을 쓴다면 싸움이 벌어졌을 때이다. '까불다 큰 코 다친다'는 상대를 협박할 때, '쥐방울만한 게 까분다'는 자신에게 덤비는 상대가 아주 보잘 것 없다고 무시할 때 쓴다.

이처럼 우리 민족은 이 땅에서 수 천 년 간 농사를 지어오면서 농사와 관계된 말을 풍부하게 발달시켜왔다.

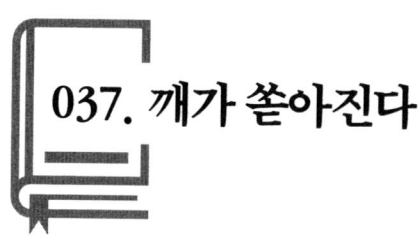

# 037. 깨가 쏟아진다

**깨가 쏟아진다**

☞ 아주 재미있는 일이나 재미있어 보이는 상태를 지칭할 때 쓰는 말.

'깨가 쏟아진다'는 아주 재미있는 일이나 재미있어 보이는 상태를 지칭할 때 쓰는 말이다. 여기에 나오는 깨는 참깨를 뜻하며, 참깨의 수확과 관련이 있는 표현이다. 깨는 다른 곡물과는 달리 추수할 때 한번 살짝 털기만 해도 우수수 잘 떨어진다. 이처럼 추수하기가 쉬운 까닭에 깨를 털 때마다 깨 쏟아지는 재미가 각별하다는 것인데 오붓하고 아기자기하여 매우 재미가 있다는 말이다. 흔히 재미있는 일이나 신혼초기의 생활 등을 얘기할 때 '깨가 쏟아진다'는 표현을 쓴다. 전 세계 여러 나라에서 남녀 간의 사랑을 꿀맛에 비유 한다. 서양 사람들은 사랑하는 이를 '허니'라고 부르지만 유독 우리나라만이 깨와 관련을 짓는다.

신혼의 알콩달콩 함을 흔히들 깨 볶는 소리, 냄새에 비교하곤 한다. '깨소금 냄새가 난다' 또는 '깨를 볶는다'고도 한다. 고소한 향과 크지 않은 소리로 타닥타닥 소리를 내는 것 때문일 것이다. 또한 나쁜 일을 저지른 사람이 벌을 받으면 '깨소금 맛'이라며 통쾌해한다. 몸이 작은 사람이 톡톡 까불어 대는 것을 '깨춤을 춘다'고도 한다. 참기름과 들기름의 원료인 참깨와 들깨는 우리들과 매우 친근한 작물이다. 깨를 터는 맛이나 깨소금 맛은 농경문화의 산물이다.

깨는 우리 식생활에 빼놓을 수 없는 식품이다. 웬만한 한식에는 깨소금이 기본양념으로 들어가며, 많은 요리가 깨소금을 마지막에 솔솔 뿌리는 것으로 완성된다. 한국인의 의식구조를 살피는 이규태의 『한국학에세이』(신원문화사, 1995)에서는 참깨를 우리 민족 생존의 원동력이었다고 본다. 풍토적 지정학적 조건 때문에 초식민족의 숙명을 벗어날 수 없었던 우리에게 영양도 없고 풋내 나며 맛도 없는 그 풀들을 목구멍에 넘겨주었던 것이 바로 다름 아닌 참깨에서 짠 참기름이었기 때문이라는 것이다.

참깨와 참기름을 이렇게 좋아하다 보니 우리말에는 '고소하다'처럼 아예 참기름의 맛이나 냄새를 가리키는 말이 따로 있을 정도이다. 한국 사람들은 유난히 고소한 맛, 고소한 냄새를 좋아한다. 좋은 맛을 나타낼 때는 늘 고소한 맛을 들먹인다. '꿀맛'이 서구 유목민들의 것이라면 깨소금이나 참기름에서 맛 볼 수 있는 그 고소한 맛이 바로 농경민들이 느낄 수 있는 최고의 맛이다.

'고소하다'는 말은 두 가지 뜻을 갖는다. 하나는 '견과류는 대체로 고소하다', '깨와 호두와 땅콩과 아몬드는 고소하다'라고 하듯이 맛과 관련되어 쓰인다. '고소하다'는 단순히 입맛을 넘어서 미운 사람이 잘못한 일을 당했을 때도 쓰인다. 그때의 기분이 마치 참기름을 맛본 것과 같기 때문 일 텐데, '고소하다' 대신 직설적으로 '깨소금 맛이다!'라고 말하기도 한다.

## 038. 느끼하다

---

**느끼하다**
1. 기름기가 너무 많아 비위에 거슬리다.
2. 태도가 유들유들하고 뻔뻔한 모습을 보여주는 사람을 비유하며 쓰는 표현.

'느끼하다'는 '비위에 맞지 아니할 만큼 음식에 기름기가 많다.' 또 '기름기가 너무 많아 비위에 거슬리다'는 뜻이다. 때로는 '먹은 것이 내려가지 않고 자꾸 가슴에 쌓이는 듯 한 느낌이 있다'는 뜻을 나타내기도 한다. 이 단어는 대부분 음식과 관련지어서 사용하고 있지만 사람의 외형을 표현할 때 쓰기도 한다.

'느끼하다'라는 말은 우리나라를 비롯한 동양권에서만 쓰는 말이다. 그래서 영어로 번역할 말도 없거니와 서양인은 느끼하다는 느낌이 무엇인지도 잘 모르며, 정확하게 설명할 수 있는 단어도 없다.

채식을 위주로 식사를 하는 사람들은 대체로 느끼한 맛을 가장 선호하지 않는다. 한국인들은 오랜 농경생활의 영향으로 곡물과 채소 위주로 식사를 하며, 평소 기름진 음식을 잘 먹지 않았다. 당연하게 기름성분에서 비롯된 느끼한 맛을 좋아하지 않게 되었다. 반면 평소 육류 위주로 기름진 음식을 많이 먹어 온 서양 사람들은 느끼한 맛을 선호하고 지방에 대하여 덜 민감한 편이다.

불고기, 삼계탕, 설렁탕, 전류 등등 대표적 한국 메뉴들 중 육류도 여럿 있지만 그 메뉴들은 예외 없이 김치나 채소와 같이 먹는다. 서양 사람들도 고기를 먹을 때 채소를 곁들이기는 하지만 우리만큼은 아니다. 한국인들은 고기를 구워 먹을 때에도 푸짐한 푸성귀를 함께 먹는다. 상추나 깻잎에다 싸서 먹는 것은 기본이고, 파를 채 썰거나 콩나물을 무쳐서 쌈 안에 넣고 거기에 마늘과 쌈장을 올려 아예 즉석 나물을 만들어 상추에 싸서 먹는다.

느끼한 고기를 먹을 때 기름기를 씻어내고, 입 안을 개운하게 해주는 것으로는 우리 음식 중 김치가 단연 으뜸이다. 김치를 잘 먹지 않는 사람도 외국 생활을 하다보면 김치 맛을 그리워한다. 한국인들이 외국 여행을 가서 음식에 가장 고역을 느낄 때는 김치를 못 먹어서일 경우가 많다. 서양음식이나 일본음식, 중국음식뿐 아니라 한국 음식을 먹을 때에도 김치가 없으면 '느끼해서' 음식을 제대로 즐기지 못한다. 한국인들 중 김치 없이 라면 먹을 수 있는 사람은 많지 않다.

우리말에서는 맛을 나타내는 어휘로 사람을 표현하는 경우가 많다. 맛의 느낌과 사람의 느낌을 연결하여 생생하고 실감나게 만든다. '느끼하다'는 말도 음식의 맛 뿐만 아니라 특정인에 대해 성격묘사로도 즐겨 쓴다. 주로 태도가 유들유들하고 뻔뻔한 모습을 보여주는 사람을 비유하며 쓰는 표현이다. '느끼한 사람'이라는 말 역시 매우 한국적인 표현이다.

# 039. 사촌이 땅을 사면 배가 아프다

**사촌이 땅을 사면 배가 아프다**
☞ 남이 잘되는 것을 기뻐해 주지 않고 오히려 질투하고 시기할 때 비유적으로 쓰는 말.

한국인의 그릇된 국민성의 예로 자주 이야기되는 것은 '사촌이 땅을 사면 배가 아프다'는 속담이다. 남이 잘되는 것을 기뻐해 주지는 않고 오히려 질투하고 시기할 때 비유적으로 쓰는 말이다. 나보다 잘났거나 내가 차지해야 할 대상을 차지한 타인에게 느끼는 시기심과 질투심은 동서고금을 막론하고 누구에게나 있는 보편적인 감정이다. 한국인에게만 나타나는 특이한 점은 시기의 대상이 '사촌'이고 욕망의 대상이 '땅'이라는데 있다.

한국인은 경쟁상대를 외부에서 찾지 않고 내부에서 찾는 성향이 있다. 이는 폐쇄적인 사회에서 살아온 농경문화의 유산으로 볼 수 있다. 유목이나 상업인들과는 달리 농민들은 그 경쟁상대가 먼 바깥세상에 있었던 것이 아니라 가까운 친척 아니면 바로 내 논밭에 있는 이웃 사람들이었다. 사촌은 아버지와 어머니를 제외한 조상이 일치한다는 점에서 동질성이 매우 높은 인물이다. 폐쇄성이 짙은 집단에서는 같은 환경의 비슷한 수준의 사람이 나보다 잘되면 생판 모르는 남보다 질투와 시기심이 더 작동하게 마련이다.

우리나라는 농경사회로 마을 공동체 의식이 강했다. 자연스럽게 평등사상이 강한 나라가 됐다. 남이 하는 것을 보면 자기도 해야 속이 편하고, 남이 앞서가는 것을 보면 참지 못하고 시기심이 작동한다. 유별나게 재능이 많고 똑똑하고 잘되면 거부하고 싫어하고 배척한다. 한국인의 이런 특징을 이규태의 『한국인의 버릇』(신원문화사, 1991)에서는 '농경사회 촌락공동체의 평균인간 체질의 산물'이라고도 하고 우리 문화가 관계 지향적 가족주의에 근간을 두고 있기 때문이라는 분석도 있다.

또한 욕망의 대상이 '땅'인 이유는 농경사회에서는 땅이 생존을 위한 식량생산의 원천이고, 땅에서 생산하는 쌀과 곡식으로 생활에 필요한 것을 모두 얻을 수 있기 때문으로 보인다. 전통사회에서 땅은 부의 상징이자 일터이며 일거리를 의미했다. 사촌이 땅을 사면 내가 살 수도 있었을 땅을 살 기회를 빼앗긴 것이라는 생각이 들 수밖에 없다.

그리고 시기심이나 질투심이 반응하는 곳이 머리도 아니고 가슴이 아닌 배인 이유는 인체의 기관 중 배는 소화·흡수뿐만 아니라 각종 노폐물을 처리하는 곳이기 때문이다. 감정적 스트레스가 쌓이는 곳 역시 배이다. 스트레스로 장이 경직되면 '배알이 꼬이기'도 하고 '장이 뒤틀리기'거나 '속이 뒤집혀' 배가 아프게 된다.

우리 조상들은 질투의 감정을 '심사가 꽁지벌레라', '마음이 흔들비쭉이라', '심술이 모과라', '마음이 시꺼먼 도둑놈', '못된 벌레 장판방에서 모로 간다'고 경계했지만 최근에는 '사촌이 땅을 사면 배 아프다'보다 더 심한 말이 돌고 있다. '배고픈 건 참아도 배 아픈 건 못 참는다'는 것이 바로 그것이다.

한국인들은 집단의 구성원들이 어려워지거나 불행해지면 서로를 잘 돕지만 누군가가 출세를 하거나 돈을 잘 벌거나 승진이 빠르거나 하면 숨어서 욕을 하고 시기 질투하는 성향이 있다. '사촌이 땅을 사면 배 아프다'는 말은 농경문화의 폐쇄적 가치관을 잘 보여주는 말이다.

# 040. 살림

**살림**
1. 사람이 먹고 사는 모든 일.
2. 가족을 살리고 자연의 모든 생명을 살리는 일.

집에서 하는 청소나 요리 등을 영어로는 'house keeping', 일본어로는 'かじ 카지, 家事'라고 한다. 우리는 이를 '살림'이라고 한다. 그러나 '살림'을 '집안 일'로만 해석하는 것은 본디 뜻을 축소 왜곡한 것이다. 우리말의 '살림'은 '살린다'의 명사형으로, '가사家事'와는 질적으로 다른 좀 더 근원적인 삶의 방식과 태도를 함축하고 있다.

살림의 대표적인 뜻은 한 집안을 이루어 살아가는 일을 말한다. 하지만 '살림이 넉넉하다', '살림이 쪼들리다'에서처럼 살림은 살아가는 형편이나 정도를 나타내기도 한다. 또한 집 안에서 주로 쓰는 세간이라는 뜻도 있어, '살림이 늘어나다', '살림을 장만하다'처럼 쓸 수 있다. 국가나 집단의 재산을 관리하고 경영하는 일을 말하기도 한다.

이처럼 다양한 뜻을 지닌 '살림'의 의미를 크게 두 가지로 나누어 볼 수 있다. 하나는 사람이 먹고 사는 모든 일이며 두 번째 는 가족을 살리고 자연의 모든 생명을 살리는 일이다. 살림은 본디 '살리다'의 명사형으로 죽어 가는 혹은 죽은 무언가를 살린다는 뜻이다. '살다'가 명사가 되면 '살음', 즉 '삶'이 된다. 그리고 '살리다'가 명사로 바뀌면 '살림'이 된다. 이러한 살림의 의미에 주목하면서 이어령은 『생명이 자본이다』(마로니에북스, 2013)에서 '삶'이 자동사에서 나온 것으로 홀로 살아가는 주체적이고 정신적인 생이라 한다면 '살림'은 사역 동사에서 나온 것으로 살아가는 데 필요한 수단이나 물질적 힘을 토대로 한 생활을 의미하게 된다고 보았다. 또한 그러면서도 한국말의 '살림'은 생활을 뜻하는 서양의 '리빙living'과는 다른 정신적인 울림이 있다고 파악하고 있다.

우리 조상들은 공동생활을 하던 수렵생활을 지나 농사일을 하고 정착생활을 하면서 가족단위의 살림에 대해 인식하게 되었다. 전통시대에 한국 여성들은 자녀의 출산과 양육, 집안일을 꾸려가는 역할을 맡으면서 자연스럽게 살림문화의 주체가 되었다. 자식을 출산하고 들판과 부엌을 오가며 살림을 꾸려나가야 했던 주부들에게 살림은 인간을 살리고 자연의 모든 생명을 살리는 일이었다. 옛사람들이 '살림을 잘한다'고 하는 것은 죽어있는 것들에 생명을 부여해 살려냄을 의미했다. 그런 사람들을 '살림꾼', 그렇게 살려놓은 것들을 '살림살이'라고 불렀다.

　무언가를 살리는 활동으로서의 '살림'이 요즘에는 그 본래 의미를 상실한 채, 단지 '한 가정에서 이루어진 경제활동', 또는 '부를 획득하기 위한 활동'으로 전락해 버렸다. 또한 '살림살이'는 고단하고 일상적이고 그래서 별 의미가 없는 허드렛일을 뜻하게 되었다.

# 041. 서리

**서리**
☞ 이웃이 심어 놓은 곡식이나 과일, 가축 따위를 훔쳐 먹는 일.

 이웃이 심어 놓은 곡식이나 과일, 가축 따위를 훔쳐 먹는 일을 '서리'라고 한다. 여름철의 참외서리, 수박서리 그리고 한밤중의 닭서리, 일부 지방에서는 새끼 돼지 서리까지 하였다고 한다. 가게도 없고 군것질거리도 귀했던 옛날에는 동네 아이들이 놀다가 허기가 질 때 밭에 들어가서 참외 몇 알, 무 몇 개, 콩 몇 줌, 감자나 고구마 몇 알 가지고 나와 먹는 것 정도가 서리였다. 마을마다 10대에서 20대 초반 사이의 또래끼리 모여 어우러져 다니며 배고픔을 달래기 위해 장난처럼 저질렀고, 훗날 두고두고 추억거리가 되었다. 밭주인도 개구쟁이들이 몇 개쯤 따 가는 것은 못 본 척 눈감아 주었다. 아이들 역시 재미로 서리를 할 뿐 농사를 망칠 만큼 따 가는 경우는 없었다.

민속학자 김영태는 사라져가는 우리의 풍습들을 담은 책 『잊혀져 가는 옛 마을 풍속백화』(아담북스, 2013)에서 서리를 한 물건은 남김없이 먹으며 집으로 가져가지 않는 것이 상례였다고 한다. 설령 서리를 하다 들켜도 주인에게 꾸중 몇 마디 듣는 정도였고, 때로는 주인이 손수 따준 참외 몇 개 쯤 얻어가지고 오기도 했다. 서리는 그 시대에 아이들과 청소년들에게만 묵인되던 '관용적 놀이'였다고 한다.

서리는 들키면 주인에게 야단맞고 물어주어야 하지만 그렇다고 한국인들에게 도둑질을 했다는 죄책감이 남는 행위는 아니었다. 남의 물건을 몰래 훔친다는 점에서 도둑질이라 할 수 있겠으나 당시의 사회 풍습으로 비추어 볼 때 도둑질과는 그 차원이 다르다. 한양명 교수는 서리의 민속학적 의미를 탐색하는 논문 〈1960년대 이전, 농촌의 서리 관행과 그 의미에 관한 담색〉(『한국민속학』 56, 한국민속학회, 2012)에서 서리는 아이들이 마을 문화를 체득해 가는 사회화 또는 문화화의 과정에서 일정한 역할을 수행했다고 보았다. 서리를 통해서 아이들은 농경지의 작부(作付) 체계와 농작물의 파종·성장·수확 시기를 보다 잘 알게 되었고 각 농작물의 양과 질, 맛과 속성을 익히게 되었으며 집안과 이웃의 경제 사정까지도 파악하게 된다는 것이다. 또한 서리에 대한 관용과 처벌의 과정을 경험하면서 마을 문화가 추구하는 공동체적 가치와 윤리를 체감할 수 있게 되는 것이라 보았다.

옛 농부들은 농사를 지을 때 수확의 30% 정도는 남에게 베풀 몫을 마련해 두었다고 한다. 서리하는 아이들이 따갈 과일, 이웃에게 나누어줄 별미 과실들, 까치밥, 상인에게 덤으로 주는 10%의 우수리 등등이다. 농부들 뿐 아니라 양반집에서도 드나들기 편한 곳에 쌀이 든 쌀독을 놓아두고 형편이 어려운 사람들이 가져다 먹는 것을 부끄러워하지 않도록 배려하였다. 또한 정면에 번듯한 대문이 있더라도 뒤편 사립문은 늘 열어 두었다. 나그네가 기웃거리다 배라도 채우고 가라는 배려였다고 한다.

이외에도 '건건이 서리'라 하여 가난한 집 아낙들이 춘궁기에 부잣집으로 떼를 지어 몰려가 떳떳하게 곡식이나 나물, 심지어 장독대까지 뒤지는 것이 용인되었다. 식량이 떨어지면 새벽녘 동네 부잣집 마당을 슬며시 쓸고 왔고, 집주인은 마당을 쓸고 간 사람을 수소문해 남몰래 몇일치 곡식을 보내곤 하는 '마당쓸이'라는 풍습도 있었다. 촌락공동체내에서 상호책임과 부조扶助의 수준은 이처럼 매우 높았다. 전통 한국 농촌에서 논밭 한 뙈기 없는 가구 수가 70%가 넘었는데도 굶어 죽는 이 없이 각박하지 않게 살 수 있었던 것은 부자는 당연히 가난한 이들을 돌봤고, 가난한 사람 또한 부자의 도움을 부끄러워하지 않았기 때문에 가능한 일이었다.

# 042. 시원하다

**시원하다**
1. 비위를 가라앉히고 속을 개운하고 산뜻하게 하는 맛.
2. 어떤 행위를 보거나 느낄 때에 답답하지 않고 개운하고 후련한 느낌.
3. 기대나 욕구에 가득 찰 만큼 충분하다.

'시원하다'의 원래 뜻은 '덥거나 춥지 않고 알맞게 선선하다'는 뜻이다. 하지만 원래의 의미에 그치지 않고 다양한 의미를 만들어 내는 우리말의 특성을 그대로 반영하여 '시원하다'는 맛과 온도, 감정을 두루 표현하는 다의어이다.

맛으로서의 '시원하다'는 먹었을 때 비위를 가라앉히고 속을 개운하고 산뜻하게 하는 맛이라고 할 수 있다. 낮은 온도와 높은 온도에 모두 사용되는데, 낮은 온도는 말 그대로 서늘하여 시원하다는 의미이고, 높은 온도는 둘로 나눌 수 있는데 열탕에 들어갔을 때나 뜨거운 국물을 먹을 때 사용한다. 감정으로서의 '시원하다'는 어떤 행위를 보거나 느낄 때에 답답하지 않고 개운하고 후련한 느낌을 말한다. 이외에도 마음에 부담을 주는 무엇이 사라져 가뿐하고 개운하다는 뜻으로 '속이 시원하다'가 되기도 하고, 기대나 욕구에 가득 찰 만큼 충분하다는 말도 된다. 이때는 '일이 시원하게 처리되었다'고 표현한다. 그리고 '사람이 시원하다'는 언행이 활발하고 서글서글한 사람을 뜻한다. 또한 막힌 데가 없이 깨끗하게 뚫려있는 터널을 보면서도 '시원하다'는 말을 쓴다.

'시원하다'는 말을 좋아하고 많이 쓰는 한국인들이 '시원치 않다'고 할 때는 불만족스러움을 나타낼 때이다. 우리는 무언가 일이 남아있는 것 같고, 꺼림칙할 때, 깨끗하게 끝나지 않았을 때 '시원치 않다'는 말을 한다. '시원치 않은 놈'이라는 말은 심한 욕이 된다. 뭔가 모자라다는 의미가 되기 때문이다.

이와 같은 시원하다의 다양한 용례 중에 외국인들에게 가장 설명하기 어려운 표현은 뜨거운 국물을 먹을 때의 '시원하다'이다. 한국인들은 부글부글 끓고 있는 된장찌개나 고춧가루를 풀어 얼큰한 콩나물국, 아니면 김치가 듬뿍 들어간 김치찌개의 뜨거운 국물 한 숟가락을 입에 떠 넣으면서 예외 없이 '시원하다'고 탄성을 지른다. 그러나 서양 사람들은 그 장면을 보고 도저히 이해가 가지 않는다는 표정이다. 아니 그렇게 뜨겁고 매운 국물이 어떻게 시원할 수 있다는 것인가? 한국문화를 모르는 그들에게 뜨거운 국물은 결코 'cool'이 아니라 'hot'이기 때문이다. 따라서 그들이 우리가 뜨거운 국물 음식을 먹으면서 연발하는 '시원하다'의 의미를 이해하기란 쉽지 않다. 푸른 눈의 한국학자인 임마누엘 페스트라이쉬 경희대교수는 『인생은 속도가 아니라 방향이다』(21세기북스, 2016)에서 한국에 살면서 가장 이해할 수 없는 것 한 가지가 한국인들이 뜨거운 물을 마시고도 '어~ 시원하다!'라고 탄성을 내지르는 것이라면서 이를 '언어의 역설' 같은 반어법으로 파악하고 있다.

한국인들이 뜨거운 국물을 마시면서 "시원하다."라고 하면 다른 나라 사람은 이해하기 어렵지만, 한국인들은 그 말의 의미가 '비위를 가라앉히고 속을 개운하고 산뜻하게 하는 맛'으로 속을 후련하게 하는 맛이라는 것을 알고 있다.

# 043. 어디 가세요?

**어디 가세요?**
☞ 그저 '안녕하세요?'라는 말과 별반 차이가 없는 상대방의 신변에 관심이 있다는 것을 표현하는 관용적인 인사말.

한국인의 인사말인 '어디 가?', '어디 가세요?'는 외국 사람이 오해하기 딱 좋은 인사말이다. 오다가다 아는 사람을 만날 경우 '어디 가느냐'는 물음으로 인사를 대신하는 경우가 많은데, 이 말을 단어 뜻 그대로 생각한 사람들은 '저 사람이 왜 내가 어디 가는지를 꼬치꼬치 캐묻지' 라고 생각할 수 있다.

한국인의 인사말은 의문문으로 되어 있어도 그에 대한 답을 따로 할 필요가 없는 것이 많다. 예를 들어 아침에 처음 뵌 어른에게 "밤새 안녕하셨습니까, 어디 가세요?"라고 인사를 건네면 어른은 그냥

"자네도 안녕한가?"라고만 답하면 될 뿐, 밤새 무슨 일이 있었는지, 어디 가는지 꼬치꼬치 대답할 필요가 없다. 이것이 우리 고유의 말법이다.

"어디가세요?"라고 물으면 이에 대한 적절한 대답은 "예, 어디 좀 갑니다.", "아, 예" 이렇게 적절히 얼버무리면 된다. 왜냐하면 '어디 가냐'는 물음은 목적지를 알기 위한 질문이 아니라 상대방의 신변에 관심이 있다는 것을 표현하는 관용적인 인사말이기 때문이다. 한국 사람이라면, 이러한 상황에서 '어디 가세요?'는 그저 '안녕하세요?'라는 말과 별반 차이가 없는 말이라는 것을 잘 알고 있다. 상대의 신변을 살피는 안부 인사를 주고받음으로써 서로 간에 친밀감을 느끼고 유대를 확인하게 된다.

이규태는 조선일보 연재 칼럼에서 사생활을 소중히 하는 외국인에게는 분노를 유발할 이 말이 정을 나누는 인사말로 정착한 것은 조상들이 살아온 사회의 정착성이 별나게 강해 정이라는 접착제로 억세게 엉켜있어 떠난다는 것에 원천적인 거부감을 갖기 때문이라고 보았다. (〈카트리나 한국 정〉, 조선일보, 2005.9.9)

이런 인사말은 친족 공동체를 이루는 것이 보통이었던 농업 사회에서 생겨난 것이다. 농촌 사회에서는 주위의 사람들이 모두 가족이나 친족이므로 그중 한 구성원이 어디 가는 것은 그만큼 관심사가 되었다. '어디가세요'는 '밥 먹었니'와 함께 정착 농경문화의 대표적인 인사말이라 할 수 있다.

서양에서는 길거리에서 어딘가 가는 사람을 만났을 때 관심 표명을 하는 인사말은 없다. 특히, 상대방의 가고 오는 일이나 행방

등에 관해서는 관심을 드러내지 않는다. 부질없는 사생활 간섭처럼 들릴 수도 있기 때문이다. '어디 다녀오시는가 보죠?'라는 인사말도 역시 서양인들은 전혀 이해할 수 없다. 아마도 그들은 길거리에서 만났을 때 어디 갔다 돌아오는 길임은 너무나 명백한데 왜 그런 말을 하는지 의아하게 생각할 것이다. 그러므로 '어디가세요?'를 'Where are you going?'로 번역 한다면 그 뜻이 제대로 전달되지 않는다. 'How are you?'로 번역하는 것이 더 정확하다.

# 044. 자식농사

**자식농사**

☞ 자녀 키우는 것을 '농사'에 비유하는 농경문화의 유산.

'자식농사'란 자녀를 낳아 기르는 일을 농사에 빗댄 말이다. 농사 짓는 일처럼 자식을 키우는 일도 제 때에 낳고, 낳은 후에는 각 시기에 알맞게 돌보는 정성이 필요함을 이른다. 농사 중에서도 제일 어려운 것이 자식 농사라 했는데 농사짓는 것보다 손이 훨씬 더 가고 많이 힘들기 때문이다. 자녀 양육과 교육은 때맞춰 돌보는 정성이 필요하고, 온 정성을 다하더라도 날씨 등 환경이 도와주지 않으면 뜻대로 되지 않는 농사와 같다는 생각에서 나온 비유이다.

농사는 올해 잘못 지었더라도 내년에 잘 지으면 얼마든지 복구가 가능하지만 자식농사는 한 순간 잘못된 길로 빠지면 영원히 복구하기가 어렵고, 자식의 잘못 됨은 고스란히 부모의 몫으로 남게 되어 평생토록 후회하게 된다. 그래서 우리 선조들은 '한 해 농사 망치면 일 년을 고생하지만, 자식농사 망치면 평생 고생 한다'며 자식양육의 중요성을 강조했다.

옛날 어른들에게는 바라보기만 해도 배가 부른 두 가지가 있었는데 논에 물 대는 것과 자식 입으로 밥 들어가는 것이다. 먹고 살기 바빴던 시절, 농사 잘 되고 자식 굶기지 않는 것 이상의 절대적 가치는 없었다. 자식 키우는 일은 자연스레 '자식 농사'가 되어 '제일 큰 농사' 대접을 받았다. 우리 속담에 '땅 농사는 남의 농사가 잘 돼 보이고 자식농사는 내 농사가 나아 보인다'는 말이 있다. 아무리 못난 자식이라도 내 자식이 잘생기고 똑똑해 보인다는 말이다

'자식농사'라는 말은 농경사회에서 자녀가 부모에게 어떤 의미인지를 집약적으로 보여준다. 그 시대 어린 자식들은 부모에게 당장 사용할 수 있는 현물가치를 가지고 있었다. 농경사회에서 자식은 몇 년간 노고를 들이면 집안일과 농사일을 거들 수 있는 요긴한 일손이었다. 산업화가 진행되고 교육기간이 연장되면서 자녀는 지금 당장의 현물가치로 보다는 노후에 의존할 수 있는 미래보장자원으로 여기게 되었다. 농사라는 개념에서 한발 더 나아가 투자라는 개념이 생겼다. 자신의 노후에 성인이 될 자녀가 갖게 될 더 높은 경제적 가치를 위해 현재 자신의 자원을 아낌없이 투자하였다.

자녀 키우는 것을 '농사'에 비유하는 농경문화의 유산을 물려받은 한국인의 의식 속에 자식은 자신이 소유한 농작물이었다. '자식농사

잘 지어야 노후가 편하다'는 생각으로 인생 최고의 투자처는 바로 '자식농사'라 보았다. 농사는 일정기간 동안 들인 노력의 여하에 따라 성과물이 다르고, 반드시 그에 대한 평가가 따르게 된다. 그러다 보니 좋은 성과를 내기 위해 돈과 시간 뿐만 아니라 더 좋은 것을 제공하고자 하는 집착이 생겨나게 되었다. '세상에서 가장 부실한 보험은 자식 보험'이라는 영국 속담과는 대조적이다.

    자식농사를 잘 지으려는 한국인들의 집착은 뜨거운 교육열로 번졌고 '자식 농사 잘 지으려면 등골이 빠진다'는 말도 나왔다. 소 팔고 논 팔아 대학공부를 시켜 대학을 '우골탑牛骨塔'이라 부르기도 했다. 오늘날에는 '자식농사가 최고'라는 농경시대의 신념은 더 이상 통하지 않는다. 농사라는 말이 무색할 정도로 투입 대비 산출이 낮아졌기 때문이다. 현재 대한민국의 낮은 출산율은 자식을 잘 키워야 할 농작물로 여기는 풍토가 이제는 변하고 있음을 보여주는 증거이다.

# 045. 잔치

**잔치**

☞ 집에서 장만한 풍성한 음식으로 손님을 대접하면서 공동체의 범위를 확인하던 행사.

'잔치'는 경사慶事에 음식을 차려놓고 손님을 청해 함께 먹고 즐기는 것을 말한다. 한국인들에게 잔치는 집에서 손수 장만한 음식을 집으로 찾아온 사람들과 나누어 먹는 날로 풍성한 음식으로 손님을 대접하면서 공동체의 범위를 확인하던 행사였다. 혼례든 상례든 손님들에게 대접하는 음식상에는 차별이 없었다. 빈부, 상하, 노소 차별 없이 모두 대등한 상차림으로 잔치를 즐겼다. 잔치에 미처 참여하지 못한 사람들도 잔칫집에서 골고루 싸준 음식으로 잔치에 동참

할 수 있었다.

항상 음식이 귀하고 모자라던 농경사회에서 잔치는 음식을 나누어 먹는데 의미가 있었다. '잔치에는 먹으러 가고, 장사葬事에는 보러 간다', '새 잡아야 할 잔치 소 잡아 한다', '잔치는 잘 먹은 놈 잘 치렀다 하고 못 먹은 놈 못 치렀다 한다'라는 우리의 속담을 보면 한국의 잔치는 음식을 먹는 행사라는 것을 잘 알 수 있다. 손님을 초대한 잔칫집주인도 "많이 드세요"가 주된 인사였다. 지금도 이러한 양태는 크게 변하지 않아서 어떤 행사나 모임을 주최하든지 우리에게는 음식접대가 가장 큰 비중을 차지한다. 잔치를 벌였다 하면 힘들여서라도 좋은 음식을 푸짐하게 차려야 하고, 밖에서 치르더라도 그럴 듯한 식당을 찾아야 한다. 또 초대를 받은 사람은 "많이 먹으려고 한 끼를 걸렀다"고 말하기도 한다.

마을 어느 집안의 결혼식이나 회갑연 날짜가 잡히면 온 마을은 며칠 전부터 잔치 분위기에 들어갔다. 친척과 이웃들은 형편 따라 술 한 단지, 떡 한 시루, 달걀 몇 꾸러미씩을 부조扶助로 들고 왔다. 동네 사람들이 모두 모여 음식을 장만하고 혼수준비를 거들며 흥겨운 가운데 의식을 치렀다. 떡과 전처럼 일상생활에서는 먹기 힘든 푸짐한 별식은 우리 선조들에게 가난한 날의 작은 사치였다. 그래서 지금도 뜻밖의 좋은 일이 생길 때 우리는 '웬 떡이야'라고 말하는 것이다.

농경사회에서 노동력은 곧 생산으로 직결된다. 노동과 생산의 효과를 제고하기 위해 풍물놀이를 비롯한 여러 가지 오락과 유흥이 생겨났다. 이것은 마을 구성원 사이의 유대를 강화하고 결속을 높이는 구실을 했다. 잔치에는 술, 음식과 더불어 노래와 춤 또한 필수였다. 잔치의 의례를 행하는 '본풀이'가 끝나면 한바탕 어울려 큰소리로 떠들며 질펀하게 놀고 가는 '뒤풀이'가 있었다. 우리 선조들이 궁색한 형편에도 먹고 노는 잔치를 많이 벌였던 이유 중 하나는 농민들을 위로하고 힘을 재충전하기 위함이었다. 사시사철 이어지던 세시풍속은 제각각 의미는 다르지만 그 형식은 모두 잔치였다. 잔치는 몸과 마음속에 쌓아두었던 피로를 신명과 흥을 통해 한바탕 풀어헤치는 출구였다.

잔치는 경사가 있을 때 음식으로 손님을 대접하는 일을 뜻한다. '연회宴會'라고도 한다. 이에 비해 '파티party'는 사교, 친목 등을 목적으로 한 모임을 의미한다. 우리의 '잔치'를 서양의 'party'라 번역을 하는 것은 적절치 못하다. 그 둘의 목적과 의미가 판이하게 다르기 때문이다. 우리의 잔치는 먹는 것에 치중되지만 서양의 파티는 사교 목적이 더 큰 비중을 차지하고 있다는 점에서 잔치와 파티가 크게 구별된다.

 # 046. 찬밥

**찬밥**
1. 지은 지 오래된 식은 밥.
2. 중요하지 않은 하찮은 인물이나 사물.

'찬밥'은 지은 지 오래되어 식은 밥을 말하지만, 중요하지 않은 하찮은 인물이나 사물을 비유적으로 많이 쓴다. 찬밥신세는 주로 '업신여겨지거나 푸대접을 당하는 처지에 있는 사람'을 말한다. '그 사람 요즘 어디 있어?' 하고 물으면 별 볼일 없는 한직으로 쫓겨 가 있는 친구를 두고 우리는 '그 친구 요즘 찬밥 신세야' 하고 말한다. '찬밥 더운 밥 가릴 때가 아니다'는 굉장히 급하거나 조건을 따질 때가 아님을 의미한다.

한국인의 언어습관 중에 '밥'이 가장 많이 쓰이는 표현은 '찬밥,

더운밥' 과 '한 솥 밥'이다. 빵은 식은 것도 먹지만 밥은 온기를 지니고 있어야 한다. 식은 밥도 먹을 수는 있다. 그러나 식은 밥은 식은 정을 의미한다. 우리말에는 '찬밥' 또는 '찬밥 신세'라는 말이 있다. 찬밥은 '정이 없는 존재' 그래서 '따돌려진 존재', '소외되어 외로워진 존재'를 뜻하는 말로 사용된다. 하지만 '더운밥'은 그와 반대이다. '거지도 부지런하면 더운밥을 얻어먹는다'는 속담에서도 알 수 있듯이 우리는 예로부터 더운밥을 귀한 것으로 여겨 왔다. 예전에는 추운 겨울밤 집안 식구 하나가 집에 늦게 들어오면 온돌방의 따끈한 아랫목 요 밑에 밥사발 하나를 묻어 놓았다. 그 식구가 집에 와서 따뜻한 밥을 먹을 수 있게 하기 위해서이다. 심지어 옛날 어머니들은 집나간 자식을 위해서도 매일매일 따뜻한 밥을 새로 지어 밥그릇에 담아 아랫목에 묻어 놓기까지 하였다. 그 사람이 집에 없어도 그 사람의 밥은 늘 따뜻한 채로 준비되어 있었다.

한국인들은 뜨겁고 따뜻한 음식을 중시하는 온식문화溫食文化권이기에 잘 차린 밥상도 밥이 식으면 푸대접을 받은 것이 되고, 반찬이 간소하더라도 갓 지어 뜨거운 김이 나는 밥이 올라온다면 정성 담긴 밥상이라 여겼다. 식은 밥이나 찬밥은 그 사람을 위해 만든 음식이 아님을 뜻하기 때문이다. "더운밥을 먹어야 기운이 나지." 옛날 우리 어머니들은 언제나 가족들에게 '식은 밥'을 먹이지 않으려고 애를 썼다. 그래서 밥은 김이 모락모락 나는 '더운 밥'이어야 하고 국은 물론 찌개도 펄펄 끓인 것을 상 위에 놓았다.

한국인들은 들일을 하러 나가면서 도시락을 싸가지 않았다. 국물 없이 찬밥을 먹어야 하는 도시락보다는 아낙들이 새로 밥을 해서 뜨거운 국물과 함께 날라 오는 광주리 밥을 더 좋아했다. 한국인들에게 찬밥을 먹는다는 것은 따뜻한 밥을 먹지 못하는 형편에 어쩔 수 없이 선택하는 행복하지 못한 상황이다. "그냥 찬밥에 물 말아 먹지"하는 말은 혼자 대충 끼니를 때우겠다는 말이다. 웬만큼 스스럼없는 사이가 아니면 물에 밥을 말아서 함께 먹지 않는다. 물만밥은 온 가족이 모인 식사 때나 손님을 대접할 때 차릴 수 있는 밥상은 아니다.

예전부터 한국인들에게 '찬밥'과 '더운밥'은 먹는 사람의 신분과 처한 환경을 빗대어 표현할 정도로 중요한 잣대가 되어 왔다.

## 047. 철부지

**철부지**

☞ 무엇이 옳고 그른지 판단하지 못하는 어린애 같은 사람.

'철부지'에서 철은 계절의 변화를 가리키는 말로 사리를 헤아릴 줄 아는 힘, 곧 지혜를 뜻하는 말이다. 그 뒤에 '알지 못한다'는 한자말인 '부지不知'가 붙어 무엇이 옳고 그른지 판단하지 못하는 어린애 같은 사람을 일컬어 '철부지'라고 하게 되었다. 우리말 '철'은 계절을 지칭하기도 하고, '철들다', '철나다'에서와 같이 사리를 분별하는 힘을 나타내기도 한다. 계절을 구분할 때 '제철 만난 무엇'이라고도 하고, '메뚜기도 한철이다'라는 표현이 있다. 이렇게 철은 계절을 나누는 시기나 때라는 의미가 있다.

우리의 옛말에 어떤 일이든 그 일에 딱 맞는 시기가 있다는 뜻으로 "철 그른 동남풍"이라는 말이 있다. 이는 제철이 아닌 때에 동남풍이 분다는 말이니, 어떤 현상이 필요한 때는 나타나지 않다가 철 지난 뒤 생겨날 때 또는 상황에 맞지 않는 얼토당토않은 소리를 하는 경우를 이른다.

농경 사회였던 우리나라에서는 입춘, 입추 등 24절기에 따라 계절을 읽고 그에 맞춰 농사를 짓고 살아왔다. 봄에는 씨앗 뿌리고 여름에는 김매고, 가을이 오면 추수를 했다. 때에 맞춰서 씨앗 뿌려야 하는데, '철'을 모르면 농사를 망친다. 농경사회에서 '철이 든다'는 것은 자연과 기후의 변화를 미리 짐작하여 농사를 지을 줄 안다는 의미였다. 결국 '철을 모른다'는 것은 지금이 어느 때인지, 무엇을 해야 할 때인지 알지 못한다는 말이다. 씨를 뿌려야 할 때인지 추수를 해야 할 때인지 김장을 담가야할 때인지 모른다는 것이다.

'철부지'란 말이 처음에는 이렇게 때를 모른다는 의미였으나 현대에 와서 때와 장소를 모른다는 의미로 확장되어 쓰이고 있다. 예를 들면 여름에 털옷 입고, 겨울에 삼베옷을 입으면 철이 없는 셈이다. 그리고 조심해야 할 자리에서 함부로 처신하면 철부지 소리를 듣는다. 옛날의 철부지들은 대개 어린아이들이었는데 요즈음은 나이 많은 철부지들도 많다. 이렇게 아직 철이 나지 않았거나 철이 덜 난 사람을 일러 '철딱서니 없다'고 한다. 이런 사람들은 '너 언제 철들래'라는 책망을 듣기 일쑤다.

우리 민족은 하늘을 섬기고 자연과 어울려 살아왔고, 자연의 변화를 몸으로 느끼면서 이에 조화롭게 대처해 왔다. 그래서 제철 음식,

제철 과일을 먹고 철 따라 사는 것이 순리라고 생각했다. 하지만 산업사회로 들어서면서 농경사회의 '철'의 의미를 모두 따르기 어려워졌으며 이에 비례하여 철부지들이 많아질 수밖에 없었다.

# 048. 텃세

**텃세**
1. 먼저 자리를 잡은 사람이 뒤에 오는 사람에 대해 가지는 특권의식. 또는 뒷사람을 업신여기는 행동.
2. 농경문화 전통에서 영토 바깥 쪽 사람들에 대한 생존을 위한 배타적 행동.

'텃세'는 먼저 자리를 잡은 사람이 뒤에 오는 사람에 대해 가지는 특권의식. 또는 뒷사람을 업신여기는 행동을 말한다. 우리나라에서는 학교뿐만 아니라, 군대, 직장, 교도소에 이르기까지 선임자가 후임자에게 신고식을 요구하는 특이한 관습이 있다. 조직에 먼저 들어온 사람이 늦게 들어온 사람을 차별하고 그 앞에 군림하는 텃세심리는 거의 모든 조직에서 볼 수 있다.

동물의 세계에서도 텃세는 보편적이다. 먹이와 번식 등 생존에 필수적인 공간을 확보하고 지켜내기 위한 본능 때문이다. 세계 어느 나라에서나 텃세문화는 존재하기 마련이다. 그러나 농경문화 전통에서 비롯된 폐쇄적인 공동체를 형성해온 우리나라는 텃세 문화가 유독 심하다. 전 세계에서 유태인과 회교가 깊게 뿌리내리지 못한 유일한 나라로 지목되는 곳이 바로 한국이다.

유목문화는 이동의 문화이다. 새로운 목초지를 따라 끊임없이 이동해야 하기 때문에 장소에 대한 집착력이 약하다. 땅이 척박하거나 적으로부터의 위협이 있으면 다른 초원을 찾아 이동해 버리면 된다. 이에 반해 농경문화는 한 곳에 정착하는 비이동문화이다. 정착민들에게 땅은 삶을 지탱하는 근거이고 뿌리다. 자신과 후손들이 살아남고 번성하기 위해서 땅, 그것도 더 넓은 땅은 꼭 필요하다. 그렇기에 농경민족은 자기들 영토 바깥 쪽 사람들에 대해서 배타적일 수밖에 없다. '텃세'는 삶의 터전을 지키기 위한 본능적인 행동이다. 우리의 농촌에서는 얼마 전까지만 해도 10대 혹은 20대 이상 한자리에 계속 터를 잡아 대를 이어 사는 것을 자랑과 권위로 여겨왔다. '텃세'라는 말 속에서 '터'가 얼마나 중요한 권위의 상징인가를 알 수 있다.

'본토박이'의 줄임말인 '토박이'는 대대로 그 땅에서 나서 오래도록 살아 내려오는 사람을 말한다. 같은 의미의 '토착土著'이라는 말도 그러하다. '붙박이'도 유사한 용례이다. 토박이들에게는 '신토불이身土不二'의 정서가 깊이 배어 있으며 '굴러온 돌'이 박힌 돌을 빼낼까 하는 두려움이 기본적으로 깔려있다.

몇 십 년 전까지만 해도 농경사회 구조 속에서 살아온 우리 민족은 개방성보다는 폐쇄성이 강할 수밖에 없었다. 마을 내에서는 집집마다의 살림살이를 서로가 알 수 있는 상호 협동적인 공동체 의식이 깔려있는 반면, 다른 마을에서 건너온 이방인에게는 경계심과 차별적인 '텃세'를 부리는 배타성이 자리잡고 있었다.

# 049. 품앗이

**품앗이**

☞ 마을 공동체를 중심으로 한 농경사회에서 사람과 사람, 이웃 간에 각종 애경사에 서로간의 정, 나눔과 봉사, 배려하는 선한 마음을 몸으로 표현하는 삶의 양식.

'품앗이'라는 말은 힘든 일을 서로 거들어서 품을 지고 갚고 하는 일을 말한다. '품'은 '일하는 데 드는 힘이나 수고'를 가리키는 우리의 고유어 표현이다. '앗'은 受(받는다)를 의미한다. 한마디로 '품앗이'는 상대방이 제공하는 수고를 받아들인다는 의미이다.

품앗이는 마을 단위로 조직을 만들어 공동으로 농사일을 하던 '두레'보다는 규모가 작고 단순한 작업에서 자주 이루어졌고 개인적인 일에 쓰임이 많았다. 한 가족의 부족한 노동력을 해결하기 위해 다른 가족들의 노동력을 빌려 쓰고 나중에 갚아주는 형태이다. 주로 가래질하기, 모내기, 물대기, 김매기, 추수, 풀베기, 지붕의 이엉 엮기, 퇴비 만들기, 길쌈하기 등에 집중적으로 활용되었다고 한다. 관혼상제 등 집안의 큰 행사가 있을 때 음식을 장만하고 옷을 만드는 여자들의 일도 품앗이가 이루어졌다.

정형호 문화재청 문화재전문위원은 놀이, 신앙, 의례는 연중 1~2회에 그치지만 두레는 최소 10~30일 이상 소요되다보니 가장 오랜 기간 이뤄지는 집단생활이었고 일이 끝난 후에도 함께 쉬고 식사하고 풍물을 즐기며 놀았다며 두레와 품앗이 등으로 생성된 공동체는 유사시에는 지역민이 힘을 하나로 뭉칠 수 있는 강력한 민중 조직체로 발전했다고 분석했다.(〈한국인의 DNA를 찾아서〉, 헤럴드경제, 2011.7.)

품앗이는 단순히 일손의 교환, 그 이상의 의미를 가지고 있었다. 노동에 대한 대가를 갚는 형태의 것이 아니었기 때문이었다. 하루 벼 베기 '품'을 했으니 다음에 반드시 같은 양의 하루 벼 베기를 기대하는 주고받는 행위가 아니었다. 마을 공동체를 중심으로 한 농경 사회에서 사람과 사람, 이웃 간에 희로애락으로 표현되는 각종 애경사에 서로간의 정, 나눔과 봉사, 배려하는 선한 마음을 몸으로 표현하는 삶의 양식이었다. 이는 상대방으로부터 준 것에 대해 올 것을 기대하는 영어권 문화의 '기브 앤 테이크give & take'와는 맥락을 달리 한다.

농경 중심의 사회기반에서는 거의 모든 일이 공동체 내부에서 이루어졌고, 서로 협동하지 않고서는 생산 활동을 영위할 수 없었다. 우리의 다양한 풍습들 중에는 그런 공동체 생활의 특징이 나타나는 것이 많다. 일각에서는 공동체 정신을 지연·학연주의, 집단 이기주의 등의 원인으로 지목하기도 한다.

농경사회가 쇠퇴하면서 마을을 중심으로 한 두레, 품앗이 등 전통 공동체도 소멸했다. 최근에는 농촌에서도 노동을 노동으로 갚는 대신 품삯을 지불하는 임금노동으로 바뀌고 있는 추세이다. 하지만 품앗이의 상부상조 정신은 경제적으로 돕는 대신 몸으로 도와준다는 의식이 남아있고 '몸으로 때운다'는 말 속에도 들어있다.

# 050. 한솥밥

**한솥밥**

☞ 같은 솥의 밥을 함께 먹으며 이해관계를 떠난 친밀하고 끈끈한 유대관계를 갖는 공동체.

 한솥밥의 사전적 의미는 같은 솥으로 만들어 나온 밥을 의미하는 것으로 관용적으로는 가족을 의미하는 단어였지만 의미가 확장되어 같은 커뮤니티나 팀, 조직에서 같이 일하는 동료까지 표현하는 말이 되었다.
 '한솥밥을 먹는다'는 말은 식사 공동체를 의미한다. 한솥밥이 단지 밥 자체만을 뜻하는 말이 아니기 때문이다. 가족의 마음을 하나로 연결해 주는 한솥밥이자, 가족 간의 정을 함께 나누어 먹는 한솥밥인 것이다. 가족이라는 조직은 밥을 같이 나눠 먹는 식사 공동체이다. 이어령은 『디지로그』(생각의 나무, 2006)에서 '한 솥의 밥을 먹는다'는 의식은 농업사회가 정보사회로 바뀌게 된 오늘날에도 우리 무의식 속에 생생하게 살아 있다고 파악하고 있다.

가족을 의미하는 식구食口는 함께 먹는 입을 뜻하므로 가족이라는 끈끈함은 밥을 제외한다면 성립이 될 수 없는 말이다. 지금은 식구란 단어의 의미가 확대되어 한 조직에서 함께 일하는 사람을 비유적으로 이르는 말이 되었다. 그래서 한 식구가 되었다고 하면 가족처럼 운명 공동체가 되었음을 의미한다. 이것은 영어에서도 마찬가지이다. 'company'라는 단어를 보면 'com'의 뜻은 '같이with'이고, 'pan'의 뜻은 '빵pan'이다. 그래서 이 단어는 빵을 같이 나눠 먹는 동료, 친구라는 의미에서 회사, 직장이라는 의미로까지 두루 쓰인다. 이는 밥이 가족이라는 정을 매개로 삼지 않고서는 존재할 수 없음을 보여 준다.

우리의 한솥밥 문화가 오로지 가족 관계에만 해당되는 것은 아니다. 함께 생활하는 친구나 직장 동료 사이에서도 마음이 하나로 합쳐지거나 따뜻한 정을 나누게 되었을 때, 우리는 흐뭇한 마음으로 그들을 '한솥밥 먹는 식구'라고 부른다. 그만큼 우리나라 문화에서는 공동체 의식이 발달되어 있고, 공동체 구성원들끼리 정을 나누는 것을 매우 중요하게 생각한다. '이웃사촌', '팔이 안으로 굽지 밖으로 굽나', '까마귀도 내 땅 까마귀라면 반갑다' 같은 관용 표현에서도 확인할 수 있듯이, 우리 민족은 공동체의 결속력이 강한 편이다.

한 솥에다 밥을 짓는다 할 때 그 한솥밥을 나눠먹는 사람들에게는 밥 이상의 정신적 의미가 부여된다. 조상대대로 전승돼 내린 불씨로 지은 한솥밥은 혈연을 결속시키는 공동체의식의 중심작용을 하기 때문이다. 그래서 한집안에 사는 식구나 손님이더라도 친계로 8촌, 외계로 4촌, 처계로 2촌까지만 한솥밥을 먹었다. 법도 있는 집에서는 첩妾을 들이면 첩에게 한솥밥을 먹이지 않고 시앗妾솥이라 하여 솥을 따로 두어 따로 밥을 지어 먹였던 것이다. 따라서 식객이 많은 집에서는 부엌에 손님을 위한 솥이 따로 있어 그 솥으로 밥을 지어내었다. 이렇게 한솥밥을 먹는 사람들끼리는 모든 이해관계를 떠난 친밀하고 끈끈한 유대관계를 갖게 했다. 이것은 한국인의 공고한 가족제도와 가족의식을 강화시킨 요인이 되었다.

한국인들의 집단주의의 기초는 가족이고 가족의 특성은 한솥밥을 먹는데 있다. 한솥밥 정신을 계승한 한국인들은 그 어느 민족보다 함께 밥을 먹고 나누는 행위에 애정을 가지고 있다. "밥 먹었니"가 인사가 되고, 사람을 만나자는 이야기도 흔히 "밥이나 같이 먹자"라는 말로 대신한다. 함께 밥을 먹음으로써 인간관계가 시작되고 집단적 유대가 이루어진다고 믿기 때문에 그렇다.

# 밥을 짓는 문화와 빵을 굽는 문화

『빵은 길을 만들고 밥은 마을을 만든다』(이가서, 2007)의 저자 권삼윤은 동서양의 문화차이가 생긴 출발점을 주식인 '밥'과 '빵'에서 찾는다. 지리적인 조건이 아니라 주식을 무엇으로 삼느냐를 중심으로 동서양을 구분하고 있다. 저자는 밥과 빵을 단순한 주식 개념에서 동서양의 문명, 주택과 마을 구조, 예술, 나아가 가치관의 차이로까지 확장시켰다. 동양은 노동 집약적이면서 마을을 중심으로 한 공동체의 협동을 중시하는 폐쇄적 사회를 구축했다고 한다. 반면 서양은 노동 분산적이며 길을 중심으로 효율과 능률성을 따지는 개방적

사회를 이루었다. 빵은 이동하면서 새로운 길을 만드는 데 적합한 음식이지만, 밥은 다 함께 모여 먹으면서 촌락 공동체를 만드는 데 적합한 음식이다. 결국 밥과 빵은 먹는 것의 대명사인 동시에 문화적인 출발점이라는 주장이다.

이어령 또한 그의 수필 「빵과 밥」(『한국대표 수필』, 피천득 외, 지경사, 2006)에서 이 먹거리들이 어떻게 문화에 영향을 미쳤는지를 설명하고 있다. 빵이 자유로운 분리와 개척에 적합하여 개인주의문화와 정복문화를 만들었다면 밥은 고정적이고 정적이어서 귀향자의 문화와 평화의 문화를 만들어 냈다고 한다. 아무리 세상이 급격히 변한다고 해도 길 위를 걸으며 빵을 먹는 사람은 있지만 밥을 퍼먹으며 걷는 사람은 없다. 그만큼 밥과 빵은 쌀과 밀이라는 '문명의 작물'에서 탄생했다는 공통점으로도 넘어 설 수 없는 고유의 문화를 각각 가지고 있다는 것이다.

한국인이 밥을 주식으로 삼은 것은 농경문화에서 비롯된 것이다. 농사를 짓는 과정에서 필요한 노동력을 제공하며 흥과 해학의 노동요가 생겼고, 한 곳에 정착하여 이룬 공동체에는 내부인 이라는 소속감이 생기고, 그 속에서 어울림과 정情이라는 결속력이 싹트게 된 것이다. 밀과 빵이 주식인 서양인에게 외부인은 그들의 땅에 밀을 심기 위해 침범한 침략자이지만, 마을을 이뤄 쌀을 재배하는 한국인에게 마을을 찾는 외부인은 이웃마을에서 그들을 방문한 대접해야 할 손님일 뿐이었다. 또한 오랜 세월 얼굴을 맞대고 사는 사람들 중에는 연장자가 있었기에 예의범절과 그에 필요한 언어가 발달했다. 역사학자 브로델이 쌀과 밀을 '문명의 작물'이라고 한 것은 이 둘이 각 지역의 생태환경을 반영하며 삶의 근간이 되고 문명을 발전시키는 토대가 됐기 때문이다 (『물질문명과 자본주의』, 페르낭 브로델, 까치글방, 1995) 이렇듯 쌀과 밀은 단순한 식량 차원을 넘어 정치, 경제, 사회, 생태 등 여러 분야와 연관된 작물이다.

한 민족의 먹거리는 동서양의 문화적 차이를 만들었고, 한중일 동양문화권 중에서도 밥이 갖는 의미가 가장 큰 한국에서는 밥 중심의 식문화가 가족주의와 공동체의식 형성에 큰 영향을 주었다.

우리가 쓰는 말에는 오랜 시간 쌓아온 한국인의 생활과 사고방식, 세계관 등이 반영되어 있다. 예를 들어 가볍고 조심성 없이 함부로 행동 할 때 쓰는 '찧고 까불다'라는 말은 곡식을 얻기 위해서 절구질과 키질을 하는 쉴 새 없이 바삐 움직여야 하는 모습에서 나온 말로 한국인의 농경생활과 관련이 있다. 한국인이 무심코 사용하는 언어 표현에는 이처럼 농경민족의 정서가 깃들어 있는 말들이 많다.

# 4장

# 동사 vs 명사

# 051. 가르치다

**가르치다**

☞ 원래의 상태로 그대로 있는 것이 아니라 갈고 치는 정성으로 변화시킨다는 의미.

'가르칠 교敎'는 배움 효爻 자와 채찍질 할 복攵 자가 합쳐진 것이다. 매로 쳐 배우게 한다는 뜻이다. 이와 달리 이에 해당하는 우리 고유어 '가르치다'는 '갈다'와 '치다'의 합성어로 '칼과 돌을 간다'와 '연마한다'는 뜻이 합쳐진 동사이다.

먼저 '갈다'라는 말에는 다양한 의미가 포함되어 있다. '낡은 것을 새로운 것으로 바꾸다', '숫돌에 문질러 날이 서게 하다' '맷돌로 갈아서 가루를 만들다', '쟁기로 논밭의 흙을 갈아 뒤집는다' 등이다. '치다'는 식물의 가지를 베어내는 것이나 길러서 번식시킨다는 의미로서 외부적 힘을 가한 조성助成의 의미를 지닌다.

즉 가르친다는 것은 원래의 상태로 그대로 있는 것이 아니라 외부의 힘에 따라 변화시킨다는 의미이다. 밭을 갈아 씨를 뿌리면 열매가 맺게 되고 사람을 갈면 나쁘고 거친 것을 다듬어 착하고 아름다움으로 갈 수 있다는 생각이 담긴 말이다. 그런 의미에서 한자의 가르칠 교敎자보다도 우리말 '가르치다'는 그 뜻이 더 깊고 크다. 이어령의 『뜻으로 읽는 한국어사전』(문학사상사, 2008)에서는 '가르치다'는 글자 그대로 원시 상태의 밭을 갈거나 제멋대로 생긴 돌을 갈고 가축을 치듯 정성껏 사람을 키우는 일을 말한다고 보았다. 그러므로 가르치는 일이란 마음 밭을 가는 쟁기질에 다름 아니라는 것이다. 낮에는 밭을 갈고 밤에는 책을 읽는다는 주경야독晝耕夜讀이라는 말이 있듯이 한국인들은 교육과 밭갈이를 늘 한 개념으로 써 왔다. '갈고' '치고'하는 '가르치다'이니 겹겹으로 깊은 양육의 정신을 담고 있는 단어이다.

'가르치다'처럼 우리말의 기본 어휘에는 다양한 복합동사들이 있다. '나가다'(나다+가다), '들어오다'(들다+오다), '돌아보다'(돌다+보다), '뛰어가다'(뛰다+가다), '걸어오다'(걷다+오다) 같은 동사들이 그 예이다. 이러한 복합동사들은 한국어에서 동사의 가짓수를 많이 늘려주는 역할을 하고 있다. 이런 조어법을 보더라도 한국어에서 동사의 비중이 높다는 것을 알 수 있다. 한국어는 동사의 가짓수를 늘려서 동사를 되도록 쉽게 활용하는 것이 그 특징이다. 복합동사로 복잡한 행동을 나타낸다는 점은 우리말이 동사중심언어라는 중요한 증거이다.

## 052. 고다

**고다**

☞ 고기나 뼈를 푹 삶아 끓여내다.

다른 언어권에서는 사용 빈도수가 낮지만 한국인들이 중요하게 여기는 동사가 하나 있다면 바로 '고다'라는 동사이다. '고다'에는 '고기나 뼈를 푹 삶아 끓여낸다'는 뜻이 있다. 우리 음식 중에서 오래도록 끓여야 제 맛이 나는 국물 음식을 꼽으라면 단연 '곰탕'일 것이다. 이외에도 고기와 물을 넣어 끓이는 음식으로는 설렁탕, 우족탕, 사골탕, 도가니탕 등이 있다. 이런 탕류의 음식은 가마솥에다 고기와 물을 잔뜩 넣고 오래 끓여야 한다. 그래서 끓인다고 하지 않고 아예 '고은다'고 한다. 오래 '고아서' 만든 요리가 곰국이자 곰탕이다.

한국의 국물요리는 양념에 따라 맑은장국, 토장국, 곰국 등으로 나뉘며, 간장으로 간을 하여 국물이 맑게 끓이면 '맑은장국'이라 하고 된장을 넣고 걸러 끓여 구수한 맛과 감칠맛이 나게 끓이면 '토장국'이라 한다. 뭉근히 오래 끓이는 것을 보통 '곰국'이라고 하여 고기나 고기의 뼈를 10여 시간 이상 푹 고아서 맛과 영양분이 국물에 충분히 배어나게 한다. 제 맛을 내기 위해서는 끓이는 시간이 무려 3일까지 걸린다고도 한다.

한국에서 곰국과 같은 음식이 발달한 이유는 우선 곰국이 정착형 음식이라는데 있다. 큰 가마솥을 붙박이로 걸어두고 물을 부어 오랫동안 음식을 끓여먹는 전통은 정착형 주거생활에서 비롯된 문화이다. 고는 것은 한꺼번에 익히고 볶고 찌는 것이 아니라 오래도록 지속적으로 은근히 끓이는 조리법이다. 우리의 주거형태로 일찍이 자리 잡은 온돌의 발달로 온돌에서 남는 열을 이용하여 오랫동안 끓여 국물을 먹는 음식이 가능하게 되었다.

또한 곰국은 나누어 먹기에 좋은 음식이라는 점이다. 적은 양의 고기로 여럿이 먹을 수 있기 때문에 생겨났다. 고기가 귀하고 먹기 힘드니 상대적으로 흔한 뼈와 내장 등을 구해다가 푹 고아서 보양식 대용으로 먹었다. 우리 조상들은 부족한 먹을거리를 해결하기 위해 만든 국과 탕을 통해 넉넉한 인정을 베풀었다. 사람 수에 따라 언제든지 물을 부어 그 양을 늘릴 수 있는 국물로 나눔을 실천했다.

'훙덩훙덩', '그렁그렁'이란 말은 물이 넘치는 상태를 묘사하는 말이며, 국에 건더기가 없음을 표현하는 말이다. 반대로 건더기가 아주 많다는 뜻으로는 '빡빡하다', '뻑뻑하다'라고 했다. 시간이나 거리, 길이가 조금 짧다는 뜻으로 쓰이는 '바특하다'란 말은 국물이 적어서 묽지 않다는 말로도 쓰인다. 바특하다란 말과 비슷한 말에는 '톡톡하다', '톱톱하다'가 있다.

'고다'의 어근 '고'는 한자어 '膏'(기름 고, 기름질 고)에서 왔고, '고음膏飮'이 한 마디로 줄어서 '곰'이 된 것이다. 그러다가 '곰'은 '오다 → 옴, 가다 → 감'처럼 '고다'의 명사형으로 쓰이면서 여기에 '국'이 덧붙어서 '곰 → 곰국 → 곰탕'으로 바뀌게 되었다. 그리고 '곰'은 '푹 익은 상태'를 가리키는 꾸밈말이 되었다. 동사에서 나온 명사들 중에 가장 흔한 것이 '고다 + ㅁ → 곰'처럼 '-ㅁ' 계열이다. '곰삭다'는 말은 '오래되어 푹 삭다'라는 의미로 쓰이고 있다.

## 053. 눋다

**눋다**

☞ 누런빛이 나도록 조금 타다.

'눋다'는 '누런빛이 나도록 조금 타다'라는 뜻으로, '밥이 눌어 누룽지가 되었다'처럼 'ㄷ'불규칙 활용을 해서 '눌은, 눌어, 눌으니, 눌으면' 등으로 쓰인다. 밥이 눌 때 눌내가 난다라거나 오래도록 눋게 두어서 고소한 눋은밥을 해먹었다와 같이 자음 앞에서는 '눋게, 눋는, 눋도록, 눋지'라고 쓴다. 밥만 누렇게 타는 건 아니어서 옷을 다릴 때도 자칫 한 눈 팔면 옷이 누렇게 눋는다. 불을 너무 많이 때서 방바닥이 눌었다고 쓰기도 한다.

누룽지의 누룽은 '눋다'라는 말에서 나왔고 '지'는 부스러기, 찌꺼

기를 나타내는 말이다. 그러니까 누룽지는 '밥솥 밑에 누렇게 타서 눌어붙은 부스러기 밥'이라는 뜻이다. 누룽지와 많이 헷갈려서 쓰는 말이 눌은밥이다. 눌은밥은 누룽지에 물을 붓고 끓인 것을 뜻하는 말이다. 누룽지와 한 짝을 이루는 음식으로는 숭늉이 있다. 솥 바닥에 눌어붙은 누룽지에 물을 붓고 푹 끓이면 완성된다. 숭늉은 반탕飯湯 혹은 취탕炊湯이라 부르기도 한다. 숭늉이란 말은 순 우리말 같지만 사실은 숙냉熟冷이란 한자어가 변형된 말이다. 누룽지든 눌은밥이든 숭늉이든 모두 '눋다'란 말과 관련이 있다.

한국인들에게 누룽지는 매우 친근한 음식이지만 영어권 사람들에게는 낯설다. 서양 사람들은 당연히 '우물가에서 숭늉 찾는다'는 한국 속담의 뜻을 알 리가 없다. 흔히 성급한 사람의 행동을 두고 하는 말이다. 숭늉 맛은 아무리 급해도 급조해낼 수 없다. 참고 기다릴 줄 아는 사람만이 마실 수 있는 물이기 때문이다. 또 쉽게 떠벌이는 사람보다 침묵을 지키는 사람이 더 무섭다는 뜻으로 '김 안 나는 숭늉이 더 뜨겁다'는 속담도 있다

국립국어원이 주요 한식명 200개에 대해 지난 2014년 발표한 번역 표준안 자료에 따르면 누룽지의 영어 표현은 'scorched rice'라고 나와 있다. '스코치scorch'는 '(불에) 그슬리다'라는 뜻의 동사로, 롱맨영영사전의 풀이를 보면 'if you scorch something, or if it scorches, its surface burns slightly and changes color.(뭔가를 불에 그슬리거나, 어떤 것이 그슬리면 표면이 살짝 타면서 색깔이 변한다.)'라고 소개되어 있다. 누룽지가 우리말로는 '솥 바닥에 눌어붙은 밥'이라는 뜻이니 scorched rice는 의미를 잘 살려낸 영어 표현이라 하겠다.

## 054. 되다

**되다**
☞ 자발적 혹은 피동적으로 상태가 변화하는 것을 의미하는 동사.

'되다'는 '1. 무엇이 이루어지다. 2. 어떤 상태 또는 시간에 다다르다. 3. 사람의 인격이 갖추어지다' 등의 의미를 지니고 있다. 한마디로 '되다'는 변화를 의미하는 동사이다. 기본적으로는 상태의 변화를 의미한다. 자발적으로 변하는 것을 의미하기도 하지만 다른 요건에 의해서 피동적으로 변하는 것을 의미하기도 한다. 이 때문에 '하다'에 대응되는 피동의 의미로도 쓰여, '되어지다'는 이중피동으로도 쓴다.

한국인들은 '사람'과 관련지어 '되다'라는 동사를 가장 많이 쓴다.

인간을 되어가는 존재로 보았기 때문이다. 사람을 욕할 때 우리는 '덜 됐다', '못됐다'라고 한다. 그리고 반대로 칭찬할 때에는 '사람이 됐다' 혹은 '된 사람'이라고 한다. 이에 대해 이어령은 사람은 타고난 존재가 아니라 끝없이 완성을 향해서 '되어가는 것', '변화해 가는 것'이라는 한국인의 철학이 담겨져 있는 말이라 보았다. 그래서 덜됐다는 욕도 실은 욕이 아니라고 한다. 지금은 덜됐지만 앞으로는 잘될 수도 있다는 가능성을 배제하지 않고 있기 때문이다.(『뜻으로 읽는 한국어사전』, 문학사상사, 2008)

한국인들이 '되다'라는 말을 이렇게 애용하다보니 '됨됨이'라는 겹치기 말까지 만들어내었다. 되다의 명사형인 됨이 두 번이나 반복되는 '됨됨이'는 사람으로서 지니고 있는 품성이나 인격을 말한다. 우리나라에서 가장 심한 욕 중의 하나가 바로 '천하에 배워먹지 못한 놈'이란 표현이다. 여기서 '배우지 못했다'는 것은 요즘의 공부나 학벌을 이야기하는 것이 아니라 바로 '인간이 덜됐다'는 의미로 한마디로 '집안 교육이 잘못되어 막돼먹은 자식이 되었다'는 소리이다. '된 사람'은 인격이 훌륭하고 덕이 있어 됨됨이가 된 사람을 뜻한다.

옛사람들은 진정한 사람이 되기 위해서는 끊임없이 노력해야 한다고 생각했다. 그런 사람에게는 '사람이 됐다'라고 칭찬을 아끼지 않았다. 이와 달리 노력하지 않는 사람에게는 '인간이 덜됐다'고 흉을 보았다. 덜 성숙하거나 인간이 기본적으로 지켜야할 도덕, 윤리를 잘 지키지 않는 사람에게 하는 말이다. 이처럼 한국인은 인간을 태어난 존재being로서가 아니라 되어지는becoming 존재로 파악했다.

이와 달리 사물 혹은 물체가 고유하고 불변하는 속성을 가지고 있다고 보는 서양인들은 사람 또한 영원히 변치 않는 일정한 본성을 지니고 있다고 믿었다.

한국인들과 서양인들의 인간과 사물에 대한 기본적인 관점차이는 사용 언어의 차이에 기인하는 바가 크다. 한국어처럼 동사를 중시하는 언어에서는 '변화'에 관심을 갖게 된다. 어떻게 달라졌는가가 관심사이고 늘 변화에 주목한다. 이와 달리 명사를 중시하는 서양에서는 존재, 즉 '있다, 없다'에 대한 정확한 분석이 관심사가 된다. 김명진은 『동과서』(예담, 2004) 에서 서양에서는 모든 존재를 고정적인 의미인 'Being'으로 표현하지만 동양에서는 모든 존재가 항상 변화해간다는 의미인 'Arising, 기起'로 표현한다면서, 동양의 관점에서 보면 모든 존재는 고정된 명사적 존재가 아니라 늘 변화하는 동사적 존재라고 한다.

# 055. 들다

**들다**

☞ 모든 물체는 독립적인 존재가 아니라 서로 연결되어 있는 존재라는 것을 보여주는 동사로서 사람이나 사물에게 일어나는 변화 중 외부의 힘에 의해서 변하는 것을 의미하는 동사.

우리말 '들다'는 다양한 뜻이 있는 동사다. 거처를 정하고 사는 것, 빛이나 볕 따위가 어디에 미치는 것, 물감이나 소금기 따위가 스미거나 배는 것, 돈이나 시간 노력 따위가 쓰이는 것, 풍년이나 흉년이 되는 것, 사람이나 물건이 좋게 받아들여지는 것, 병이 생기는 것, 음식 맛이 알맞게 되는 것, 버릇이 생기는 것, 도둑 등이 침입하는 것, 나이가 많아지는 것, 뿌리나 열매가 속이 단단해지는 것, 적극적으로 어떤 행동을 취하려고 하는 것, 비나 눈이 그치고 날이 좋아지는 것, 칼이나 낫 등의 날이 날카로워 물건이 잘 베어지는 것 등

쓰임새가 참으로 여럿이다.

'정이 들다'처럼 정은 만드는 것이 아니라 드는 것이다. 능동적이지 않고 수동적이다. '나이 들다', '물이 들다', '버릇이 들다', '철이 들다'라는 쓰임을 보면 '들다'라는 동사는 어느 정도 시간이 가면 자연스럽게 저절로 얻는 것을 뜻한다. 즉, 정이란 시간이 지나면 저절로 쌓이는 것이다. '드는 정은 몰라도 나는 정은 안다'는 말은 정이 들 때는 드는 줄 모르게 들어도 정이 떨어져 싫어질 때는 역력히 알 수 있다는 말이기도 하고, 정이 들 때는 드는 줄 몰라도 막상 헤어질 때는 그 정이 얼마나 두터웠던가를 새삼 알게 된다는 말도 된다.

'들다'의 다른 사용 예로 '맛이 들다'는 맛있게 잘 익었다는 뜻이다. 일반적으로 된장이나 고추장, 김치 같은 발효식품이 먹기 좋은 상태로 발효되었을 때 쓴다. '철이 들다'는 사리를 헤아릴 줄 아는 힘을 뜻하는 '철'과 '들다'가 합하여 만들어진 합성어로서 '사리를 분별할 수 있는 힘이 생기다'의 뜻이다. 또한 '병이 들다'는 외부로부터 병균이 침입하여 몸이 아프게 될 때 쓴다. 그래서 '감기가 들었다'고 한다. 이와 달리 어떤 일을 고되게 했을 때, 자기 능력이상으로 일을 해서 몸이 아프게 될 때는 '병이 났다'고 한다.

'단풍이 들었다'고 하는데 이것은 나뭇잎이 스스로의 힘만으로 색이 바뀌는 것이 아니라 햇살과 바람과 비를 만나면서 서서히 바뀌게 되었음을 의미한다. 이처럼 '들다'라는 말은 모든 물체는 독립적인 존재가 아니라 서로 연결되어 있는 존재임을 잘 보여준다. 그래서 '들다'는 '들어오다'의 의미이다. 사람이나 사물에게 일어나는 변화 중 외부의 힘에 의해서 변하는 것을 의미하는 동사이다.

# 056. 뜨다

**뜨다**

☞ 십여 가지가 넘는 다양한 의미의 쓰임 중에서 '어떤 곳에 담겨 있는 물건을 퍼내거나 덜어 내다'의 의미로 '수저 등으로 음식을 퍼서 조금 먹다'는 뜻으로 쓰이는 동사.

'뜨다'라는 동사는 다양한 의미를 담고 있지만 '수저 등으로 음식을 퍼서 조금 먹다'는 뜻으로 쓰는 것은 숟가락을 중시하는 우리 한국인들이 가장 많을 듯하다.

숟가락의 고어는 술, 젓가락의 고어는 절이었으며 현재까지도 이런 말이 전승되고 있다. 오늘날에도 '밥 한 술 뜨시오', '밥술이나 먹고 산다' 와 같은 표현에서 나타나듯이 숟가락을 술이라고 이르기도 하며 경상, 강원, 함경도에서는 젓가락을 '절'이라고 하기도 한다. 숟가락은 '술'이란 낱말과 '가락'이란 낱말의 합성어인데, 가락이란 가

느스름하게 토막 진 낱개를 이르는 말이다. 손가락이나 발가락의 경우에는 손이나 발에서 갈라진 부분을 일컫는다. 한국인은 숟가락과 젓가락을 몸의 일부로 여겼던 것으로 보인다. 이어령은 "우리나라 사람들은 옷을 피부의 일부로 여긴 것처럼 젓가락과 숟가락을 손의 일부분으로 생각했다"고 주장했다.

한국의 숟가락은 주식主食인 쌀밥을 먹는 데 사용되며, 따라서 식탁에서 가장 중심적인 도구이다. 젓가락은 반찬을 집어 먹는 데 사용되어 그 용도가 숟가락을 보조하는 데 한정된다. 이처럼 숟가락은 우리 음식 중에서도 가장 중심이 되는 지위를 가진 주식主食을 먹는 데 쓰이기에 생명 유지에 도움을 주는 중요한 도구로 비유된다. 흔히 죽음을 일컬어 '숟가락을 놓았다'고 표현하는데 생명 유지의 근본으로 밥이, 또 밥과 관련하여 가장 중심 되는 도구로 숟가락을 거론하고 있다. 소설가 현기영은 그의 장편소설『지상에 숟가락 하나』(실천문학사, 2009)에서 '숟가락은 곧 밥이지요. 밥은 곧 삶입니다'라고 쓰고 있다. '비록 걸인일지라도 자신의 숟가락은 반드시 지닌다'고 전해질 만큼 한국인에게 있어 숟가락의 중요성은 절대적이었다.

이렇게 숟가락을 중시하다보니 숟가락과 관련된 관용어구가 많이 발달했다. 간신히 먹고 산다는 의미로 '밥숟가락이나 뜬다'고 하는데 '입에 풀칠하다'와 같은 뜻이다. 또한 일상에서 자주 쓰는 말로 '한술 더 뜨다'가 있는데 남이 먹은 것 보다 한 숟가락 더 먹는다는 뜻으로 다른 사람의 행동에 비해 더 심하게 하는 것을 나타내는 말이다.

'뜨다'를 쓸 때 한국인들은 아예 그 대상이 되는 '밥'을 생략하는 경우가 많고 뜨는 주체인 주어조차 생략하는 경우가 많다. 밥 먹을 사람을 생략하고 '밥'도 생략하고 그냥 "한 술 뜨고 가" 하는 게 자연스런 한국어다. 누가 무엇을 뜬다는 것인지 문장만 봐서는 도무지 알 길이 없다. 그런데도 한국 사람끼리는 이렇게 동사 하나만 써도 상대방이 다 알아듣는다. 그 이유는 밥을 먹는 주체가 누구인지, 뜨는 대상이 무엇인지 서로 다 알고 있기 때문이다.

한국어에서 주어와 목적어는 꼭 필요한 경우가 아니면 언급하지 않는 것이 원칙이다. 동사만으로도 말이 된다는 점이 우리말의 주요 특질이다. 그러나 영어는 정반대다. 영어에서는 아주 특별한 경우가 아니면 주어를 빼고 말하는 일이 없다. 또 동사가 타동사일 경우 목적어를 생략하는 법도 없다. 특별한 이유가 없이는 '주어+동사+목적어'라는 구조를 무너뜨리지 않는다.

# 057. 삭다

**삭다**
- ☞ '물건이 오래돼 본바탕이 변하여 썩은 것처럼 되는 것'을 의미하지만, 음식의 경우만은 '오랜 기간을 두고 익어서 맛이 들다'라는 긍정적인 뜻을 지닌다.

된장이 맛이 들면 '익다'라는 말을 쓰기고 하지만 '삭다'를 쓰기도 한다. 원래 '삭다'라는 단어는 '물건이 오래돼 본바탕이 변하여 썩은 것처럼 되는 것'을 의미하기도 하고 '음식물에서 맛이 들다'라는 뜻으로도 쓰인다. 음식이 아닌 물건이나 사람의 경우에 '삭다'는 "얼굴이 그새 왜 그렇게 삭았니?"에서처럼 '오래되어 본바탕이 변해 부식한 것처럼 되다'라는 부정적인 함의를 가진다. 하지만 유독 음식의 경우에는 '오랜 기간을 두고 익어서 맛이 들다'라는 긍정적인 뜻을 지닌다. '곰삭다'는 '삭다'에서 파생된 것이 분명하지만 '멸치젓이 알

맞게 곰삭았다'처럼 단순히 삭다보다 긍정의 강도가 높은 의미로 쓰인다. 이때의 '곰'은 '곰탕'에서처럼 고기나 생선을 진한 국물이 나오도록 푹 삶은 국을 뜻하는 말로 알려져 있다. 된장의 진정한 맛은 곰삭은 맛에서 나오며, 해를 묵어서 나는 특유의 쿰쿰한 맛을 풍겨야 제 맛이다. 기다려야 나오는 맛이고 인내해야 얻을 수 있는 맛이다. 공을 들이고 성숙의 시간을 거쳐야 뽑아지는 맛이다.

'묵어야 장맛'에서 알 수 있듯이 된장은 시간의 숙성을 통해 진정한 맛에 이른다. 천천히 익어가는 과정마다 맛과 품격이 다르다. 자손 3대, 그러니까 100년을 대물림하는 묵은 간장을 먹었다는 기록이 있고 된장은 5년, 10년 묵혀 먹는 것이 관례였다. 그 숙성된 맛이란 물과 공기, 사람, 자연 등 여러 요소가 다 합쳐돼서 만들어진다. 된장을 잘 담그는 명인들은 하나같이 '장이 익어가는 것은 자연의 조화'라 한다. 장맛을 결정하는 것은 콩, 물, 소금 등 재료 외에도 햇빛과 미생물 같은 자연의 힘이 70%요, 사람은 단지 30%만 관여할 뿐이라는 것이다. 자연의 섭리에 발효를 맡겨 해마다 고장마다 또는 집집마다 장맛이 조금씩 달랐다.

농경을 하면서 형성된 정착 생활문화는 주거 문화를 온돌문화로 발전시켰고 음식을 장기 보존할 수 있는 음식문화로 바꾸었다. 발효음식이 바로 그것이다. '뜨다', '삭다' 등이 발효와 관련된 어휘이고, 간장, 된장, 고추장이나 김치 등이 모두 발효로 만들어 낸 기초 음식이다. '삭히다', '담그다', '뜨다' 등은 장시간의 조리가 필요한 요리와 관련한 동사이다. 이는 한국의 대표음식인 김치가 발효음식이라는 점, 여러 가지 장이 발달했다는 점 등에 미루어 한국의 식문화를 드러내는 특징적인 어휘라고 볼 수 있다. 이는 우리나라와 유사하게 절임요리나 발효음식이 있는 일본의 경우에도 삭히다에 완전히 대응하는 단어가 없다는 것과 비교해도 알 수 있다. 우리의 다양한 절임, 담금, 묵힘, 삭힘과 관련된 동사들은 한국의 식문화를 독창적으로 드러내 주는 어휘이다. '젓갈이 삭으면, 김치가 익으면, 메주가 뜨면'처럼 음식에 따라 발효의 과정을 맛깔나게 표현하였다.

된장, 고추장, 간장은 어머니의 정성어린 마음과 자연의 힘까지 보태져야 그 맛이 깊어지고 구수한 맛을 내게 된다. 우리 조상은 정성과 기다림으로 만들어지는 발효음식을 먹음으로써 한국 고유의 식문화를 발전시켰고, 또한 그 먹거리에 어울리는 정신문명을 계승할 수 있었다. 우리말에는 이렇게 '삭다', '담그다', '뜨다', '익다'처럼 시간의 흐름에 따라 변화하는 것을 반영하는 동사들이 많다.

# 058. 싸다

**싸다**

☞ '배변하다'의 의미가 아닐 때는 '물건을 안에 넣고 보이지 않게 씌워 가리거나 둘러 말다'의 뜻으로 쓰이는 동사로서, 한국인의 의복, 보자기와 관련이 깊다.

무엇이든 싸기 좋아하는 한국인의 문화를 일컬어 '보자기 문화' 또는 '보쌈 문화'라고 하듯이 우리들이 일상적으로 쓰는 용어를 곰곰이 따져보면 '싸는 것'을 형용하는 언어가 흔하다. 개성의 특산품 보쌈김치는 배춧잎에 온갖 양념으로 버무린 김치 속을 꽉 채워 싸맨 김치이며, 신붓감이 귀하던 시절 이웃동네 처자를 천으로 보쌈해서 데려와 올리던 혼례도 일종의 '쌈'이다. 작은 물건이나 부스러기를 담는 주머니를 쌈지라 하는데 그 안에 담긴 몇 푼 안 되는 돈이 쌈짓돈이다.

옛날에는 특별하게 이동 수단이 없었기에 이 마을 저 마을로 다니던 박물장수의 보따리도 결국엔 보자기로 이뤄진 것이다. 보자기로 물건을 싸서 꾸린 뭉치가 '보따리'이기 때문이다. 지금도 일본이나 중국으로 오가며 물품을 수입하거나 우리나라 물건을 팔러 다니는 사람들을 '보따리장수'라고 일컫는 것도 보부상들의 보부상보褓負商褓에서 유래한 것이라 한다. 전통 재래식 장날 이 고장 저 고을을 떠돌던 장돌뱅이의 봇짐이나 장터 풍물패의 걸쭉한 이야기보따리도 사실은 모두 물건을 담고 생각을 모은 보자기의 하나라 할 수 있다. 한국의 보자기는 비단 물건만 싼 것이 아니라 정신도 쌌다. '보따리를 싸다'는 여태까지의 삶을 청산한다는 의미이고, '보따리를 푼다'는 것은 새로운 삶을 시작한다는 의미가 된다.

또한 우리 옷은 '입는다'고 하기보다는 '싼다'고 하는 것이 더 어울린다. 예로부터 옷을 중요시해왔던 우리 민족은 몸에 걸치는 것을 종류에 따라 구분하여 다양하게 써왔다. 그래서 영어의 'wear'는 '입다' 이외에 '신다, 쓰다, 끼다, 차다, 꿰다, 감싸다, 두르다' 등 다양한 표현으로 번역을 해야 한다. 그 중에서도 '감싸다'와 '두르다'는 우리 옷을 특징을 가장 잘 드러내는 표현이다. 이어령은 우리 옷 한복은 입는다기보다는 '감싸다' 또는 '두르다'라는 서술어가 더 적합하다고 하면서 한복 치마는 '감쌈의 미학'을 보여주는 구체적인 상징물이라 말하고 있다.

'싸다' 동사는 '쌈' '싸기' '싸개' 등의 다양한 명사로 가지를 쳐 나갔다. 한국어에는 동사에서 유래한 명사가 많기 때문에, '동족목적어' 표현에 해당하는 구문을 쉽게 만들 수 있다. 잠을 잔다, 꿈을 꾼다, 짐을 진다, 춤을 춘다, 먹이를 먹는다, 걸음을 걷는다, 쌈을 싼다 등이 있다. 동사 '싸다'가 제가 낳은 명사 '쌈'을 목적어로 취하고 있다. 이런 구문에 나타나는 목적어를 동족목적어라고 부른다. 이처럼 한국어에는 똑같은 꼴을 지닌 명사와 동사가 수두룩하다. 한국어에서 두드러진 동족목적어 현상은 동사가 중심 언어라는 특징을 다시 한 번 확인하게 해준다.

# 059. 짓다

**짓다**
☞ 생존의 필수요소인 의식주와 관련된 '옷, 밥, 집'을 정성을 다해 만들고 이룬다는 의미로 쓰이는 동사.

'짓다'는 다양한 의미로 폭넓게 사용되고 있는 동사이다. 1.재료를 들여 밥, 옷, 집 따위를 만들다. 2.여러 가지 재료를 섞어 약을 만들다. 3.논밭을 다루어 농사를 하다. 3.한데 모여 줄이나 대열 따위를 이루다. 4.어떤 표정이나 태도 따위를 얼굴이나 몸에 나타내다. '짓다'의 짓은 몸놀림, 행위行爲에서 왔다고 한다. '손짓, 발짓, 눈짓, 몸짓' 등에서 그 용례를 찾을 수 있겠다.

위와 같은 다양한 뜻을 통해 살펴본 '짓다'의 의미는 '농사를 짓는다'는 말에서 파생되었음에서 알 수 있듯이 정성을 다해 만들고 이루는 것들에 대해 많이 쓴다. '옷을 짓다', '밥을 짓다', '집을 짓다' 와 같이 우리가 살아가고 생명을 유지하는 것을 만들 때 우리 조상들은 '짓다'라고 했다. '짓다'는 재료를 들여 밥, 옷, 집 따위를 '만든다' 보다 더 정성이 들어간 말이다. 인간 생존에 필수적인 '의식주'가 모두 '짓다'의 목적어가 된다. '짓다'라는 낱말은 삶을 가능케 하는 최소한의 동사이다.

'짓는다'는 표현은 홀로 할 수 없는 일일 때 주로 사용한다. 비록 나 홀로 씨를 뿌리기는 하지만, 결코 혼자 힘으로는 완성할 수 없는 것이 농사이다. 먼저 씨앗이 있고, 햇빛이 있고 구름이 있고 물이 있고, 무수한 곤충이 있고 땅이 있고 퇴비로 돌아가기 위한 죽음이 있어야 가능한 것이 농사이다. 집도 마찬가지이다. 집을 완성하기 까지는 돈만이 아니라 많은 재료가 있어야 하고 많은 사람의 노고가 있어야 한다. 밥 역시 그렇다. 밥은 단지 쌀과 물과 솥과 적당한 열기가 있다고 해서 완성되는 것이 아니다. 쌀 한 톨에 담긴 봄날부터 가을까지의 우주적 작용과 농부의 노고가 없다면 밥을 지을 수 가 없다. '짓다'라는 표현은 그래서 나 아닌 것과 연결된 촘촘한 관계망의 상호작용 속에서 완성하는 행위를 이르는 말이다.

'짓다'는 부정적인 행위와 관련지어 쓰기도 한다. '죄를 짓다'와 같은 경우이다. 죄 또한 나만의 문제로만 그치는 것이 아니다. 타자에게 미치는 크고 작은 부담이나 상처를 만드는 행위이기에 '짓다' 라는 표현이 생겨났을 것이다. 다른 생명에게 해를 끼치거나 상처를 줄 수 있는 모든 행위는 '죄를 짓는 것'으로 생각했고 이는 사람이 하는 모든 행위가 어떤 '지음'에 연결되어 있다고 본 것이다.

한국인들은 이렇게 개체간의 관계 속에서 일어나는 상호작용을 중심으로 생각하기 때문에 동사적 표현을 많이 쓴다. 동사 중심으로 표현하는 것은 사물이나 사람간의 관계에 초점을 맞춘 것이라고 할 수 있다. 우리가 사용하는 사물事物이라는 단어는 이러한 연결 관계를 드러낸다. 동양인이 보는 사물은 각각 독립적인 존재가 아니라 서로 연결되어 있는 존재이다. 그래서 한국인들은 사람을 평가하는데 있어서도 그 사람의 가정환경, 인간관계 등을 중요한 기준으로 삼는다. '친구를 보면 그 사람을 알 수 있다'는 말이 있을 정도로 사람을 주변과의 상호관계 속에서 파악하려 노력해 왔다. 반면 서양에서는 어떤 사람에 대해 알고자 할 때 그 사람의 타고난 성격이나 특유의 사고방식, 심리 상태 등 그 사람 고유의 내면 분석을 통해 파악하려 한다.

# 060. 치다

**치다**

☞ 십여 가지의 동사로서의 의미 중 '붓이나 연필 따위로 점을 찍거나 선이나 그림을 그리다'는 '그리다'가 다분히 외형을 그리는 것인 반면에 '치다'는 외형보다는 사물에 내재해 있는 본질을 낚아챈다는 의미가 강하다.

다양한 문맥에서 쓰이는 '치다' 동사의 뜻에는 '붓이나 연필 따위로 점을 찍거나 선이나 그림을 그리다'가 있다. 국어사전에는 '밑줄을 치다', '동그라미를 치다', '사군자를 치다'와 '가위표를 치다'가 함께 나온다. 여기서 무엇을 '친다'는 것은 붓이나 연필 등으로 어떤 곳에 점이나 줄을 나타내어 표시하는 행위를 이르는 말이다. 그러므로 난이나 대나무 등 사군자를 친다는 것은 대상을 정교하게 다듬어 그리는 것이 아니라, 한 번에 죽죽 선을 긋거나 툭툭 점을 찍어 그 존재를 표시하는 것을 말한다.

흔히 그림은 '그린다'고 한다. 하지만 조선시대 사대부들의 문인화文人畵는 '친다'고 했다. 특히 사군자는 '난을 친다', '대나무를 친다' 등으로 표현한다. '치다'의 다른 뜻에는 '식물이 가지나 뿌리를 밖으로 돋아 나오게 하다'가 있다. 난을 그리지 않고 치는 것은 난이 가지고 있는 고결한 뜻을 그리는 이 또는 감상하는 이로 하여금 마음 속에 기르게 할 때 쓴다.

그러므로 풍경을 '그린다'와 풍경을 '친다'는 의미 차이가 분명하다. '그린다'는 다분히 외형을 그리는 것이고 '친다'는 외형보다는 사물에 내재해 있는 본질을 낚아챈다는 의미가 강하다. 그런 의미에서 '친다'는 사물과 인간 사이의 관계성을 극한까지 함축한 말로 관조와 절제가 한껏 응축된 표현이라 하겠다. 조선시대 선비들과 사대부들에게 난초 그리기는 정신적인 수양과 같았다. 문방사우를 벗 삼아 인생을 다스리고 마음을 다스리는 방편으로 난을 치고 살았다.

붓筆은 동양을 대표하는 필기구이고 펜pen은 서양을 대표하는 필기구이다. 붓은 끝이 부드럽고 뭉뚝하여 농담濃淡 표현에 적합하고, 펜은 끝이 뾰족하고 딱딱하여 정밀한 선의 표현에 적합하다. 사물 간의 경계를 의식하지 않고 전체를 하나로 꿰뚫어 볼 수 있는 직관을 중시했던 동양에서 붓이 발달하고, 사물의 경계를 분명하고 세밀하게 구분하여 분석하는 것을 중시했던 서양에서 펜이 발달한 것은 결코 우연이 아니었다.

서양인들처럼 개체의 특성을 분리해서 분석적으로 보는 것을 '분석적 사고analytic thinking'라 하고, 동양인들처럼 부분과 전체의 관계를 종합적으로 보는 것을 '종합적 사고holistic thinking'라고 한다. 이는 동, 서양의 사고방식을 구분 짓는 대표적인 기준이다.

# 동사로 세상을 보는 한국인,
# 명사로 세상을 보는 서양인

한국어는 동사중심의 언어라 한다. 그렇게 보는 이유는 먼저 문장이 동사로 끝나는 주어-목적어-동사 어순이기 때문이다. 이와 달리 영어의 기본 어순은 주어-동사-목적어이다. 한국어는 서술어가 마지막에 오는 구조로 서술어에 따라 문장의 의미가 달라질 수 있다. 우리말은 끝까지 들어봐야 안다는 것은 이런 특성에서 비롯된다. 특히 부정인지 긍정인지는 문장의 끝 부분에 나타나게 된다. 이와달리 영어에서는 부정의 여부가 대부분 앞에 나타난다.

한국에서 동사가 중요하다고 볼 수 있는 또 다른 이유는 동사에서 유래한 명사가 많다는 것이다. 한국인들이 일상생활에서 널리 쓰고 있는 낱말들은 대부분 동사가 먼저 생겨났고 거기서 명사가 갈라져 나왔다. 이외에도 동사가 다른 품사에 비해 월등히 많고 복합동사로 복잡한 행동을 나타내며, 동사를 꾸며주는 부사어가 발달했다는 점이다. 이처럼 부사와 동사가 발달한 한국어는 움직이는 흐름을 구체적으로 표현하는 상태의 세계다.

위의 여러 특성을 종합해 볼 때 동사는 한국어의 핵심이라 할 수 있다. 이와 달리 영어는 문장이 목적어로 끝나고 형용사가 명사를 꾸며 주며 명사가 문장의 핵심이다. 그래서 한국의 언어는 '동사' 중심이고, 서양의 언어는 '명사' 중심이라고 한다.

EBS에서 방영된 다큐멘터리를 묶은 책인 『동과서』(김명진, 예담, 2004)에서는 서양인의 언어 사용과 동양인의 언어 사용이 다른 이유가 그들이 세상을 바라보는 방식의 차이로부터 기인한다고 파악하고 있다. 동양과 서양의 언어 사용의 차이는 동양인과 서양인의 근원적인 사고방식의 차이로부터 생겨난 것이라고 한다. 동양인은 세상을 전체가 하나로 연결된 거대한 장과 같은 공간이라고 생각하고 서양은 세상을 각각의 개체가 모여 집합을 이루고 있는 공간이라 생각한다. 그러므로 서양인은 각 개체의 이름인 명사를 중심으로 세상을 바라보고 동양인은 각 개체간의 관계와 그 사이의 상호작용을 설명하는 동사를 중심으로 세상을 바라본다. 서양에서는 어떻게 생각하는가를 본다면 동양에서는 어떻게 행동하는가를 본다고 한다. 그래서 동양에서는 부지런한 수행과 실천을 통해 경지에 이르도록 가르쳤고, 서양에서는 정확한 인식과 사유를 통해 경지에 이르도록 가르쳤다고 한다.

　미국의 인지심리학자 리처드 니스벳 교수 또한 동양과 서양의 근본적인 사고방식의 차이를 살피는 책인『생각의 지도』(리처드 니스벳 지음, 최인철 옮김, 김영사, 2004)에서 동양과 서양의 차이를 만드는 주요한 원인 중 하나가 동사로 표현하는 문화와 명사로 표현하는 문화에 기인한다고 주장한다. 명사에 매어있는 마음은 상대적으로 존재와 상태에, 동사에 매어있는 마음은 관계와 그 사이의 변화에 각각 주목한다고 한다. 이는 영어의 밑바탕에 있는 개인주의 문화와 우리말 밑바탕에 깔려 있는 집단주의 문화를 설명할 수 있는 주요 근거가 된다. 따라서 한국인들이 동사적 표현을 많이 쓰는 것은 관계 속에서 일어나는 상호작용을 중심으로 생각하기 때문이라고 추론할 수 있다.

# 5장

# 귀 vs 눈

# 061. 가슴이 시리다

**시리다**

☞ '차가운 느낌', '눈이 찌푸려지는 느낌', '뼈에 느껴지는 통증'의 복합적인 감각 상태를 나타내는 말이다.

'손이 시리다', '발이 시리다' 할 때의 '시리다'는 '몸의 한 부분이 찬 기운으로 인해 추위를 느낄 정도로 차다'는 뜻이다. 손과 발, 코끝, 귓바퀴 등에 얼음처럼 차가운 느낌이 들었을 때 쓰는 형용사다. 이가 '시리다'라고 하는 것도 이에 차가운 느낌이 통증처럼 다가오기 때문이다. 반면 '겨울의 맑고 푸른 하늘은 눈이 시리다'라는 문장에서 눈이 시리게 푸르른 날의 느낌은 단순히 눈이 부신 것이 아니다. 눈물이 날 듯 차가우면서도 맑은 기운이 느껴지는 아픔이다. 또한 '무릎이 시리다'라는 말은 관절이 아플 때 쓰는데 발목이 삐었을 때도 사용한다. '시리다'와 관계있는 말로 '시큰거리다'를 쓰기도 한다. 이는 주로 관절이 통증을 수반하여 아플 때 쓴다.

이와 같은 용례를 볼 때 '가슴이 시리다'는 것은 몸의 한 부분에 찬 기운이 느껴지는 것처럼 마음에 찬 기운이 도는 것을 의미한다. 이와 유사한 표현으로 '가슴이 아리다'가 있는데 마음이 몹시 고통스럽다는 것을 의미한다. 차갑다보다 더 차게 느껴지는 경우가 '시리다'이고 차가움이 고통으로 느껴질 때 '아리다, 또는 애리다'이다. 우리말은 이처럼 한 감각이 여러 감각을 나타내기도 한다. 시각 촉각이 하나로 연결되고 이런 감각은 다시 우리 마음의 느낌을 나타내게 된다. 손이 시리고, 눈이 시리고, 이가 시리고, 뼈가 시리고, 마음이 시리고 쓰려려 온다.

'가슴'은 한국인들의 감정표현을 가장 많이 하고 있는 단어이다. 가슴은 감동, 고통, 두려움, 분노, 불안 등을 표현한다. '가슴이 먹먹하다, 가슴이 무너져 내리다, 가슴이 미어지다, 가슴이 시리다, 가슴이 저리다, 가슴이 철렁 내려앉다, 가슴이 뻥 뚫리다, 가슴이 까맣게 타다, 가슴에 피멍이 들다'라는 말이 있다.

요즘에는 '옆구리가 시리다'라는 신조어도 생겨났다. 애인이 있으면 서로 꼭 붙어 다니니 차가운 겨울바람이 옆구리에 미치지 않지만 애인이 없어서 혼자 다니면, 그 바람을 옆구리까지 다 맞아야 해서 춥다는 말이다. 젊은 사람들이 자주 쓰는데 인터넷상에서 또는, 길거리에서 자주 접할 수 있다. '옆구리가 시리다'거나 '뼈에 사무친다'는 등 '외로움'을 나타내는 말들에는 신체적인 괴로움에 빗댄 표현들이 많다.

시리다는 '차가운 느낌', '눈이 찌푸려지는 느낌', '뼈에 느껴지는 통증'의 복합적인 감각 상태를 나타낸다. 그러므로 '가슴이 시리다'는 '마음이 아프다'라고 말 할 때보다 훨씬 더 온몸의 감각을 깨워 슬프면서도 아름다운 느낌이 커진다.

이처럼 우리말은 한 가지 감각을 여러 감각으로 표현하는 이른바 공감각적 표현이 발달하였다. '거친 숨소리', '따뜻한 목소리', '구수한 노래'와 같은 표현을 다른 언어로 옮기기는 쉽지 않다. 우리는 눈으로 생각하기도 하고 입으로 보기도 하며 가슴으로 추위를 느끼기도 한다. 오감은 따로 존재하는 것처럼 보이지만 실제로는 모두 연결되어 있다. 입과 귀가 연결되어 있고, 미각과 후각이 연결되어 있고, 시각과 촉각이 연결되어 있다. 한국인들은 오래전부터 몸과 마음이 따로 나뉜 둘이 아니라 하나로 연결되어 있고 오감이 서로 융합되어 있음을 알았고 그렇게 믿고 말해 왔다.

# 062. 꽃샘추위

**꽃샘추위**
☞ 이른 봄, 꽃이 필 무렵 꽃이 피는 것을 시샘하는 추위.

우리말의 감각성은 날씨와 계절을 나타내는 표현에서도 잘 드러난다. 한국인들의 계절 감각을 잘 드러내는 말 중에 '꽃샘추위'라는 말이 있다. 이른 봄, 꽃이 필 무렵의 추위를 말한다. 말 그대로 '꽃이 피는 것을 시샘하는 추위'이다. 봄추위를 중국에서는 '춘한春寒', 일본에선 '하나비에花冷え'라 부른다. '춘한'은 '봄추위'를 뜻하는 단순한 말이다. '하나비에'는 '꽃 추위' 정도로 '춘한'보다 비유적 표현이긴 하지만 시심詩心이 가득한 '꽃샘'만큼 감각적이지는 않다. 영어로는 'the last cold snap(spell)'이다. 우리말로 해석하면 '마지막 추위가

잠깐 지속된다'이다. 다른 나라 언어에 비교해 볼 때 '꽃샘'은 어감도 예쁘지만 꽃피는 봄을 샘내는 겨울의 표정까지 떠올릴 수 있다.

꽃샘과 유사한 표현의 예로는 꽃이 피기 전 새싹을 시샘한다는 뜻의 '잎샘 바람'이 있다. 예전에는 봄 즈음에 '꽃샘에 잎샘에 두루 안녕하십니까? 라고 인사를 했다고 한다. 이외에도 눈부신 설경을 일러 '눈꽃', 차창에 증기가 서려 생긴 무늬를 '서리꽃'이라 한다. 맑은 날씨도 그냥 맑은 것이 아니라 구름 한 점 없이 맑은 날을 '새맑다'라고 표현한다. 또한 잔뜩 찌푸린 날씨를 보고 '사흘 굶은 시어머니 상 같다'라고 한다.

4계절이 뚜렷한 우리나라에는 날씨와 관련된 표현들이 많다. 서늘하거나 따뜻한 봄과 가을 보다는, 아주 더운 여름과 추운 겨울 날씨와 관련된 표현들이 많다. '춥다'라는 한 단어로 표현할 수 있는 것도 '쌀쌀하다, 을씨년스럽다, 썰렁하다, 서늘하다, 시원하다, 차다' 등 다양하게 표현을 하고 있다. 우리말은 '춥다'와 '차다'의 의미를 구분하는데 찬 기운을 온몸으로 느낄 경우 '춥다'로 표현하고, 신체 일부에서만 감지될 때를 '차다'로 표현한다. 또한 약간 추위를 느낄 때 '썰렁하다'고 하는데, 이 말은 기후 표현에만 쓰이는 것은 아니다. "참, 썰렁하네……."라고 하면 의도적으로 남을 웃기려고 했으나 반응이 좋지 않을 때를 표현한 말이다. '선선하다, 오싹하다, 살랑거리다, 설렁대다, 선뜻하다, 쌀랑하다, 으스스하다' 등의 어휘들도 그 쓰임이 마찬가지다. 또한 '엄동설한', '삼동추위'로 혹독한 겨울 추위를 표현해 왔고. '칼바람, 황소바람, 살바람, 서릿바람, 눈보라'처럼 매서운 찬바람을 나타내는 말도 갖가지이다. 더위도 '덥다, 후덥지근하다, 찜통더위, 뙤약볕, 가마솥 더위' 등 다양하게 표현이 가능하다. 그리고 후덥지근보다 조금 정도가 심한 '후텁지근'도 있다.

이처럼 우리말의 감각성은 추위와 더위를 나타내는 표현에서도 잘 드러난다. 농경을 삶의 수단으로 삼았던 우리 민족은 각 계절마다 일어나는 환경의 변화에 대해서는 항상 민감하게 감각을 열어두어야 했고 자연스레 이를 표현하는 언어가 발달하게 되었다. 날씨를 표현하는 단어들은 한자어가 아닌 순 우리말이 대부분이다.

우리나라는 사계절이 뚜렷하고, 계절별 온도 및 기후 특성이 분명하다. 게다가 농사를 지었기 때문에 날씨는 삶과 밀접한 연관이 있었다. 생존을 위한 기본 바탕이 날씨를 잘 아는 것이었다. 그래서 계절 감각이 몸과 마음에 배게 되어, 다양한 표현으로 날씨의 세밀한 차이까지도 나타냈다.

# 063. 누더기

**누더기**

☞ 누덕누덕 기운 헌 옷으로 부끄러움이 아니라 검소함과 청빈의 상징.

'누더기'란 누덕누덕 기운 헌 옷을 말한다. '누덕누덕'은 여기저기 헤어진 옷이나 이불 따위를 기운 모양을 꾸미는 부사인데 여기에 '이'가 붙어 명사가 된 것이다. 우리말은 음성 혹은 그 모양을 상징 하는 의성어나 의태어 뒤에 '이'가 붙어 명사가 된 말이 아주 많다. 예를 들어 '개굴개굴', '개굴'이라는 의성에 '이'가 붙어서 '개구리'가 되고, '맴맴맴맴'에 맴에 '이'가 붙어 매미, '깜빡깜빡'에다가 '이'를 붙여서 '깜빡이'라고 표현을 한다. '딱따구리', '부엉이', '뻐꾸기', '뜸 부기', '꾀꼬리', '쓰르라미', '쌕쌕이', '통통배', '똑딱 배' 등등 이루다 나열할 수 없을 정도로 많다. 우리말은 이런 식으로 의성어 의태어에 접미사를 붙여서 새로운 말들을 만들어 낸다는 특징이 있다.

그 옛날부터 한국인들에게 오래도록 사랑받아온 보자기는 쓰고 남은 갖은 헝겊조각들로 이리저리 꿰매 만들어낸 '누더기'이다. 보자기는 무엇을 싸고 덮으며 가리는 구실을 하는 가장 뛰어난 실용품이다. 옛 여인들은 보자기를 만들기 위해 일부러 감을 마련하지는 않았다. 당시 귀중했던 옷감으로 옷을 짓고 남은 천의 자투리를 버리지 않고 보관해 두면 이것이 곧 아름다운 보자기의 재료였다. 여러 조각의 자투리 헝겊으로 깁고 또 기워 만든 보자기에서 작은 것을 버리지 않고 아끼는 마음, 쓸모없는 것들을 새로운 의미로 살려내는 우리 조상의 지혜를 엿볼 수 있다. 또한 스님들이 장삼 위에 걸쳐 입는 법의인 '가사袈裟' 또한 누더기란 뜻이다. 가사는 버린 옷, 죽은 사람의 옷, 낡은 옷 등의 천 조각을 모아 꿰매어 만들었다. 스님의 가사는 무소유와 무욕 실천의 상징이다.

옷 같은 것이 해지거나 뚫어진 것을 수선할 때 우리는 '꿰매다'나 '깁다' 같은 동사를 쓴다. 이 중에서 먼저 '꿰매다'는 '옷 따위의 해지거나 뚫어진 데를 바늘로 깁거나 얽어매는 것'을 말한다. '깁다'는 떨어지거나 해어진 곳에 다른 조각을 대거나 또는 그대로 꿰매다는 뜻이다. 요즘에는 '짜집기'라는 말을 흔히들 쓴다. 어떤 내용들을 가져다가 조합한다는 뜻으로 사용하는데, 실은 '짜깁기'가 제대로 된 말이다. '짜깁기'가 구개음화를 겪어 '짜집기'가 된 것이다. '짜깁기'는 바느질 문화의 산물이다. '옷감의 찢어진 곳을 그 감의 올로 본디와 같이 흠집 없이 짜서 깁는 행위'가 바로 짜깁기이기 때문이다.

얼마 전만 해도 옷이 헤지면 헝겊을 대고 기워 입는 것이 당연한 일이었다. 그래서 그 시절 우리 어머니들은 거의 매일 바느질을 했다. 구멍이 난 양말을 꿰매고 단추를 달고 물려 입어 낡은 바지나 티셔츠에 둥근 천을 덧대서 꿰매곤 했다. 누덕누덕 기운 옷이라도 단정하기만 하면 부끄럽다 생각하지 않았다. "비록 다 떨어진 누더기를 골백번 기워 입은 남루를 걸쳤다 하더라도 깨끗이 빨아서 푸새하여 더럽지 않으면 부끄러운 일 아니었으나…." (최명희, 『혼불 7』)

예전에는 옷이 헤지면 헝겊 조각을 대고 깁고 헤지면 또 기워서 누더기 옷 한 벌로 평생을 사는 사람들이 많았다. 그래서 여기저기 헤어진 옷이나 이불 따위를 기운 모양을 꾸미는 말인 '누덕누덕'이 흔히 볼 수 있는 모양이었고, 여기서 나온 말인 '누더기'는 부끄러움이 아니라 검소함과 청빈의 상징이었다. 어머니의 정성이 깃든 '누덕누덕'은 우리 생활의 필수 요소였다.

## 064. 눈에 밟힌다

**눈에 밟힌다**
☞ 잊혀 지지 않고 자꾸 눈에 떠오른다는 뜻으로 시각을 촉각으로 바꾼 표현이다.

'눈에 밟힌다'는 잊혀 지지 않고 자꾸 눈에 떠오른다는 뜻이다. 누군가가 몹시 그리운 것을 두고 한국인들은 '눈에 밟힌다'고 한다. 옛사람들은 '보고 싶다'는 마음을 표현할 때 직설적으로 '보고 싶다'는 식으로 말하지 않았다. 그 모습이 '눈에 밟힌다'와 같이 표현했다.

눈은 발이 아닌데도 밟힌다고 표현하는 것은 모습을 시각이 아니라 촉각으로 느끼기 때문이다. '눈에 밟힌다'는 것은 어떤 대상이 없어서 몹시도 그리워 환상으로 만들어진 대상이 구체성을 띠고 나타났다가 사라지고 다시 나타났다가 사라지고가 끊임없이 반복될 때 쓴다. 자식을 남겨두고 떠날 때, 떨어지지 않는 발걸음을 떼어 놓았을 때 눈에 밟힌다고 한다. 시각을 촉각으로 바꾼 표현이 듣는 이로 하여금 더욱더 감정이입하게 만든다.

한국인은 다른 나라에 비해 촉각 문화가 발달했다. 손으로 사물을 보고 느끼고 또 따진다. 옷 하나를 사도 손으로 만져보고 쌀을 살 때도 손으로 만져보곤 했다. 신기한 것을 보아도 눈으로만 보지 않고 기어코 만져보아야 직성이 풀린다. 명소나 고적지의 유물들을 볼 때 부분마다 손때가 반지르르한 것은 눈보다는 손으로 구경하는 한국인의 특성 때문이다.

이규태는 『한국인의 생활구조』(서울 기린원, 1994) 에서 이러한 촉각 문화의 유산으로 '온돌'을 들고 있다. 한국인에게 온돌은 단순히 방을 따뜻하게 하는 것 이상의 의미가 있다고 보았다. 현대의 아파트생활에서도 굳이 온돌을 택하는 이유는 바로 수천년동안 한국인에게 내려온 촉각 문화 유산 때문이라 한다.

해지는 저녁, 우리 할머니, 할아버지들은 고된 들일을 마치고 집에 들어와 저녁상을 물리자마자 소위 '몸을 지진다'고 하며 아랫목에 피곤한 몸을 누이곤 했다. 뜨거운 구들바닥에 누워 두어 시간 지지면서 땀을 흠뻑 흘리고 나면 거짓말처럼 피곤이 풀리면서 몸이 가벼워지기 때문이다. 이렇게 구들과의 직접 접촉을 통하여 우리식의 촉각을 키워온 셈이다. 겨울의 따뜻한 방바닥과 여름의 시원한 방바닥은 직접적 촉각문화의 상징이다.

접촉을 통한 촉각이 강하게 드러나는 부분은 식생활에도 있다. 우리말에 '음식 맛은 손맛' 이란 표현이 있다. 우리 어머니들은 간도 보지 않고 척척 밥상을 차려내는데도 그 맛이 매번 바뀌지 않는데 그것을 '손맛'이라 한다. 나물을 무칠 때, 손으로 양념을 대충 넣어서 손으로 무친다. 대충이라고는 하지만 사실은 오랜 경험에서 우러난 결과물이다. 1/2 티 수푼, 20g 따위의 계량측정법이 아니라 손의 촉각을 통해서다. 손으로 구석구석 주물러서 양념이 속속들이 배어들게 하는 기술 등이 결합되어 음식 맛을 높인다. '겉절이는 슬쩍 얼버무리고, 김장김치는 뒤적뒤적 잘 뒤버무려야 한다'는 표현은 손의 촉각을 잘 다룰 줄 아는 사람이 곧 음식장인임을 말해준다.

'밟힌다'는 촉각 이미지이다. 관념이 아니라 몸으로 체감하는 것이다. 촉각을 통한 접촉은 그 어떤 언어를 통한 접촉보다 구체적이며 전달력이 강하다. 촉각을 통한 정보는 우리에게 가장 확실하고도 구체적인 느낌을 준다. 만져서 느끼는 것이 가장 확실하기 때문이다. 촉각을 통해 우리는 가장 구체적인 감정을 느낄 수 있다. 보는 것이 추상의 세계라면 촉각은 사실 또는 물질의 세계를 대변한다.

# 065. 떵떵거리고 살다

**떵떵거리고 살다**

☞ 민속악기인 장구소리를 이용하여 권세나 재산이 넉넉하여 남부럽지 않게 잘 사는 형편을 나타내는 말이다.

　권력이나 재력을 뽐내면서 아주 호화롭게 거들먹거리며 사는 것을 일러 '떵떵거리고 산다'고 말한다. 떵떵은 단단한 물건이 잇달아 세게 부딪칠 때 나는 소리인데 주로 민속악기인 장구를 두들길때 생긴다. 여기서 떵떵은 민속악기인 장구를 두들겨 내는 소리를 이르는 말이다. 조선시대까지만 해도 경제적으로 여유 있는 집에서는 흥겨운 장구소리가 자주 들렸다. 소리꾼을 불러서 판소리를 듣거나 잔치를 벌이며 장구소리가 요란한 것이 부잣집의 풍경이었다. 이런 장구소리를 듣는 사람들은 '떵떵거리는 구만' 혹은 '떵떵거리고 사네'

라고 말했다. 이런 말들은 부러움 반 비아냥 반의 뜻을 나타냈는데 시간이 흐르면서 그 풍습은 사라지고 말만 남게 되었다. 요컨대 '떵떵'은 푸짐하게 먹을 것이 넘치는 잔칫집에서 나는 소리의 상징이었기 때문에 제법 잘사는 사람을 가리켜 '떵떵거리고 산다'라고 말하게 되었다.

'떵떵'은 물건이 부딪히는 소리에서 추상적인 비유표현으로 그 의미가 확장되었다. 한국인들은 '남들 보란 듯이 떵떵거리고 살겠다'라는 말을 많이 쓴다. 이 말에는 우리의 집단주의 의식이 고스란히 담겨 있다. 남의 눈을 의식하며 '남들처럼, 남부럽지 않게, 남들 보란 듯이, 남이 부러워 할 수 있도록' '떵떵' 소리를 내서 남들이 '잘 산다'고 인정할 때 비로소 잘살고 있다고 스스로를 인정할 수 있는 것이다.

'떵떵'처럼 똑같은 소리를 반복하는 것은 의성어 의태어의 대표적인 특징이어서, '깔깔', '둥둥', '쩝쩝', '콸콸' 같은 의성어나 '벌벌', '빙빙', '씽씽', '좔좔' 같은 의태어들은 수를 헤아리기 힘들 정도다. 이렇게 한 음절을 반복하는 일은 세 차례 이상 이어지기도 하는데, '둥둥둥', '좔좔좔', '콸콸콸', '쿵쿵쿵' 따위가 그 예다.

언어학자들은 의성어가 가장 발달한 말로 한국어를 꼽는다. 그 중에도 청각적 언어가 풍부하다. 외국에서는 보기 힘들 정도로 청각에 대한 것이 세분화되어 있다. 국립국어원이 조사한 자료에 의하면 한국어에서 의성어와 의태어 수는 5,000여 개에 이른다고 한다. 의성어는 어느 언어에나 있지만 한국어의 경우에는 그 수가 매우 많고, 의태어의 발달 또한 유별나다.(『한국인이 알아야 할 우리말 상식 열여섯

마당』, 국립국어원, 2010)

 의성어나 의태어 형용사가 발달하게 된 것은 한국인이 감정을 중요하게 생각하기 때문이다. 명사는 변하지 않는 물건을 대표한다면 형용사는 변하는 감정을 대표한다. 의성어와 의태어가 발달했다는 것은 우리가 모습의 변화, 소리의 변화에 관심이 있음을 보여준다. 즉 변화에 무척 민감하다는 것이다.

 이어령은 『읽고 싶은 이어령』(여백, 2014) 에서 우리나라 말 가운데 가장 발달한 것이 의성어, 의태어라면서 이를 시각적 언어보다 청각적 언어가 풍부하다는 증거로 보고 한국문화를 '귀의 문화'라고 칭하였다. 청각 면에서 보면 코고는 소리 하나에도 쌕쌕, 쌔끈쌔끈, 콜콜, 쿨쿨, 드르렁드르렁 등과 같이 연령에 따라 자는 모습에 따라 그 표현법은 각기 다르다며 그 섬세함이란 'Zzz....'란 기호로만 표기되는 영어와는 비교도 안된다고 그 예를 들고 있다.

 이처럼 시각, 청각, 후각, 촉각에 두루 걸치는 감각적 표현에서 우리말은 단연 타의 추종을 불허한다. 이는 한국어가 보고(視覺) 듣고(聽覺) 맡고(嗅覺) 맛보고(味覺) 만져보고(觸覺) 하는 감각들 간의 연결과 그것을 구체화시키는 능력이 남달리 발달했다는 것을 의미한다.

# 066. 뼈에 사무치다

**뼈에 사무치다**
☞ 깊이 스며들어 도저히 지워지지 않을 정도의 큰 슬픔이나 원한, 분노 등이 남아있는 상태를 말한다.

'사무치다'는 사전적인 의미로 '깊이 스며들거나 멀리까지 미치다'라는 뜻이다. 그러므로 '뼈에 사무치다'는 깊이 스며들어 도저히 지워지지 않을 정도의 큰 슬픔이나 원한, 분노 등이 남아있는 상태를 말한다.

'뼈에 사무치다'는 한자어를 써서 '골수骨髓에 사무치다'라고도 하는데 뼈의 한가운데 부드러운 뇌수腦髓 부분을 골수骨髓라고 한다. 골수는 뼛속 깊은 곳을 채우고 있다. 두꺼운 살을 지나 딱딱한 뼈를 통과해야만 골수에 다다를 수 있다. 병이 골수에 스미면 더 이상 고칠

수가 없다. 마찬가지로 원한이나 원망이 골수에 사무치면 해결할 방법이 없다. 원한이나 고통 따위가 뼛속에 파고들 정도로 깊고 강하다는 뜻이다. 이렇듯 극단의 고통, 견디기 힘든 상황, 잊을 수 없는 은혜를 표현할 때 뼈가 자주 등장한다. 살은 눈으로 볼 수가 있지만 뼈는 육안으로는 보이지 않으므로 '뼈에 새긴다'는 표현은 잊지 않겠다는 의지를 나타낸다. 이외에도 '뼈 빠지다'(노력의 극단, 몹시 힘듦), '뼈대 있는 사람'(기골이나 문벌, 개성이 있는 사람), '뼈를 깎다'(은혜나 원한을 뼈에 새기다, 刻骨難忘)는 말들이 있다.

'뼈에 사무치다'는 가장 고통스러운 아픔을 표현하는 우리말이다. 뼈는 우리 몸에서 가장 단단한 것이어서 다른 신체 부위처럼 좀처럼 아픔을 느끼지 못한다. 그런 단단한 뼈에 아픔을 느낄 정도면 그 아픔의 크기는 상상할 수 없을 만큼 큰 것이다. 그래서 인간이 겪는 아픔 가운데 가장 고통스러운 아픔을 '뼈에 사무치는 아픔'이라고 한다.

'겉으로 드러나지 아니하고 속으로 깊이 든 병'을 흔히 '골병'이라 한다. '골병'은 '골'과 '병病'이 결합된 어형인데 '골'이 무엇인지는 불투명하다. 흔히 '골'을 '骨'로 보고 '뼛속까지 깊이 든 병'이라고 해석하기도 한다. 옛날에는 병이 몸 밖에서부터 몸 깊숙한 곳으로 침투한다고 생각하였으며 이 때문에 몸 가장 깊숙한 곳에 있는 장기와 뼈까지 병이 들면 심각하다고 보았다. 이에 오래되고 심각하게 병이 든 것을 뼈까지 병이 들었다 즉 '골병 들었다'라고 표현한다.

'사무치다'는 자신의 감정을 극대화하기 위해 쓴다. 즉, 그냥 '나는 아프다'라는 것보다 더 과장된 느낌이다. '나는 너무 아프다'도 있고, '나는 정말 아프다'도 있지만 '아픔이 뼈 속에 사무쳤다'라고 하면 감정이 좀 더 과장되고 극대화된 것으로 볼 수 있다. 그러나 평상시 우리가 대화하는 가운데 '사무쳤다'라는 표현은 잘 쓰지 않는다. 구어체보다는 문어체에 가깝다. 보통 고전 시와 소설 같은 문학 작품에 많이 등장한다. 사랑에 사무치고, 그리움에 사무치고, 뼛속 깊이 사무치고, 심장 깊이 사무친다고 함으로써 극한의 감성을 전달한다. 그래서 언어학자들은 우리말을 논리적 표현에 서툴고 감각적 표현에 능숙하다고 평가한다. 우리말의 어휘는 논리성은 부족하나 감각성은 뛰어난 언어라는 말이다.

# 067. 싱거운 사람

**싱거운 사람**
☞ 말이나 행동이 상황에 어울리지 않고 다소 엉뚱한 사람.

우리말에서는 사람의 성격을 비유적으로 표현하는 데 감각어를 사용하기도 한다. 감각어란 '외부 또는 내부 자극으로 일어나는 감각을 나타내는 말'이다. 다시 말하면 시각, 청각, 후각, 미각, 촉각으로 얻게 되는 그 느낌들을 나타내는 말이다. 우리말 어휘에는 이러한 감각어들이 다양하게 발달되어 있다. 원래는 어떤 맛을 표현하고 촉감을 나타내는 말이었는데, 이 말이 비유적인 표현으로 쓰여서 다른 용도로 쓰이기도 한다. 그 대표적인 예가 사람의 성격, 인물의 특징을 표현할 때 이런 감각어들을 사용한다. '싱겁다'는 말이나 행동이 엉뚱함을, '짜다'는 인색함을, '가볍다'는 행동이 진중하지 못함을, '거칠다'는 성격이 사나움을 의미한다. '맵다'는 야무지다는 말이다. 감각어 중에서도 특히 미각어는 일상생활에서 비유적인 용법으로 쓰이는 경우가 많아서 우리말의 표현력을 풍부하게 한다.

'싱겁다'는 음식 맛을 표현하는 말로 '음식의 짠맛이 적다'가 원래 뜻이지만 사람을 비유하여 말이나 행동이 상황에 어울리지 않고 다소 엉뚱하다의 의미로 많이 쓰인다. '사람의 말이나 행동이 상황에 어울리지 않고 다소 엉뚱한 느낌을 주다', '어떤 행동이 말, 글 따위가 흥미를 끌지 못하고 흐지부지하다', '물건이나 그림의 배치에 빈 곳이 많아 야물지 못하고 엉성하다'라는 뜻으로 '싱겁다'가 쓰인다. '싱거운 사람', '싱거운 말', '싱거운 소리', '싱거운 결말', '싱거운 대답', '싱거운 싸움' 등의 쓰임이 있다.

우리는 이처럼 사람도 맛으로 표현한다. 구두쇠를 가리킬 때 '사람이 짜다'고 한다. 기름기 많은 목소리와 행동을 보면서 '느끼한 사람'이라고도 한다. 이외에도 사람의 특징을 표현할 때, 아무개는 '짜다, 싱겁다, 가볍다, 무겁다, 맵다' 등과 같이 맛으로 표현하는 예가 많다. 감각어가 정서적 유사성으로 인해 비유 표현으로 일반 언어생활에 전용된 것이다.

언어마다 '맛'은 다양한 형식으로 표현된다. 그러나 세계 그 어느 언어도 한국어처럼 맛을 나타내는 미각어가 다양하게 발달한 경우는 드물다. 달다, 쓰다, 싱겁다, 짜다, 시다, 밍밍하다, 맵다, 떫다, 고소하다, 텁텁하다, 느끼하다, 부드럽다, 깔깔하다, 껄쭉하다고 표현한다. 또한 접미사에 의한 파생어를 활용하여 무한대에 가까운 어휘를 만들어낸다. 아주 달 때는 달디달다라 하고, 알맞게 달 때는 그저 달콤하고, 약간 달 때는 달짝지근이다. 약간 달콤하면서 신맛까지 곁들이면 달콤새콤하다고 한다. 시다라는 표현도 시디시다에서 시금, 시큼, 시쿰, 새콤하며, 시금털털, 시그무레하고, 새곰새곰하다고 한다. 외국어로는 도저히 옮길 수 없는 감각이다.

이처럼 우리 고유의 미각어는 단순히 혀끝에 감도는 맛의 표현만으로 그치지 않는다. 때로 사물의 느낌이나 사람의 됨됨이, 또는 성격에 이르기까지 추상적인 의미를 나타내기도 한다. 싱거운 사람을 비롯해서 달콤한 속삭임, 쓰디쓴 과거, 떫은 표정, 짠 점수, 매운 손끝, 신소리 등의 다양한 용례가 있다.

# 068. 싹수가 노랗다

**싗수가 노랗다**
☞ 싹부터 병이 들어서 사람 또는 무엇이 잘될 가능성이 거의 없다는 의미.

'싹수'는 본래 막 움트기 시작하는 싹의 첫머리를 가리키는 말인데, 일상에서는 비유적으로 어떤 일이나 사람이 앞으로 잘될 것인지 아닌지를 나타내는 낌새나 징조를 가리키는 속어로 쓰인다. 식물은 단풍이 들지 않은 이상 병이 들면 노래지는데, '싹수가 노랗다'고 쓰면 싹부터 병이 들었으니 '사람 또는 무엇이 잘될 가능성이 거의 없다'는 말이 된다. 이와 비슷한 의미로는 '될성부른 나무는 떡잎부터 안다'는 속담이 있다.

어떤 사람이 앞으로 잘될 것 같으면, '싹수가 있다', '싸가지가 있다'고 한다. 반대로, 잘될 가능성이나 희망이 애초부터 보이지 않으면 '싹수가 노랗다.' '싸가지가 없다'고 한다. 이로 미루어 볼 때 원래 싹수는 가능성 내지 장래성과 관련된 말이었던 것 같다. 요즘은 이런 의미로 보다는 '예절'이나 '버릇'과 관련지어 쓴다. '아랫사람이 윗사람에게 하는 행동이나 언행에 예의가 굉장히 없다'는 뜻으로 더 많이 쓰인다.

싹수는 '싸가지'라고 많이 쓰이는데 비속어가 아니라 강원, 전라도 방언이다. '싸가지'는 어린잎이나 줄기를 가리키는 '싹'에 '-아지'가 붙은 말이다. '-아지'는 망아지, 송아지처럼 '작은 것'을 나타내기도 하고 꼬라지(꼴+아지), 모가지(목+아지)처럼 비하卑下하는 의미를 더하기도 한다. 요즘은 '왕싸가지', '개싸가지'라는 말도 많이 쓴다.

'싹수가 노랗다'는 말은 원래는 색깔을 나타내는 말인데 실제로 그것이 의미하는 바가 색깔과는 관련이 없다. 우리말에는 이러한 용례가 많다. '새빨간 거짓말'에서 거짓말은 눈에 보이지 않는데 그것의 색깔을 말할 수는 없다. 그러므로 '새빨간 거짓말'은 실제로 눈에 보이는 '빨간색'이라기보다는 '터무니없는' 의미로 의미가 분화되어서 쓰인 것이다. 또한 '새까맣게 잊었다'에서 까만색이 실제로 까만색이 아니라 '기억이 전혀 없다, 아는 바가 전혀 없다'가 되었다. '하얗게 밤을 지새웠다'에서 '밤'은 실제로 까만데 여기에서 '하얗다'를 쓴 것은 실제로 색채를 나타낸 말이라기보다는 '뜬눈으로 지새우다'라는 뜻이다. 이외에도 불합리한 부정적 의미를 내포하는 '검은 손', '검은 돈', 그리고 기세나 권세 등이 도도하다는 뜻의 '서슬이 푸르다' 등의 예를 들 수 있다. 원래의 색채에서 분화되어 동떨어진 의미를 형성한 말들이다. 단순히 색을 묘사하는 데에 그치는 것이 아니라 인간의 미묘한 감정을 나타내는 것으로, 비유적, 정서적 표현에까지 이르고 있다.

   우리의 색채어는 색깔을 드러내는데 중심을 두고 있는 한자어나 다른 언어와는 달리 기본어 위에 다양한 파생을 전개하여 색깔 이외의 요소, 즉 상황이나 심리표현에 근거한 정감표현을 많이 한다. 따라서 우리말에서 색채어란 단순히 색깔을 지칭하는 데 그치지 않고 감정을 표현하는 언어의 일부라 할 수 있다.

# 069. 애끊는다

**애끊는다**

☞ 창자가 끊어지는 아픔이라는 말로서, '마음이 매우 아프다'라는 뜻.

'애'는 본래 창자나 쓸개 등의 의미로 쓰이는 고유어다. '애를 쓰다, 애를 태우다, 애끓다, 애를 끊다, 애가 마르다, 애달프다, 애간장을 녹이다'와 같은 말에서는 '초조한 마음 속, 몹시 수고로움'의 뜻으로 쓰인다. 애를 태우거나 애를 끓이고, 녹이는 것은 초조함을 나타낸다. 안절부절못하는 모습이다. 애를 쓰는 것은 수고스러움을 나타낸다. 애는 간장肝腸과 합쳐져서 애간장이라는 표현으로 쓰이기도 한다. '애'는 우리의 간절한 바람을 나타내는 장소이기도 하다.

위의 사용 예에서 보듯이 우리 선조들은 신체 기관 중에서 가장 간절함을 보여주는 것이 '애'라는 생각을 한 듯하다. 그 중에서도 가장 심하게 표현하는 것은 '애가 끊어지는 것 같다'는 말이다. 창자가 끊어지는 아픔이라는 말이다. '마음이 매우 아프다'라고 뜻풀이를 한다. 일차적으로는 신체적인 아픔을 뜻하지만 이차적으로는 정신적인 아픔을 나타내는 데에 이 표현의 묘미가 있다. 그리고 이 아픔은 슬픔과 괴로움에서 비롯된 것이다. '단장의 슬픔'도 창자가 끊어지는 아픔을 말한다. 부모보다 자식이 먼저 죽으면 그것만큼 '애'가 타는 일이 없을 것인데 '애물'이란 어린 나이에 부모보다 먼저 죽은 자식을 뜻한다. '애물단지'는 몹시 애를 태우거나 성가시게 구는 물건이나 사람을 이르는 말이다. 어린 나이에 부모보다 먼저 죽은 자식을 뜻하는 '애물'을 단지 무덤에 넣어 묻는 것에서 유래되었다고 한다.

발음이 비슷하여 많이 혼동하여 쓰는 단어로 '애 끓는다'가 있다. '끓나'는 액체가 몹시 뜨거워져서 소리를 내면서 거품이 솟아오르다란 의미다. 애(창자)가 부글부글 끓는 것보다 끊어지는 것이 훨씬 고통스럽다. 따라서 '애'가 끊어질 만큼 슬플 때는 '애끊다'를, '애'가 부글부글 끓을 만큼 몹시 답답하거나 안타까울 때는 '애끓다'를 써야 한다. '애끊는 통곡', '애끊는 사모의 정'은 창자가 끊어질 정도의 슬픔과 그리움을 뜻한다. 반면 '애끓는 이별' '애끓는 하소연'은 몹시 답답하고 안타까운 이별이나 하소연을 말한다. 이외에도 창자가 녹아 버릴 정도로 타인을 염려하고 함께 슬퍼하는 의미가 담겨 있는 '애타다'도 있지만 그 어느 말도 '애끊는다'만큼 고통스럽지는 않다.

한국인에게 신체 특히 오장五臟은 지각, 인식, 감정의 주된 표현의 매개가 되어왔다. 그 중에도 창자인 '애'가 끊어지는 상태로 표현하거나, 조바심치거나 노력을 하는 것을 '애타다, 애마르다, 애태우다, 애끓다, 애쓰다, 애간장 녹는다, 애먹다' 등으로 표현한다. 이렇게 애는 초조하고, 수고스런 마음과 말로 표현하기 어려운 아픔을 비유적으로 표현할 때 쓴다. 이렇게 우리 조상들은 오장육부에 마음과 감정이 존재한다고 믿었다. 그래서 '사촌이 땅을 사면 배가 아프다' 같은 말이 나왔다. 시기심 같은 속마음이 창자에 들어 있다는 생각에서이다.

한국인들은 몸과 마음이 따로 나 뉜 둘이 아니라 하나로 연결되어 있음을 깨닫고 그렇게 믿고 말해왔다. 이런 맥락에서 보면, 인간 신체의 각 부위를 생체적 기능뿐 아니라 감각적 표현의 매개체로 삼아왔다는 것을 알 수 있다. 그래서 우리말은 몸으로 느끼는 감각어휘와 가슴으로 느끼는 감정어휘가 잘 발달해 있다.

# 070. 어루만지다

**어루만지다**
 ☞ 가볍게 쓰다듬어 만지는 것으로 듣기 좋은 말이나 행동으로 달래거나 마음을 풀어 준다는 위로의 의미가 있다.

'어루만지다'는 가볍게 쓰다듬어 만진다는 뜻이다. '매만지다'도 만지다에서 나온 말이기는 마찬가지이지만 '매만지다'는 잘 가다듬어 손질하거나 부드럽게 만지는 걸 말하고, '어루만지다'는 가볍게 쓰다듬어 만지거나 가볍게 쓰다듬는 것처럼 스쳐지나가거나 빛 따위가 사람이나 물체를 가볍게 비추는 걸 말한다. 둘 다 부드럽게 만지는 걸 뜻하지만 '매만지다'가 손질의 의미를 띤다면 '어루만지다'는 듣기 좋은 말이나 행동으로 달래거나 마음을 풀어 주다는 뜻으로 위로의 의미를 띤다는 차이가 있다. 어루만짐은 다른 사람의 외로움, 설움, 상처를 치유할 수 있다. 위로이고, 배려가 담겨 있는 말이다. 어루만짐은 영어 'touch만지다'나 'pat쓰다듬다'으로는 그 깊은 의미와 뉘앙스를 살 릴 수 없다.

우리말의 감각성은 사람의 오감 중 청각과 더불어 촉감표현에서도 그 능력을 발휘한다. 이규태는 『한국인의 힘』(신원문화사, 2009)에서 한국인은 서구 사람들보다 육체나 감정 등 촉감으로 사물을 파악하는 데 길들어 있다고 하면서 서양인은 눈으로 미를 인지하고 한국인들은 손으로 미를 인지한다고 했다. 무엇인가를 관찰 할 때 서양 사람들은 눈으로 하는 데 한국인들은 손으로 한다. 감정을 표현하는 데 감촉적인 말이 많은 것도 사물을 촉각으로 인지하려는 성향과 무관하지 않다.

무엇인가 하고 싶은 일을 하지 못하여 마음이 불안정한 상태를 '근질근질하다' 하고, 아니꼬워 견딜 수 없는 것을 '배알(창자)이 꼬인다' 한다. 서로 사랑하는 것을 '눈이 맞았다' 하고, 사랑하는 사람들이 밤 도망하는 것을 '배 맞아 달아났다'고 한다. 친밀감을 강조할 때 '간을 빼준다' 하고, 줏대 없는 것을 '간도 쓸개도 없다' 할 정도로 오장육부까지 동원하여 표현을 한다. 우리말에 피부감각 표현이 별나게 발달한 것도 이 때문이다. 친하거나 다정한 사이를 가까운 사이라고 한다. 곧 다정하다는 심리적 거리를 피부감각의 물리적 거리로 표현한다. 이와 반대로 소원하거나 냉정한 사람을 '찬 사람'이라고 하여 감촉 표현을 한다. 손아랫사람이니 손윗사람, 무릎 밑을 뜻하는 슬하 등 피부 감각적 표현을 하고, 무릎을 맞대고 이야기하느니, 흉금을 터놓고 이야기하느니, 뱃속을 들여다보느니, 손을 끊느니 등 인체의 촉각거리로 친소親疎표현을 한다. 이처럼 우리말 표현은 인간 신체 전반의 촉각을 동원하여 추상적 상황 묘사를 피부감각으로 구체화시키는 말이 많다.

'손때(가) 묻다'라는 관용구는 '그릇, 가구 따위를 오래 써서 길이 들거나 정이 들다'라는 뜻으로 쓰이는 데 비록 하찮은 물질이라도 접촉이 많으면 소중한 것이 된다는 의미이다. 촉각을 중시하는 한국인들의 정서가 잘 드러나는 말이다. 골동품상에서도 손때 묻은 물건을 높게 친다. 손때는 곧 접촉의 결과물이다.

또한 우리의 일상생활 속에서 의사소통의 핵심에 촉각이 있어 왔다. 우리나라에서는 여성들끼리 손을 잡거나 팔짱을 끼고 걷는 모습이 아주 자연스럽다. 사람들이 모이면 손에 손을 맞잡고 원을 지어 춤을 추는 강강술래 같은 행사가 관습적으로 행해진다. 모임이 끝날 때, '우리의 소원' 같은 통일노래를 부르면서 손에 손을 맞잡는 전통이 강하다.

한국인은 서양 사람보다 육체나 감정 등 촉각으로 사물을 파악하는데 능력을 발휘한다. 한국어 가운데 신체적인 기능 비유의 어휘가 많은 것도 이 촉각적 성향 때문이다. 우리말은 인간 신체 전반의 촉각을 동원하여 추상적 상황 묘사를 피부감각으로 구체화시키는 특질이 있다.

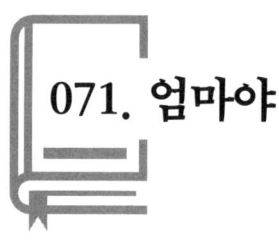

# 071. 엄마야

**엄마야**

☞ 한국인들이 감탄이나 놀라운 일을 접했을 때 가장 많이 쓰는 감탄사로서, 엄마는 내가 떠돌다가도 돌아가야 할 나의 안전판이라 믿기 때문이라고 한다.

정서가 풍부한 우리 민족은 놀랐을 때나 감탄스러울 때 쓰는 감탄사도 참으로 다양하다. 어머나~, 세상에~, 헉~, 맙소사 등등. 요즘 젊은이들이 잘 쓰는 '헐…, 대박' 등도 있다. '대박'은 복권에서 큰 액수의 돈을 얻었거나, 큰 성공을 거두었을 때 쓰이던 단어였는데, 10대들에 의해 '매우 좋은'의 일반적인 의미를 갖게 됐다. 젊은 세대들은 멋진 광경이나 좋은 소식을 들으면 "와! 대박이다!"라고 외친다. 또한, "짜증"의 준말인 '짱'도 상반된 의미로 자주 쓰이는 걸 볼 수 있다. '짱'의 첫 번째 의미는 '짜증'과 동의어이고, 두 번째 의미는 '매우'의 의미를 지닌다. 그래서 "정말 짱난다!"는 "정말 짜증난다!"와 같은 말이고, "넌 정말 짱이야!"는 "넌 정말 최고야!"라는 의미다.

이렇게 한국어는 다른 언어에 비해, 감정표현과 관련된 단어와 문구가 많다. 이를 반영하여 감탄사가 매우 다양할 뿐 아니라 강조하는 말도 많이 발달했다. 영어에서 강조를 나타내는 단어인 'very'를 한국어의 구어적 표현으로 바꾸면 '진짜, 정말, 제대로, 아주, 참' 등 다양하게 번역할 수 있다. 예를 들면, 'Very good!'을 한국 사람들은 실생활에서 '정말 좋다, 진짜 좋다, 제대로 좋은데, 아주 좋아, 참 좋아, 짱 좋아!' 등의 문장으로 쓸 수 있다. 한국어에는 의미 없는 감탄사나 강조하는 말 또한 많다. 술 마실 때 '캬아~'하는 거나 말 하는 도중에 '어, 에, 에또, 저, 거시기, 음, 에헴' 등이다.

이렇게 많은 감탄사 중에서도 한국인들이 감탄이나 놀라운 일을 섭했을 때 가장 많이 쓰는 말은 '엄마야'이다. 그 주된 이유에 대해서 심리학자인 심영섭 대구사이버대 교수는 여전히 엄마는 내가 떠돌다가도 돌아가야 할 나의 안전판이라 믿기 때문이라고 한다. 반면, 영어에서는 "오 마이 갓Oh my god"처럼 하나님을 찾는다. 기독교 문화권인 영미 국가는 'Oh my god' 등 놀랐을 때 쓰는 감탄사에 신이 들어가는 경우가 많다. 심 교수는 서구 국가들은 가족적 집합체보다 개인적으로 맺는 신과의 관계를 더 중시하기 때문에 그렇다고 한다. 또 영미권 사람들은 세상을 주관하는 절대적 존재를 향한 믿음을 심리적으로 더 친숙하게 느끼는 것으로 풀이했다.(《사람들은 왜 엄마야라고 외치는 걸까》, 한겨레신문 2012.10.1)

어머나, 에구머니나, 오매 등도 모두 '엄마야'와 같은 유형이다. 천소영은 『우리말의 속살』(창해, 2000)에서 통상 부모가 돌아가셨을 때 '어이어이' 하고 슬프게 곡을 하는데 이때 어이는 단순히 울음의 의성어가 아니라 어버이를 부르는 말이라고 한다. 여기서 '어이'가 부모 가운데 특히 어머니를 가리키므로 '어이어이' 하는 곡성은 모태회귀 본능의 발로라 주장하기도 한다.

감탄은 마음속 깊이 느끼어 탄복한 것이 언어적으로 형상화되어 나오는 것이다. 즉 외부 자극에 대한 화자의 내적 반응의 음성적 표현이다. 우리는 감탄사와 눈짓, 표정으로 다른 이들과 공감하며 소통해왔다. '감탄사가 절로난다', '감탄사를 연발하다'라는 관용 어구는 이를 잘 반영하고 있다.

# 072. 파르족족하다

**파르족족하다**
☞ 칙칙하고 고르지 아니하게 파르스름하다는 뜻으로 쓰이는데, '칙칙하다'라는 화자의 감정이 들어가 있다.

청각·시각·후각·촉각·미각 등 감각어의 경우 우리 고유어의 표현과 묘사 능력은 매우 뛰어난데 그중에서도 색채어의 발달은 다른 여러 나라의 언어 중 최고라 할 만하다. 그 예로 '푸름靑, 綠, 碧, blue, green'을 나타내는 색채어가 '시퍼렇다, 새파랗다, 파랗다, 퍼렇다, 푸르다, 푸르데데하다, 푸르뎅뎅하다, 푸르디푸르다, 푸르무레하다, 푸르스름하다, 푸르스레하다, 푸르죽죽하다, 푸르퉁퉁하다, 푸릇푸릇하다, 파르대대하다, 파르댕댕하다, 파르무레하다, 파르스름하다, 파르스레하다, 파르족족하다, 파릇파릇하다, 파릇하다, 시푸르뎅뎅하다, 시푸르죽죽하다…' 등 20여 단어로 분화된다. 이러한 말들은 미묘한 어감의 차이가 있는데 '푸르다'를 강조한 '푸르르다', '산뜻하지 않게 푸르다'는 뜻의 '푸르퉁퉁하다', '곱지도 짙지도 않게 푸르다'는 뜻의 '푸르께하다', '조금 푸르다'는 뜻의 '푸르스름하다' 등이 있다. 푸르다 계통뿐만 아니라 '빨갛다' 계통의 형용사만 해도 한국어 사전에 올라 있는 것이 60개 가까이 된다.

이들 색채어는 어근 + 접미사로 이루어진다.

- 불그레하다, -그레 : 빛깔의 낮은 정도, 곱게 보인다.
- 발그스름하다, -스름 : 빛깔의 낮은 정도, 조금, 산뜻하다.
- 꺼멓다, 하얗다, -앟/엏 : 상태에 대한 강조, 높은 농도를 나타내다, 선명하다.
- 꺼무튀튀하다, -튀튀 : 빛깔의 낮은 정도, 곱지 않음, 흐릿함.
- 희끗희끗, -끗 : 빛깔의 낮은 정도, 얼핏, 군데군데 나타난다.
- 파르댕댕하다, -댕댕 : 빛깔의 낮은 정도, 격에 어울리지 않는다.
- 파르족족하다, -족족 : 빛깔의 낮은 정도, 고르지 못함, 칙칙함.
- 노리끼리하다, -끼리 : 빛깔의 낮은 정도, 매우 곱지 않다.

한 예로 '파르족족하다'는 표현은 단순히 색감만을 드러내는 것이 아니라 말하는 사람의 정서가 반영된 표현이다. '파르족족하다'는 '칙칙하고 고르지 아니하게 파르스름하다'는 뜻으로 쓰이는데, '칙칙하다'라는 화자의 감정이 들어가 있다. 그리고 '파르족족한 입술'이라 할 때는 색깔만이 아닌, 약간의 병색을 함축하기도 한다. 그래서 다른 말로 번역하기가 매우 어렵다.

또한 우리말 색채어 중에는 말하는 사람의 긍정적인 시각과 부정적인 시각을 표현하는 것들이 있다. '까무잡잡한 얼굴'과 '거무튀튀한 얼굴'은 색채의 차이보다 색채나 색채와 관련된 대상에 대한 말하는 사람의 심리적 태도를 드러낸다. '까무잡잡한 얼굴'은 긍정적인 시각을 표현하고 '거무튀튀한 얼굴'은 부정적인 시각을 보여준다. '새빨간'과 '시뻘건'도 색채의 차이뿐 아니라 말하는 사람의 평가 태도와 관련이 있다.

감수성이 풍부한 언어인 한국어는 색을 하나로 표현해도 시시콜콜 다양하게 할 수 있다. 이처럼 우리말에는 어감의 차이에 따라 다양한 어휘들이 존재하므로 글을 쓰거나 말을 할 때 각각의 상황과 어감에 맞는 어휘들을 선택해 사용해야 한다.

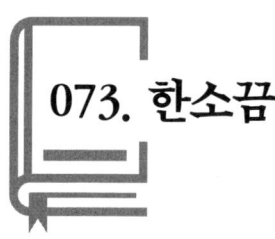

## 073. 한소끔

**한소끔**

1. 한번 끓어오르는 모양.
2. 일정한 정도로 한차례 진행되는 모양.

한식을 만드는 요리법은 서양처럼 재료의 무게나 부피가 아닌, 만드는 사람의 감각만으로 표현 한다. '자박자박 끓여.', '쫀득해지면 불을 줄여.', '뭉근하게 오래 끓여야 한다.', '그건 팔팔 끓여야 되는 거야.', '한소끔 끓으면 바로 건져내.', '언제 불을 줄일까요? 적당히 끓으면 줄여.' 간을 할 때도 소금 약간, 후추 약간이라고 쓰여 있을 뿐이다. 외국 그 어떤 음식의 조리법에도 약간이라는 명확하지 않은 용어는 없다. 우리 어머니나 할머니에게 요리를 배울 때 "소금을 얼마나 넣을까요? 적당히 넣으면 돼. 여긴 뭐가 들어갔어요? 이거 고

추장 넣으면 되는 거지" 대부분이 이런 식이다.

요리할 때 주로 쓰는 말인 '한소끔'은 '한번 끓어오르는 모양'을 말한다. 조리법에서는 '새로운 재료를 넣은 뒤에 그 재료가 다시 한 번 끓을 정도의 시간을 나타내는 말'이라고 한다. '밥이 한소끔 끓으면 불을 줄여야 한다'와 같이 쓸 수 있다. 우리의 찌개 요리는 국물이 끓어올라 거품이 올라올 때까지 가열하고 끄면 양념이 잘 섞이고 맛과 향이 남아 있어 맛이 제대로 난다. 또한 '한소끔'은 또 '일정한 정도로 한차례 진행되는 모양'이라는 뜻도 있다. '한소끔 잤다'라고 하면 '한숨 잤다'는 뜻이 된다. '한소끔 되게 앓았다'고 하면 '한차례 심하게 아팠다'는 뜻이다.

한식 조리법은 지글지글, 보글보글, 한소끔 끓이고, 양념을 '조물조물' 무치고, 깨소금은 '솔솔' 뿌리고, 뜨거운 물에 '살짝' 데치고, 기름에 '달달' 볶거나, 푸짐하게 보기 좋게 차려내라 한다. 써는 것도 '어슷어슷, 숭덩숭덩, 쫑쫑, 나박나박, 설겅설겅'처럼 요리에 의성어, 의태어가 많이 남아있는데, 이러한 한식조리법은 영어로 번역하여 표현할 수 없는 경우가 많다.

한국음식의 맛을 표현하는 어휘가 4백 개가 넘는다고 한다. 한국어에는 이와 같은 감각어 표현이 잘 발달되어 있는 바, 특히 미각어가 풍부하고 다양하게 분화되어 있어서 맛의 미세한 차이를 언어적으로 구현하고 있다.

사실 미각에 관한 우리말 어휘 목록은 비교적 단순하다. 달다, 쓰다, 맵다, 싱겁다, 짜다, 시다, 떫다, 밍밍하다, 텁텁하다, 느끼하다, 고소하다, 부드럽다, 깔깔하다, 걸쭉하다 등 정도로 다른 언어에 비해 결코 많은 것이 아니다. 그러나 실제 쓰임은 무한대에 가깝다고 할 수 있으니 곧 접사에 의한 파생어나 복합어가 많기 때문이다. 예를 들면 '달다'라는 표현은 달콤하다, 달큼하다, 들큼하다, 달달하다 등으로 변용할 수 있다. 짜다, 맵다, 시다 등 맛의 기본 단어는 모두 다양한 변용 단어가 있다. 이렇게 맛을 형용하는 단어가 많다는 것은 맛을 섬세하게 식별할 수 있다는 것을 뜻한다. 그러므로 아무리 한국음식을 서양 방식으로 과학화한다 해도 우리 음식을 표현하는 시적, 미적 감각을 제대로 전달하기는 어렵다.

# 074. 화병

---

**화병(火病)**

☞ 억울한 일을 당했거나 한스런 일을 겪으며 쌓인 화를 삭이지 못해 생긴 몸과 마음의 여러 가지 고통에 대하여 민간에서 사용되어온 병의 이름.

화병火病은 억울한 일을 당했거나 한스런 일을 겪으며 쌓인 화를 삭이지 못해 생긴 몸과 마음의 여러 가지 고통에 대하여 우리나라 민간에서 사용되어온 병의 이름이다. 한국인들의 일상생활 속에는 화와 관련된 표현들이 많다. '가슴이 답답하다', '울화가 치밀어 오른다', '화가 나서 미칠 지경이다', '열 받는다', '속 끓는다', '돌덩이를 올려놓은 것 같다', '속에서 천불이 난다'와 같은 표현들에서 보듯이 감정을 나타내는 우리의 말 속에는 '화'와 관련되는 단어가 많이 들어간다.

화火는 불을 의미하기도 하지만 분노를 의미하기도 한다. 사전에 의하면 화병은 울화병鬱火病의 준말이다. 울화란 화가 쌓여 울鬱해진(답답한) 것을 의미한다. 이 '울'이라는 글자에는 '쌓이고 쌓였다, 뭉쳤다'라는 의미가 들어있다. 즉, 화병은 화의 기운을 가진 분노가 쌓인 병이다. 불火이 몸과 마음에 병을 일으킨다는 것은 서양의학에서는 받아들이기 어려운 개념이지만 화병은 한국인들에게는 매우 익숙한 질병이다. 이런 울화는 그동안 부정적인 언어로 표출되어 왔다. '미치겠다, 죽겠다, 운다'와 같은 단어가 많이 사용되는 것이 그 예이다. 한국인들은 일상에서도 '좋아서 미치겠고', '싫어서 미치겠고', '배고파 죽겠고', '배불러 죽겠고', '새도 울고, 귀뚜라미도 울고, 바람도 울고, 내 마음도 운다'고 자주 말한다.

울화병을 치료하기 위해서는 그 무엇보다도 오랜 세월 가슴속에 쌓이고 맺힌 '응어리'를 풀어 주어야 한다. 응어리는 본래 근육이 뭉친 덩어리를 지칭함인데 여기서 말하는 응어리는 마음의 근육이 뭉친 것을 말한다. 이런 마음의 응어리는 훗날 한자어를 만나 살煞이나 손(사람의 행동을 방해하는 귀신)이 되기도 하고 원怨이나 한恨이 되기도 하며 현대 의학용어와 만나면 스트레스가 되기도 한다. 쌓였던 응어리가 모두 풀리면 '원도 한도 없는' 상태가 된다. 이는 한국인이 완벽한 만족을 일컬을 때 자주 쓰는 말이다

화병 또는 울화병의 영어명은 '온돌ondol'이나 '김치kimchi'처럼 다른 나라 어디에도 없기에 우리말 발음 그대로 'Hwa-byung'이다. 미국 정신과 협회에는 1996년 화병을 문화관련 증후군의 하나로 등록했는데 한국어 유래의 국제 표준어이다. 한양대 송원찬 교수는

「한국인의 정 21세기의 정」(『한국인의 문화유전자』, 주영하 등 저, 한국국학진흥원 편, 아모르문디, 2012)에서 한국인의 정 문화를 탐색하면서 화병은 한국을 넘어 세계에서 공식적으로 인정받은 한국인만의 독특한 질병이라고 진단한다. 의학적으로 화병이란 한국인의 문화관련 증후군이라는 것이다.

사람 사는 세상 어디에서나 억울하고 분하다는 감정, 그로 인해 일어나는 분노가 없을 수는 없다. 문제는 그런 감정을 다루는 방식이다. 우리나라에서 화병이 생겨난 문화적 요인은 자신의 부정적인 감정을 솔직하게 표현하기 보다는 인내하도록 교육하는 사회적 분위기 때문이다. 화가 나고 억울하고 분한 일을 오랫동안 겪었음에도 가족과 공동체의 화합을 위해 참아 온 사람들은 화병이 생긴다. 특히 여성들에게 화병이 많은 것은 시집가서 '벙어리 3년, 귀머거리 3년, 장님 3년'으로 살아야 했던 남존여비의 유교문화에서 기인한 바가 크다. 이처럼 '아프다'는 것은 단지 몸의 세포와 조직에 나타나는 이상이나 혈액 속의 생화학적 변화 뿐 아니라 사회문화적 가치 체계를 포함하기도 한다.

## 귀의 문화와 눈의 문화

　우리말에는 감각을 나타내는 말들이 유독 많이 발달했다. 감각어란 '외부 또는 내부 자극으로 일어나는 감각을 나타내는 말'이다. 다시 말하면 시각 청각, 후각, 미각, 촉각으로 얻게 되는 그 느낌들을 나타내는 말이다.

　우리말은 감각어 중에서도 특히 청각적 언어가 풍부하다. 다른 나라에서는 보기 힘들 정도로 청각표현이 세분화되어 있다. 남도잡가인 '새타령'을 예로 들어보면 매우 실감나는 소리 묘사를 들을 수 있다. 새타령은 화창한 봄날 즐겁게 지저귀는 새 울음소리를 묘사한 노래다. '새가 날아든다 / 온갖 잡새가 날아든다 / 새 중에는 봉황새 / 만수萬樹 문전에 풍년새…' / '장끼 까투리가 울음 운다 / 꺽꺽 꾸루룩 울음 운다' '굶어죽게 생긴 저 할미새 / 이리로 가며 팽당그르르 / 저리로 가며 팽당그르르 가가강실 날아든다' '이리로 가며 꾀꼬리 루리루 / 저리로 가며 꾀꼬리 루리루' '저 종달새 울음 운다 / 춘삼월 호시절에 / 한길을 오르며 종지리 / 두길을 오르며 종지리' 등이다. 여러 종류의 새들이 우는 울음소리를 흉내 내고 온갖 새의 특징을 잘 그려내고 있다. 이때 과연 '팽당그르르'는 무엇이며, '쟁당그르르'는 무엇이며, '가가강실'은 무엇인지 사전에도 나와 있지 않은 말이다. 그러나 우리는 머릿속에서 새가 날아다니는 그림을 떠올릴 수 있다.

청각어뿐 아니라 색채어 또한 뛰어나게 발달했다. 가맣다, 거멓다, 까맣다, 꺼멓다, 새까맣다, 시꺼멓다, 새카맣다, 시커멓다, 가무레하다, 거무레하나, 가무스름하나, 서무스럼하다, 가부잡잡하다, 거무접접하다, 가무칙칙하다, 가무퇴퇴하다, 거무튀튀하다 등등 이 모든 것이 다 '검다'와 관계된 말이다. 영어로는 'Black'으로 번역하는 수밖에 없다. '얇은 사 하이얀 고깔은 고이 접어서 나빌 레라'는 청록파 시인 조지훈의 시 〈승무〉 중 한 구절이다. 이 문장에 담긴 정서를 외국어로 표현해낸다는 것은 거의 불가능하다. '흰'과 '하이얀'은 같은 말처럼 보이지만 느끼는 감정이 다르다. 그저 하얗다는 말로는 부족하다. 한국인들은 이런 감각적 표현을 심리 상태나 가치 판단 등, 다른 상황을 나타내는 데로 전이시켜 사용하기도 한다. '싹수가 노랗다'거나 '새빨간 거짓말'을 한다거나 '검은 속셈을 드러낸다' 등의 예를 들 수 있다.

그리고 아픈 감각을 나타내는 말 또한 섬세하게 발달되어 있다. 땅기다, 쑤시다, 쓰리다, 아리다, 욱신거리다, 저리다, 지끈거리다 등은 아픈 부위와 원인에 따라 의미차이를 가지고 분화되어있다. 오래 걸으면 다리가 땅기고, 몸살에는 몸이 쑤시고 아리며, 위는 쓰리고 머리는 욱신거리고 지끈거리며, 심장은 지릿지릿 저린다고 한다. 이처럼 한국인은 마음의 상태를 몸의 증상으로 나타내는 말을 아주 많이 갖고 있다. 통증을 치료할 수 있는 치료약보다 그 아픔을 표현하는 언어를 더 발달시킨 민족이다. 뿐만 아니라 맛을 표현하는 감각어 또한 풍성하며 날씨와 계절을 표현하는 말 또한 아주 세분화되어 있다. 우리말은 시간, 장소, 상황에 따라 같은 의미를 가진 다른 말을 폭넓게 쓰는 언어다.

이어령은 『읽고 싶은 이어령』(여백, 2014)에서 보는 것은 로고스logos적인 것이며 듣는 것은 파토스pathos적이라고 한다. 즉 눈의 문화는 이성적이고 논리적이며 능동적인 반면에, 귀의 문화는 감성적이고, 직감적이고, 수동적이라 한다. 또한 눈은 과학적인 반면에 귀는 시적이라 보고 있다. 우리 언어는 대상의 객관적인 존재 자체보다는 미묘한 정감을 중시하는 인간 중심의 사고에 따라 감각어가 발달하였다. 따라서 한국어는 의성어와 의태어의 상징어와 맛, 색, 소리, 온도, 느낌 등의 표현에 뛰어난 언어라 할 수 있다.

# 6장

# 남성 vs 양성

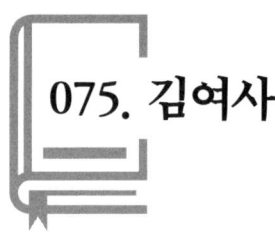
# 075. 김여사

**김여사**
☞ 운전에 서툰 중년 여성 운전자를 비하하는 용어.

　최근 여성 운전자를 비하하는 의미로 쓰이고 있는 '김여사'는 적대적인 성차별 의식을 담고 있는 말이다. 우리나라의 가장 흔한 성씨인 '김'과 '여사'가 결합해 만들어진 단어로, 운전에 서툰 중년 여성 운전자를 비하하는 용어이다. 사장의 부인이 자가용을 끌고 다닌다는 뜻에서 유래되었다고 한다. 달리 말해서 번듯한 차를 끌고 다니면서 운전은 못하는 아줌마라는 뜻이다.
　'역주행·뺑소니까지…, 좌회전 김여사, 충격 김여사 종결판, 장롱면허의 최후, 박고 또 박고 김여사 또 등장.' 언론을 장식하는 '김여사'는 교통법규를 아주 무시하거나 교통 흐름에 방해를 주는 운전자이다. 이처럼 '김여사'라는 호칭은 불법 주행이나 주차실수, 끼어들기 등 미숙하게 주행하는 여성 운전자에게 쓴다. 최근 들어 '된장녀', '김치녀'와 같은 이름 짓기가 성행하고 여성들을 폄하하고 혐오하는 말들이 언론보도를 통해 확대 재생산되고 있다.

언론에 '김여사'라는 말이 등장하기 시작한 시기는 2006년 4월 중순으로, 네티즌이 교통을 어지럽게 하는 운전자들의 사진을 게시판에 퍼 나르는 '김여사 놀이'를 한 이후로 추정하고 있다. 이정복 대구대학교 교수는 이 용어가 2006년 MBC 개그 프로그램 개그야의 코너 〈사모님〉으로 인해 전파되었다고 보고 있다.

모든 교통사고는 고의가 아니라면 운전이 서툰 남녀노소 누구나 일으킬 수 있는데, 유독 여성만 부각시키는 것은 암묵적으로 여성을 낮춰 보는 행위라 할 수 있다. 일부 네티즌들은 여러 커뮤니티에 여성들이 비난 받을만한 상황의 글을 의도적으로 올려 여성비하를 조상하고 있다. '김여사' 시리즈는 온라인을 넘어 지상파 뉴스에까지 진출했고, 이제는 일상적으로 여성 운전자들을 가리키는 대명사가 되어버렸다. 이처럼 '김여사'가 널리 사용됨으로써 대중들에게 여성이 운전을 못한다는 편견을 심어주며, 운전자의 성별에만 집착하게 만들었다. 비판과 풍자의 대상을 여성으로만 한정시킴으로써, 여성을 무식하고 무지한 존재로 일반화시켜 버린 것이다.

황상민 한국가족학회 이사는 "'김여사'의 '여사'라는 표현 자체가 여성의 존칭이라는 점에서 부러움의 감정과 시기의 감정이 함께 담겨 있다"면서 "사실 남성도 이 대상이 될 수 있지만 사람들은 보통 좀 더 소수 집단, 좀 더 특정한 집단을 희화화하는 데서 즐거움을 느끼기 때문에 여성에 초점이 자꾸 맞춰지게 되는 것"이라고 '김여사' 현상을 분석했다.

능력이 부족하거나 바람직하지 못한 행동을 하는 사람들은 어디에나 있기 마련인데 여성을 비롯한 특정 계층에만 초점을 맞추어 용어를 만들어 쓰는 것은 차별적이다. 물론 약자를 바라보는 편향적 시선이 한국에만 있는 것은 아니다. 그러나 인터넷과 언론보도에서 못되고 몰상식한 여자들의 이야기로 넘쳐나는 것은 한국인 특유의 약자를 함부로 대하는 속성 때문이다. 그러나 더 근본적으로는 우리 사회에 여전히 여성차별 문화와 가부장적 관습이 자리 잡고 있다는 데 그 원인이 있다.

## 076. 된장녀

**된장녀**
☞ 밥값보다 비싼 커피를 마시는 여성, 즉 사치와 허영이 가득한 여성을 지칭하는 말로 시작되어, 남성들에게 과도하게 의지하며 살려고 하는 지각없는 여성을 지칭하는 용어로 확장되었다.

현재 우리나라에서는 거의 모든 부정적인 언어에 '녀'를 붙이며 여성비하를 노골화하는 경향이 심한데, 된장녀가 그 대표 격이다. 된장녀는 밥값보다 비싼 커피를 마시는 여성, 즉 사치와 허영이 가득한 여성을 말한다.

'된장녀'는 2003년 경 인터넷에서 사용하기 시작한 신조어인데 처음부터 지금처럼 폭 넓게 쓰인 것은 아니었다. 주요 일간지와 언론에서 '된장녀 현상'을 연달아 다루면서 '된장녀'는 젊은 여성의 소비 행태를 말하는 주요한 개념으로 인식하게 되었다. 경향신문의 주간지인 〈주간경향〉(2005.2.30)에 스타벅스 커피 전문점에 빠진 2, 30대 여성들에 대한 특집 기사가 실렸고, MBC의 시사고발프로그램인 〈시사 매거진 2580〉(2006.7.16)에서 스타벅스 커피의 지나치게 비싼 가격을 비판하는 뉴스를 보도한 이후 네티즌 사이에서 떠돌던 '된장녀'란 말이 대중에게 확실하게 각인되었고 이후 다양한 사회적 논란의 중심에 서는 용어가 되었다.

'된장녀'라는 말의 유래에 대해서는 다양한 설이 분분하다. 첫 번째는 '젠장녀'에 역구개음화를 적용해 '덴장녀'가 되었다가 '된장녀'로 정착했다는 것. 즉 '젠장녀→덴장녀→된장녀'가 되었다는 것이다. 두 번째는 외국인과 사귀고 싶어 하는 여자를 '그래봤자 된장'이라고 부른 데서 시작됐다는 것. 세 번째는 일본인들이 한국인을 비하할 때 '김치', '된장' 운운했던 것에서 나왔다는 설이다. 그리하여 만들어진 '된장녀'는 '똥인지 된장인지 모르는 여자'로 의미 해석이 따랐다. 이외에도 그들이 즐겨 들고 다니는 스타벅스 커피의 색깔을 된장국에 빗대어 부른 것이라는 설 등이 있다.

이처럼 '된장녀'라는 단어의 출발점에 대해서는 의견이 모아지지 않고 있지만, 된장녀 묘사에는 일관되게 외국 문화에 대한 동경, 과시적 소비, 그리고 남성에게 빌붙어 얻어먹기만 하는 여성의 모습을 그린다는 점에서는 일치한다. 이 말은 처음의 개념에 머무르지 않고 그 의미가 계속 확대 재생산되어, 현재는 주로 남성들이 생각하는 모든 부정적인 여성상들을 광범위하게 비하하는 말로 쓰이고 있다. 또한 된장녀 이후 온라인상에서는 각종 ○○녀들이 범람했다. 2005년 지하철에서 반려견의 배설물을 치우지 않고 그냥 내려 사회의 지탄을 받은 '개똥녀', 금전적으로 남성에게 의존하려는 여성을 의미하는 말로 '김치녀', 새로 나온 명품을 재빠르게 구입하는 여성을 일컫는 말인 '신상녀' 등이다.

2018년 현재 서울은 세계에서 스타벅스 매장이 가장 많은 도시라고 한다. 한국인 남녀노소, 커플들이 함께 스타벅스에 가서 이런 저런 이야기하면서 커피를 마시는 풍경이 더 이상 낯설지 않다. 지금은 스타벅스 커피를 마신다고 된장녀라 불리는 경우는 없어졌다. 처음과는 달리 남성들에게 과도하게 의지하며 살려고 하는 지각없는 여성을 지칭하는 용어로 그 용례가 확장되어 사용되고 있다. '된장녀'라는 호칭에서처럼 개인의 문화적 취향에 대해 성별을 구분해 여성들에게 일방적인 비난을 퍼붓는 것은 남성중심사회의 폭력성을 보여주는 것이다. 이와 같은 왜곡된 인식이 일부 몰지각한 남성들에서 벗어나 전체의 생각으로 퍼지기까지는 언론의 역할도 컸다.

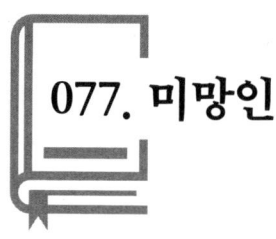

# 077. 미망인

---

**미망인**

☞ '아직 남편을 따라 죽지 못한 여자'라는 뜻으로 여성을 남성에게 예속된 관계로 보는 봉건적 사상이 담긴 말.

'미망인未亡人'에서 망인亡人은 죽은 사람을 가리키는 말이므로, 미망인을 글자 그대로 풀면 '미처 죽지 못한, 아직 따라 죽지 못한 사람'이다. 미망인은 남편을 따라 죽지 못한 여자라는 뜻으로 홀로 된 여자에 대한 편향된 인식을 드러내는 호칭이다.

본디 '미망인'은 남편과 사별한 여자가 자신을 낮추어 이르던 일인칭 대명사였다. 이 말이 처음 쓰인 문헌은 기원전 4세기 공자시대에 지어진 『춘추좌씨전春秋左氏傳』으로 남편과 사별한 부인이 자신을 낮추어 부르는 겸양어였다. 그런데 요즘에는 남편과 사별한 여자를 가리키는 일반 명사로 쓰이고 있다. 당사자가 스스로를 낮추어 미망인이라 하면 모르지만, 다른 사람이 쓰면 매우 무례한 말이 된다. "당신 남편이 죽었는데 당신은 왜 따라 죽지 않는가"라고 비난하는 것처럼 들리기 때문이다.

이규태는 한국인이 버려야만 하는 부정적 특질을 담은 책인 『한국인의 버릇』(신원문화사, 2012)에서 옛날 우리나라에서는 남편을 따라 죽은 순절殉節을 미덕으로 여겼다고 한다. 충신, 효자, 열부들의 기록인 '조선명륜록朝鮮明倫錄'에 보면 남편의 죽음에 이어 목매어 순사하는 것이 가장 명예로운 1등 과부요, 젖먹이를 키워놓고 죽는 것이 버금가는 2등 과부이며, 굳이 죽지는 않더라도 평생 수절하는 것이 3등 과부라고 적어 놓았다고 한다. 1등 2등 과부가 탄생하면 그 집 앞에 정문旌門을 세워 각종 부역과 세금을 면제해주었기로 가문에서 순사하지 않을 수 없게끔 압력을 가하는 사례도 비일비재했다고 한다.

'여자는 죽을 때까지 한 남편만 섬겨야 한다'는 유가적 윤리는 남편을 하늘로, 아내는 그 하늘에 종속된 존재로 규정한 데서 비롯됐다. 이러한 사상을 담고 있는 대표적인 호칭이 바로 '미망인'이다. 여성을 독립적 인격으로 보지 않고 여성의 신분을 기본적으로 남성과의 예속적인 관계에서 보고 있기 때문이다. 이처럼 우리의 그릇된 전통을 담은 말인 '미망인'에는 '아직 따라 죽지 못한 사람'이라는 봉건시대적인 가치관이 숨어있다. 그럼에도 우리는 현재 남편이 사망한 여성에 대한 존칭으로 잘못 알고 사용하고 있다.

남편이 먼저 죽은 여자를 이르는 다른 말로 과부寡婦가 있는데

'과寡'는 '적다, 부족하다'는 의미이니 과부의 글자 그대로의 뜻은 '부족한 부인'이다. 지아비를 잃은 지어미는 한 가지가 부족한 것이니 미망인보다는 쓰기에 나쁘지 않다. 하지만 과부는 아주 예전에나 쓰던 것으로 구시대적인 말로 인식되어 미망인의 대체어가 되기에는 마땅하지 않다. 국립국어원에서는 '미망인'을 '고 ○○○씨 부인'으로 바꾸어 쓰기를 권장하고 있다.

남편을 따라 죽지 못한 사람이라는 뜻을 지닌 미망인이라는 비인간적이고 구시대적인 사상을 담은 말이 존칭으로 쓰이고 있다는 것은 남성 중심적 시각이 우리 사회를 지배하고 있음을 드러내는 표지이다. 이제는 단연코 버려야할 언어유산이다.

## 078. 바가지를 긁다

**바가지를 긁다**

☞ 아내가 평소 생활 속에서 일어나는 불평, 불만을 남편에게 듣기 싫도록 계속해서 늘어놓는 것을 뜻하는 말로서, 잔소리를 여성의 특성으로 한정짓는 여성 차별어이다.

'바가지를 긁다'의 원래 뜻은 옛날에 콜레라가 돌 때 전염병 귀신을 쫓는다고 바가지를 득득 문질러서 시끄러운 소리를 내는 것에서 연유하였는데, 이 말이 점차 남의 잘못을 듣기 싫을 정도로 귀찮게 나무라는 것을 가리키게 되었다고 한다. 지금은 아내가 평소 생활 속에서 일어나는 불평, 불만을 남편에게 듣기 싫도록 계속해서 늘어놓는 것을 뜻하는 말로 쓰인다.

여인들이 자신의 불만을 직접적으로 드러내지 못하고 대신에 바가지를 세게 긁어 간접적으로 표현할 수밖에 없었던 것은, 며느리는 시집식구에 의해 아무리 억울한 일을 당하더라도 말없이 묵묵히 참고 있어야만 하는 존재였기 때문이다. 쌓여 누적된 며느리의 울분은 간접적인 반작용으로 표출되곤 했다. 한국의 며느리들은 곧잘 업고 있는 아기의 엉덩이를 꼬집거나 바가지를 깨뜨려 버린다거나 부엌에 있는 강아지에게 발길질을 했다. 배를 걷어차인 강아지의 울부짖음이나 아기의 엉덩이를 멍이 들도록 꼬집어 터져 나오는 아기의 자지러지는 듯한 울음소리가 며느리의 울분을 대신하는 셈이다. 이규태는 우리말에 '바가지 긁는다'는 전형적인 보복공격의 한 형태였는데 그 '바가지'는 남성을 의미하기도 하고 식량을 담는 보루로 생각하기도 했다. 그만큼 중요한 것을 긁는다는 의미라고 한다.

이처럼 바가지는 물이나 쌀, 간장을 퍼내는 도구만이 아니라 숨막히는 한국적 가족구조 속에서 한국여인이 살아내기 위해 억압을 발산하는 도구 역할을 했다. 하지만 이제 '바가지를 긁는' 소리는 한마디로 짜증나고 듣기 싫은 소리이고 듣기 싫은 말을 대표하는 상징어가 되었다. 중년 남자들이 모이면 "우리 마누라 갈수록 바가지를 긁어 대서 지겨워 죽겠어"라고 불평을 해댄다.

여성이 하는 일 또는 일정한 장면에서의 여성의 행동과 관련되는 표현들은 '바가지를 긁다, 밥을 하다/짓다, 빨래를 하다, 살림을 하다, 설거지를 하다, 밥상을 차리다, 치맛바람을 일으키다' 등이다. 이러한 예들을 통해 국어학자인 임홍빈은 우리말에는 여성에 대한 표현은 여성의 신체나 태도, 성품 그리고 행동 등에 관련되는 것이 많고, 일에 관련해서는 적다는 사실을 지적한다. 그 까닭에 대해 여성의 생활영역이 가정에 국한되고 남성에 의존적이었던 역사적 배경 때문인 것으로 해석한다. 그리고 여성에 대한 표현은 여성을 사랑을 중심으로 하는 생활에 놓고 있으며, 감성적인 것, 성적인 것, 눈물이 많은 것, 사랑에 속는 것, 이별을 당하는 것이 여성적인 것으로 인식되는 경향이 있다고 지적한다.(「국어의 여성어」, 장태진 편저, 『국어사회언어학논총』, 국학자료원, 1993)

'바가지를 긁다'는 별것도 아닌 일로 잔소리를 자꾸 늘어놓는 것이 마치 여성의 고유 특성인 양 한정짓는 말로 여성의 부정적 성품이나 부정적 행동을 묘사하는 여성 차별어라 할 수 있다.

# 079. 시집살이

**시집살이**

1. 결혼한 여자가 시집에 들어가서 살림살이를 하는 일.
2. 남의 밑에서 엄격한 감독과 간섭을 받으며 하는 일.

'시집살이'는 결혼한 여자가 시집에 들어가서 살림살이를 하는 일을 말한다. 시집살이에서 '~살이'는 '어떤 일에 종사하거나 어디에 기거하여 사는 생활'의 뜻을 더하는 접미사이다. 감옥살이, 처가살이, 머슴살이, 타향살이, 문간살이 등 주로 힘들고 고달픈 삶의 모양을 말할 때 주로 사용한다. 모두가 궁색하고 시달리는 뉘앙스를 풍기는 말들이다. '시집살이'는 남의 밑에서 엄격한 감독과 간섭을 받으며 하는 일을 비유적으로 이르는 말이기도 하다.

우리나라에 전해 내려오는 구전민요 속에는 여성들이 자신들이 당하고 살아온 시집살이를 주제로 하거나 배경으로 하는 시집살이 노래가 특히 많다. '고초 당초 맵다 해도 시집살이만 못하다'거나 '시집살이 개집 살이'라는 노랫말에서 알 수 있듯이 시집살이는 가혹하고도 고된 것으로 알려져 있다.

친정에서 시가로 생활 반경을 옮기게 된 여성들은 시집의 가족 구성원이 되기 위해 '벙어리 3년, 귀머거리 3년, 장님 3년'이라는 가혹한 시집살이의 통과의례를 거쳐야 했다. 친정 부모들은 시집가는 딸에게, 시댁에서는 개한테도 '예'하고, 소한테도 '예'하라고 가르쳤다. 따라서 시집에서 며느리의 지위는 남편과 동등하지 않은 것은 물론이고, 시집의 어떤 식구보다 낮았다. 며느리들이 자기보다 더 어린 시동생이나 시누이에게 깍듯이 존댓말을 한 것을 보더라도 알 수 있다.

시집 식구들이 며느리를 괴롭혔던 주된 이유는 무엇보다도 시부모로서는 다른 가문에서 시집 온 며느리를 '자기 집 사람'으로 만들기 위해 때로 엄격한 강제와 혹독한 시련을 주기 위한 것이었다. 또한 경제적으로 빈곤한 가정에서는 며느리의 노동력을 최대한 착취하기 위해서이기도 했다. 이외에도 부부생활이 원만치 못했던 시어머니가 자기 아들에게 맹목적인 사랑을 쏟고 있을 때 새로운 경쟁자인 며느리가 나타남으로써 생겨난 질투심 때문에도 그러했다.

이정아는 시집살이 노래를 연구한 『시집살이 노래와 말하기의 욕망』에서 시집살이는 한국여성사를 특징지을 수 있는 독특한 문화라고 말한다. 시집살이는 불과 400년 남짓한 역사를 지녔을 뿐이지만, 조선왕조가 그것을 효열孝烈 윤리로 정치 이데올로기화하는 과정에서 오랜 전통인 양 뿌리를 내렸다는 것이다. 그래서 근대 이후의 여성사가 시집살이 전통을 타파하고 극복하는 방향으로 전개된 것은 당연하다고 보았다. 그러나 시집살이는 조선 중기 이래로 여성의 삶과 의식을 지배해 온 문화였던 만큼, '시집살이노래', '규방가사'와 같은 탁월한 여성문학을 창출한 의의가 있다고 평가한다.

이러한 시집살이 전통은 아직도 우리 사회에서 사라지지 않고 있다. 시집 식구들과의 불화로 빚어지는 사건들이 언론이나 방송에 자주 등장하고 있고 시월드라는 (시가媤家+World, 시가 밑에서의 생활을 빗대는 말) 신조어들도 속속 만들어지는 것을 보면 알 수 있다.

또한 '시집살이'는 자존심 상하고 고된 생활의 대명사로 불리고 있어 지금도 이 용어를 자주 사용하고 있다. 상급자의 잔소리가 심하면 '시집살이 심한 직장', 늘그막해서 고된 몸이 되면 '늙어서 된 시집살이 만났다', 자녀들이 까다롭게 하면 '애들이 시집살이 시킨다'는 말을 한다.

# 080. 에미 애비

**에미 애비**

☞ 긍정적이거나 중립적인 의미를 가지는 단어들은 남성이 앞에 나오고 부정적인 상황에서는 여자가 남자보다 앞에 오는 남존여비(男尊女卑) 의식이 반영된 말로서 어미 아비의 낮춤말.

우리말의 합성어의 모습을 살펴보면, '크고, 힘세고, 높고, 가치 있는 것'을 앞쪽에 나타내는 경향이 있다. 따라서 '장단長短, 고저高低, 강약强弱, 다소多少, 군신君臣, 주종主從' 등으로 쓴다. 또한 자기와 관련된 것을 관련되지 않은 것보다 더 중요하게 여겨 먼저 말한다. 이는 남과 북이 서로를 '남북'과 '북남' 이라 지칭하는 것이나 연세대에서는 연고전이라 하고 고려대에서는 고연전이라 하는 것이 그 예이다.

이 같은 논리에 따르면 남과 여 양성을 조합한 단어에 으레 남성이 앞에 배치된다는 것은 여자 보다는 남자를 더 가치 있는 존재로 본다는 것과, 남성의 시각에서 언어행위가 이루어진다는 것을 의미한다. '남녀男女', '신랑신부新郎新婦', '부모父母', '부부夫婦', '자녀子女', '신사숙녀紳士淑女'처럼 긍정적이거나 중립적인 의미를 가지는 단어들은 두 성별을 지칭할 때 거의 남성이 앞에 나온다. 자식이 얼마나 되는지 남에게 말할 때도 '1남2녀'라고 한다. 그러나 부정적인 상황에서는 으레 여자가 남자보다 앞에 온다. 여자와 남자를 함께 낮추어 이르는 말인 '연놈'이 그 대표적 예다. 보통의 경우에는 남녀가 되고 낮추어 부르는 경우에는 연놈이 되는 것이다. '때려죽일 연놈들'에서처럼 죄를 지었다 해도 먼저 죽어 마땅한 것은 년이다.

이와 비슷하게 부모에서는 남성이 여성보다 앞에 오지만 에미 애비에서는 여성이 남성보다 앞에 온다. '에미애비도 모르는 자식'이라고 욕할 때 쓴다. 비슷한 사례로 비복婢僕(계집종과 사내종), 계집 사내, 편모편부가 있다. 또한 인간이 아닌 동물을 대상으로 하는 표현에서는 암컷이 수컷보다 앞에 온다. 암수나 자웅雌雄이 여기에 속한다. 이렇게 비속어나 천한 신분, 동물의 경우에는 여성이 앞에 온다.

결국 일반적인 한국어에서는 남성이 거의 앞에 오고 여성이 뒤에 온다. 또한 부정적이거나 낮잡아 부르는 경우에는 여성이 거의 앞에 오고 남성이 뒤에 오는 것이 자연스럽다. 이는 우리가 알게 모르게 유교의 삼강오륜三綱五倫의 논리에 세뇌당해 왔고, 이에 따른 남존여비男尊女卑 의식을 언어에 반영한 것으로 볼 수 있다.

이러한 말들은 남성 중심적 사고가 낳은 결과이지만 동시에 남성 중심적 사고를 만드는 원인이 되기도 한다. 이 같은 언어 사용은

은연중에 남성이 여성보다 앞선다는 생각을 갖게 할 수 있다. 또한 남성이 여성보다 더 가치 있고 중요하며 긍정적이라는 생각을 전파한다.

# 081. 여류(女流)

**여류(女流)**

☞ 전문적인 일에 능숙한 여자를 가리키는 말로서, 남자가 형성한 기존 질서에 여자가 진입하는 것을 특별하고 남다른 일로 바라보는 사회적 편견이 배어 있는 말.

　전문적인 일에 능숙한 여자를 가리키는 말인 '여류女流'는 양성을 고정된 성 역할에 묶어 버리는 말이다. 일본에서 만들어져 들어온 용어인 여류는 남성들이 주류인 세계에 끼어든 하나의 곁가지 흐름이라는 의미를 내포하고 있다. '여류女流'라는 표현에는 남자가 형성한 기존 사회에 여자가 진입하는 것을 특별하고 남다른 일로 바라보는 관점을 담고 있다. 게다가 '흐를 류流'를 집에서 살림이나 해야 할 여자가 밖에서 무엇을 한답시고 나돌아 다닌다는 의미로 사용하여 비꼬는 듯이 들린다. '여성이라니 대단하네.' 이런 어감이다.

사회언어학자인 김진우는 『언어』(한국문화사, 2017)에서 '의사, 변호사, 조종사, 교수, 사장' 등을 남성명사로 인식하고 예외적인 경우에 대해 '여' 자를 앞에 붙여 '여의사, 여변호사, 여조종사, 여교수, 여사장'이라고 하고, 이와 반대로 간호사, 모델, 유치원 선생 등은 대개 여성명사로 해석한다. 예외적인 경우에 '남'자를 붙이는 것은 전통적으로 이런 직업을 한 쪽 성에서 전담해 온 것에서 기인한다고 보고 있다.

이○○(여, 43세), 주부○○○, 여류○○○, 여직원, 여행원, 여류명인, 여경찰, 여교수. 언론이나 신문기사에서 남자를 나타낼 때는 특별한 표지가 없지만 여자를 나타낼 때는 '여'를 붙인다. 사람들은 이런 기사나 이야기를 들을 때 의사나 경찰, 교수가 아닌 '여성'이라는 부분에 초점을 맞추어 보게 된다. 학교명을 말할 때도 여중, 여고, 여대에는 여가 붙어있다. 직업이나 신분, 학교에 성을 구분하는 '여女-'를 붙이는 것은 직업이나 능력, 학교를 말할 때 남성이 기준이 된다는 느낌을 준다.

'여류'는 '여성'이나 '남성'이라는 객관적 표현이 아닌 여성의 전문적인 사회 활동을 남성의 시각으로 바라본 말이다. 여전히 전근대적인 사고방식에 사로잡혀 있는 사람들 중에는 '여자가…' 라는 말을 종종 한다. '여자가 아침부터', '여자가 감히', '여자가 겁도 없이', '여자가 어디서' 등이 그 예이다. 여류라는 말은 여성이 하는 일이 따로 있으며 여성은 힘이 들거나 전문적인 일은 할 수 없다는 사회적 편견이 배어 있는 시대착오적이고 불합리한 말이다.

# 082. 외가

**외가**

☞ 남성 중심이었던 시대에 친가를 '내부'로 보고 어머니 쪽 가계를 외부로 보는 일종의 배제개념이라는 점에서 성차별적 요소가 다분한 낱말이다.

친척 관계를 나타내는 말에서도 성차별이 드러난다. 아버지 쪽은 그냥 '할머니, 할아버지, 삼촌'이지만 어머니 쪽은 '외할머니, 외할아버지, 외삼촌'으로 '외-'라는 접두사가 더 붙는다. 물론 아버지 쪽 부모는 친할머니, 친할아버지라고 하여 '친-'이란 접두사가 붙기도 하지만 붙는다 해도 어원으로 보면 아버지 쪽 부모는 가깝고 어머니 부모는 멀다는 의미가 함축되어 있다.

여기서 '외外'는 '내內'와는 뜻이 반대다. 친가를 '내부'로 보면서 어머니 쪽 가계를 외부로 보는 일종의 배제적 개념이라는 점에서 성차별적 요소가 다분한 낱말이다. 이는 외가보다 친가를 더 중시하는 문화의 반영이다. 남성 중심이었던 시대에 친 혈통이 아닌 며느리 가족에 외자를 붙임으로써 남자혈통에서 제외시키며 영원히 한 가족은 되지 못하는 외집단으로 분리한 것이다.

한국사를 읽다보면 '외척'이란 단어가 자주 나온다. 외척이란 좁은 의미로는 외가外家를 말하지만 넓은 의미로는 권력자와 성(姓)씨가 다른 친인척 모두를 말한다. 왕권강화를 위하여 왕의 외가는 늘 멀리하고 제거해야만 하는 대상으로 지목받아 화를 당하였고, 왕비의 친정집은 몰락하는 경우가 많았다. 외外가는 말 그대로 친족 바깥이라는 뜻이고, 출가외인出嫁外人이나 외부인外部人에서 보듯이 남이라는 의미를 담고 있다.

우리가 외가라는 말을 사용한 역사는 불과 몇 백 년 내외라고 한다. 노명호 서울대 국사학과 교수는 조선 중기까지만 해도 모계 친척과 부계 친척을 구별하는 풍습은 없었으며 모계 친척을 외가라 부르며 멀리하기 시작한 것은 17세기 이후의 일이라고 설명한다.(『고려국가와 집단의식』, 서울대학교출판문화원, 2009)

외가뿐 아니라 '시댁'과 '처가'도 성차별적인 표현이다. '시댁'은 시부모가 사는 집인 '시집'을 높여 이르는 말인 반면, '처가'는 아내의 본가를 뜻한다. 처가와 달리 시댁은 존칭을 붙인다. 처가를 높여 이르는 '처가댁'이란 말이 있기는 하지만 잘 쓰지 않는다. 또한 여성이 시가 식구를 부를 때 호칭은 남편의 형은 아주버님, 남동생은 서방님, 미혼 남동생은 도련님, 누나는 형님, 여동생은 아가씨 등이다. 대부분 '님'자가 붙거나 존대의 의미가 포함돼 있다. 특히 '아가씨'

와 '도련님'은 과거 종이 상전을 높여 부르던 호칭이었다. 반면 남성이 처가 식구를 부를 때 쓰는 호칭은 아내의 오빠는 형님, 언니는 처형, 남동생은 처남, 여동생은 처제 등이다. 일부를 빼면 '님'자가 붙지 않거나 존대 의미가 없다. 이처럼 남성이 쓰는 처가 호칭과 여성이 쓰는 시가 호칭이 동등하지 않다. 이처럼 여성에게 가해지는 성차별적 단어들은 혼인으로 새롭게 형성된 가족관계 호칭에서 더욱 심화된다.

요즘은 주부의 친정을 차별하는 어감을 주는 '외가', '외할머니'라는 표현을 쓰지 않는 가정이 늘어나고 있다. 아이들은 할머니가 사는 동네의 이름을 따 외할머니는 '○○동 할머니', 친할머니는 '00동 할머니'로 부르고 있다. 이처럼 사는 곳으로 구분하거나 '친가'와 '외가'는 각각 '아버지 본가'와 '어머니 본가'로 바꾸려는 노력을 하고 있다. 하지만 여전히 친할머니상은 3일 외할머니는 2일 휴가를 주는 등 가족상에 친가, 외가를 차별하는 기업이나 공공기관이 아직 많다. 경조사 휴가와 경조비 등 복지 분야에서 친조부모와 외조부모를 차별하는 관행이 여전히 우리 사회에 남아있다.

# 083. 집사람

**집사람**
☞ 집에 있는 사람 또는 안에 있는 사람이라는 뜻을 지니고 있는 말로서, 아내는 집 또는 안에만 있는 사람이라는 식의 남성 중심의 전통적 성역할 사고가 반영되어 있다.

'집사람'이라는 표현을 요즘 젊은이들은 잘 쓰지 않지만 중장년 이상에서는 '아내'나 '부인' 대신 자기 아내를 겸손하게 일컬을 때 쓴다. '집에 있는 사람' 또는 '안에 있는 사람'이라는 뜻을 지니고 있는 이 말에는 아내는 집 또는 안에만 있는 사람이라는 식의 남성 중심의 사고가 반영되어 있다. 자기 아내를 호칭하는 단어는 이외에도 내자, 처, 안식구, 안주인, 안방마님, 솥뚜껑 운전수, 등등이 있다. 이런 호칭은 공통적으로 모두 '안' 혹은 '집'과 관련된, 잘못된 성 역할과 관계된 말이다.

위의 단어에서 쓰인 '안팎'의 의미는 분명하다. '안'은 '밖'이 뜻하는 '사회', '외부'의 의미와 대립하는 가정(집), '내부'다. 이는 전통적 성역할, 분업적 이데올로기를 직접 드러내는 어휘들이다. 여성을 남성에 속한 존재로 간주한다는 점에서 이 낱말들의 성차별적 성격은 두드러진다.

정수복은 한국인의 공통적 사고방식을 분석한 책인『한국인의 문화적 문법』(생각의 나무, 2012)에서 유교적 규범은 남성과 여성의 일을 구별하여 남자는 집 바깥일을 담당하고 여자는 집안의 일을 담당하도록 하였다고 한다. 그래서 남자는 '바깥양반'이 되고 여자는 '안사람'이 되었다. 가화만사성家和萬事成이라는 말이 있듯이 가족 내의 평화와 질서유지는 유교적 사회질서의 기초였기 때문에 결혼한 여성은 집안의 평화를 유지하는 중심적인 역할과 임무를 부여 받았다고 하면서 남과 녀의 안팎 구분 원인을 유교적 전통에서 찾고 있다.

이처럼 집과 여성을 관련짓고 여성을 집에 한정하는 것은 유교의 이념에 따른 여성차별주의적 발상에서 비롯되었다. 조선중기에 기존 세력을 제거하면서 자기 세력을 공고히 유지하게 된 사대부들은 그 권력을 오래 지속시킬 장치가 필요했는데 그 중 하나가 여성억압이었다. 여성들을 이전과는 다르게 남성에 철저히 종속된 존재이자, 종의 역할로 전락시켰던 것이다.

아내 또한 '안해'가 변한 말로서 집안에 갇혀 사는 안팎內外 개념에서 비롯된 남성에 의한 여성 억압시대의 산물이다. 본디 '안해'라고 하다가 소리 나는 대로 '아내'로 굳어진 말인데, '안'은 집안일을 돌보기 때문에 붙인 말이고, '해'는 '것'을 뜻하는 우리말로 소유를 나타낸다. 집안일을 돌보는, 남자의 소유물이라는 뜻으로 만들어졌다.

  결혼한 여자를 뜻하는 부인婦人이나 남의 아내를 높여 이르는 말인 부인夫人의 어원을 따져보면 남녀 차별 측면에서 '집사람'과 별 차이가 없다. 부婦는 '빗자루를 든 여인'이란 뜻의 합의 문자이니 집안에 갇혀 청소나 하는 사람이라는 의미이며, 부夫는 지아비라는 뜻이니 남편에 예속된 차별 호칭이다. 뿐만 아니라 내조內助 또한 아내가 남편의 보조자 지원자로서 남편을 돕는 역할을 표현한 단어다. 여성의 역할을 보조적으로 생각하는 고정관념이 은연중에 반영 된 말이다.

  이러한 호칭들은 모두 부부간의 관계에서 남성의 위치가 절대 우위에 있었음을 보여주는 말들이다. 남존여비의 사고를 바탕으로 가사노동은 전적으로 여성이 담당해야 한다는 생각을 드러내고 있다. 즉 기혼여성은 직업을 가지기 보다는 집에서 살림을 담당해야 마땅하다는 것이다. 시대가 변하면서 여성에 대한 사회적 인식도 많이 달라졌나. 이제는 여성을 집안의 손재로 국한시켜 사회적 진출을 억압하는 표현 또한 함께 바꾸어 나가야만 한다.

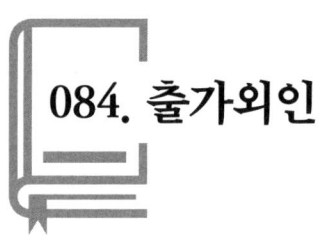

# 084. 출가외인

**출가외인**

☞ 여자는 혼인을 하는 순간부터 친정사람이 아니니 친정에는 발을 들여놓지 말아야 한다는 의미로, 성차별이 가장 심했던 봉건 시대 유교의 도덕관념이 반영된 말이다.

딸이 시집가면 남이나 마찬가지라는 '출가외인出嫁外人'이라는 말은 양성평등에 어긋나는 표현이다. 이 단어가 우리나라 역사에 등장한 시기는 17세기 조선시대였다. 유교문화가 팽배해있던 가부장적 인식에서 출발된 것이다. 여필종부女必從夫(아내는 반드시 남편의 뜻을 따라야 한다)와 삼종지도三從之道(어렸을 때는 부모를 따르고, 결혼해서는 남편을 따르고, 노후에는 아들을 따르라)는 여성들이 반드시 따라야 할 유교적 예법으로 〈삼강행실도三綱行實圖〉에서 열녀라고 칭송을 받을 여자의 일생이라 말하고 있다.

출가외인을 해석해 본다면 여자는 혼인을 하는 순간부터는 친정 사람이 아니니 친정에는 발을 들여놓지 말아야 한다는 것이다. 여자는 시집에서 쫓겨나도 친정으로 돌아올 수 없었다. '죽어도 시집 울타리 밑에서 죽어라', '시집 귀신이 되어야 한다', '시집에 뼈를 묻으라'고 하면서 다시 돌아올 구실도 없애려 하였다. 여필종부, 삼종지도, 출가외인은 조선시대를 살아가는 여성이 목숨을 버리면서까지 지켜야 하는 핵심사상 이었다.

인류학자 김현경은 『사람, 장소, 환대』(문학과 지성사, 2015)에서 유교적 가부장 사회에서 기혼 여성은 친족이 없는 존재라는 점에서 노예와 다름 없다고 보았다. 조선 시대에 기혼 여성에게 적용되었던 출가외인이라는 말은 여자들이 혼인과 동시에 부계 친족집단에서 영원히 성원권membership(그 공동체에 속해있는 것으로 얻는 자격)을 상실함을 보여주는 것이라 한다. 출가한 여자는 부모의 제사에 참여할 수도 없고, 재산을 물려받을 수도 없으며, 친정 일에 관심을 가져서도 안 되는 존재였다고 한다.

시집간 여자가 친정에 외인外人이 되었다고 해서 남편의 친족집단에서 그에 상응하는 자리를 얻는 것도 아니었다. 시집간 여자는 시집의 족보에 오르지도 않고, 제사에 참여하지도 않는다. 두 집단 어디에도 소속될 수 없었다는 점에서 노예와 같은 위치였다.

'딸을 시집보내다'를 다른 말로는 '딸을 여의었다'라고도 한다. '여의다'는 원래 부모나 사랑하는 사람이 죽어서 이별하다라는 의미인데 '딸을 시집보내다'의 뜻도 있다. 딸이 결혼하면 다시는 그 친정 부모를 볼 일이 없었기에 생겨난 표현일 것이다. 죽어 못 보는 것과 마찬가지로 친정 나들이는 평생 손에 꼽을 정도로 철저히 출가외인으로 살아야 했다. 우리의 예전 세시풍속으로 '반보기'라는 것이 있는데 반보기의 어원은 '양가집의 중간 위치에서 만나본다'는 뜻과 '하루해의 절반 나절만 만난다'는 두 가지 뜻에서 비롯되었다고 한다. 딸들은 출가외인의 법도 때문에 친정에 가지는 못하고, 세시명절에 양가집의 중간지점에서 친정어머니와 해후를 해야 했다.

   조선시대의 여인들은 여자라는 이유만으로 자신이 나고 자란 집을 떠나 한평생을 시댁과 남편의 그늘 속에 살아야만 했다. 친정과는 가급적 거리를 둬야 하고 시댁귀신이 되는 것을 당연시 했다. 요즘도 출가외인이라는 표현을 쓰는 경우가 종종 있는데 주로 여자가 친정 일에 개입하려 할 때 이를 저지하기 위해 사용하고 있다. 출가외인은 성차별이 가장 심했던 봉건 시대 유교의 도덕관념이 반영된 말이다. 문제는 아직도 이런 사고가 우리 사회에 뿌리 깊게 박혀 있고 성차별적 표현을 통해 여성을 억압하는 수단으로 작용하고 있다는 것이다.

# 085. 치맛바람

**치맛바람**
☞ 치맛자락이 야단스럽게 움직이는 기세를 뜻하는 말로서, 여자의 극성스러운 활동을 비유적으로 이르는 말.

'치맛바람'은 '치맛자락이 야단스럽게 움직이는 기세'를 뜻하는 말이지만 여자의 극성스러운 활동을 빗대어 주로 쓰고 있다. 치맛바람이 언론에 본격적으로 등장한 것은 1960년대이다. 초기 치맛바람은 여성들의 계 활동, 금융 축적을 비롯한 일종의 재테크를 의미했다. 그러다가 투기를 위해 치맛바람을 일으키는 여자들은 '복부인'이라 부르게 되었다. '복부인'은 1970년대 부동산 개발 열풍이 한창이던 시절에 남편보다 부동산과 재테크에 더 밝아 복덕방을 들락날락하는 부인이라는 뜻의 합성어다. 여기에는 투기꾼이라는 부정적인 시각이 포함되어 있다. 부동산 투기를 여자들만 하는 것은 아닐 텐데, 유독 여성에게만 '복부인'이란 이름을 붙여 비난했다. 지금은 '치맛바람을 일으키다'는 주로 자녀 교육에 열성적인 여성들을 폄하하는 말로 쓰이고 있다. 엄마의 과도한 간섭이 과열경쟁을 일으켜 자녀 교육에 좋지 않은 영향을 끼친다는 의미이다.

산업화 과정에서 여성들 삶의 겉모습은 크게 변하였지만 우리 사회의 가부장적 제도와 관습, 남성들의 의식과 태도는 그에 미치지 못하고 있다. 비정상적인 교육열이나 투기 행태는 여성만의 문제가 아님에도 '치맛바람'은 있지만 '바지바람'은 없다. '치맛바람'은 좋지 않은 상황에서는 여성을 앞세우거나 여성만이 대표가 되도록 하는 여성 차별표현이라 할 수 있다.

20세기 초까지 일반적 기혼 여성을 일컫던 '아줌마'에도 1950년대를 지나면서 '억척스럽다', '안하무인이다' 등 경멸의 의미가 더해졌다. '여자들은 별수 없다', '여자니까 그렇다', '여자가 돼 가지고', '여자가 솥뚜껑이나 운전하지 차는 왜 가지고 나와서…' 등의 말들은 여성을 집단화, 일반화하여 부정적으로 매도하는 경우에 사용한다.

자신의 주장을 잘 드러내는 여성은 '드세다'거나 '극성스럽다'고 몰아 세운다. '암탉이 울면 집안이 망한다, 여자가 똑똑하면 팔자가 드세다, 첫 손님이 여자면 그날은 재수가 없다, 여자와 북어는 사흘 걸러 때려야 한다' 등 양성 평등을 해치는 속담은 사라지지 않고 그대로 남아 있다. 여성의 활동이 전 보다 자유로워진 현대 사회에서도 여성에 대한 억압과 차별대우는 아직 그대로 남아있다.

# 남성위주 문화와 양성평등 문화

　네덜란드의 사회심리학자 홉스테드G. Hofstede는 국가별 가치의 차이를 설명하는 다섯 가지 문화 차원 모델을 개발하였는데 그 중 하나가 세계의 문화를 남성적 문화와 여성적 문화로 구분하는 것이다. 남성적 문화는 지배가치가 남성 지향적이며 성 역할 구분이 명확한 문화인 반면 여성적 문화는 성적 동등성을 추구하는 문화라고 정의한다.
　'남자는 하늘, 여자는 땅'이라는 전통적 개념이 의식 속에 뿌리 깊게 박힌 우리나라는 남성적 문화의 특징을 많이 드러내고 있으며 그러한 남성적 문화의 특질은 다양한 언어로 표출되고 있다. 남성과 여성의 관계로 본 한국은 남존여비의 문화적 원형이 내재된 차별과 억압이 작동하는 사회라 할 수 있다.

과거 오랫동안 집안일이나 하는 사람으로 취급돼 왔던 여성들이 오늘날에는 남성과 동등한 사회 활동을 펼치고 있다. 그럼에도 한국어에는 여자를 낮추어 보는 말들이 여전히 남아서 쓰이고 있다. 가족 간의 호칭어는 물론, 사회문화적 관계에서 남녀를 지칭하는 단어와 그 안에 담겨 있는 무수한 여성 차별적 언어들이 있다. 그 예를 들어보면 첫째, '여류작가, 여의사'에서처럼 불필요하게 성별을 강조하는 표현, 둘째로는 '출가외인이나 집사람'처럼 가부장제의 전통적 여성의 역할 지위 강조하는 표현, 세 번째로는 '김여사나 된장녀'처럼 특정한 성을 비하하는 표현, 네 번째로는 '치맛바람을 일으키다', '바가지를 긁다'에서처럼 성역할의 고정 관념적 속성을 강조하는 표현, 다섯 번째로는 '미망인'처럼 성차별적 관념을 내포하고 있는 표현이다. 성차별 철폐는 우리가 쓰는 언어에 성차별적 요소가 많음을 인식하고 이를 제거하는 일에서부터 시작되어야만 한다. 언어학자인 강주헌은 언어는 그 언어를 사용하는 국민의식을 반영하고 의식을 인도하는 가장 중요한 도구이므로 언어학을 여성 문제의 출발점으로 삼아야 한다고 강조한다.(『계집팔자 상팔자: 우리말에 나타난 성차별 구조』, 고려원, 1995)

영어의 경우, 1970년대부터 성차별적 표현을 바꾸려는 노력을 해 왔는데, 현재 많은 변화를 보이고 있다. Miss(미혼여성), Mrs(기혼여성)의 구분을 없애고 Ms로 통일한 것이나, 'man'이 들어간 단어들을 중성적인 용어로 바꾼 것으로, chairman→chairperson, policeman→police officer, postman→letter carrier, salesman→sales clerk 등을 들 수 있다. 또한 Steward-Stewardess가 아니라 Flight Attendance처럼 남성 중심의 용어를 중성적인 용어로 바꾸는 등 성적 동등성을 추구하는 양성문화로 나아가고 있다. 여성에 대한 언어 표현은 그 사회가 여성을 어떻게 보는가를 알 수 있는 중요 지표이다.

# 7장

# 달 vs 해

# 086. 달동네

**달동네**
☞ 도시 외곽의 산등성이나 산비탈 등 높은 지대에 가난한 사람들이 모여 사는 동네.

달은 오랫동안 한국인에게 숭배의 대상이었고 가깝고 친근한 존재였다. 하지만 현대에 들어 달에는 가난의 이미지가 하나 더 보태졌다. 도시 외곽의 산등성이나 산비탈 등 높은 지대에 가난한 사람들이 모여 사는 동네를 '달동네'라 부르기 시작하면서 부터이다.

'달동네'라는 이름의 어원에 대해서는 여러 설이 존재한다. 첫째, 달을 가까이 보면서 사는 높은 지대의 동네. 둘째, 달세 즉 월세를 내는 방이 많아서 달동네. 셋째, 산의 옛 말인 '달'에서 왔다는 설도 있다. 그러나 달을 가까이 보는 동네라서 '달동네'라는 생각이 가장 일반적이다. 빈민촌은 광복 이후 조국을 찾아 귀국한 동포들과 남북 분단 이후 월남한 난민들이 주로 도시의 산비탈 등 외진 곳에 무허가 판잣집을 짓고 살기 시작하면서 형성되기 시작했다. 박완서의 자전적 소설 『그 많던 싱아는 누가 다 먹었을까』에는 고향을 떠난 작가의 가족이 서울 변두리에 정착하는 과정을 잘 보여주고 있다. 경기도 개풍 출신인 박완서는 국민 학교에 입학하기 위해 엄마 손에 이끌려 서울 서대문구 현저동으로 이사 온다.

> 줄기차게 우리를 따라오던 네 줄의 전찻길이 끊긴 지점에서 엄마는 골목으로 접어들었고 골목은 곧 깎아지른 듯 한 층층다리로 변했다. 집들도 층층다리처럼 비탈에 다닥다닥 붙어 있어서 곧 쏟아져 내릴 것 같은 이상한 동네였다. 층층다리 양쪽도 다 그런 집들이었다. 집집마다 널빤지로 된 일각대문은 있으나마나 하게 살림살이를 거리로 발랑 드러내고 있었다. 오줌과 밥풀과 우거지가 한데 썩은 시궁창 물까지 층층다리 양쪽 가장자리의 파인 데를 흥건히 적시고 있었다.

이후에도 달동네는 조세희의 『난쟁이가 쏘아올린 작은 공』과 같은 현대 문학 작품에서 주로 비참한 서민들이 사는 곳으로 자주 등장하게 된다.

6.25전쟁 당시 판잣집을 '하꼬방'이라 불렀고, 이 하꼬방들이 모인 동네를 하꼬방촌이라 부르다가 언어순화 과정을 거치면서 달동네로 되었다고 한다. 실제로 달동네라는 명칭이 널리 퍼진 것은 1980년 TV 일일연속극 〈달동네〉 방영 직후였다. 이후 1994년에,

잘 살아보겠다는 꿈 하나로 서울로 무작정 상경한 시골출신 젊은이들이 가장 집값이 싼 달동네에서 처음 자리를 잡아가는 과정을 그린 〈서울의 달〉이 큰 인기를 누리면서 '달동네'는 불량노후주택이 모여 있는 산동네의 대명사로 자리 잡게 된다.

'달동네'라는 말은 그곳에 사는 사람들을 지칭하는 '빈민촌'이나 그 곳의 보편적 주거 형태를 일컫는 '판자촌'과 그 어감이 다르다. '달동네'라는 말에는 계급적 의미보다는 달이 가까운 산동네에 많은 사람들이 다닥다닥 붙어살던 지난 시절에 대한 함의가 더 많이 담겨 있기 때문이다. 1980년대 이후 진행된 재개발사업으로 달동네의 도시빈곤층은 주거비가 싼 곳을 찾아 단독주택지의 지하방, 옥탑방, 비닐하우스, 쪽방, 고시원 등으로 흩어졌다. 하지만 우리말에서 '달이 가장 잘 보이는 곳에 산다'는 것은 여전히 '가난하게 산다'와 같은 말이다.

# 087. 명절증후군

**명절증후군**

☞ 우리나라의 대표적 '문화관련 증후군'으로 명절 때 받는 스트레스로 인해 정신적 또는 육체적 증상을 겪는 것을 말한다.

명절증후군이란 명절 때 받는 스트레스로 정신적 또는 육체적 증상을 겪는 것을 말한다. 21세기 들어 생긴 신조어로 처음에는 명절이 다가왔을 때 가사에 대한 부담을 지는 주부들이 겪는 현상을 뜻했다. 그러나 시간이 흘러 가족 구성원 전체가 명절에 느끼는 부담으로 그 의미가 확장됐다. 남편은 귀향길에 장시간 운전해야하는 것과 고향의 친척들에게 드릴 선물을 마련하는 일로 힘들고, 아이들은 어른들이 하는 질문에 부담을 느낀다. 명절증후군을 겪는 사람은 이제 주부뿐만 아니라 남편, 미취업자, 미혼자, 시어머니 등 그 범위가 확대되고 있다.

그러나 그 누구보다 명절증후군을 겪는 주 대상은 주부들이다. 명절하면 언젠가부터 하루 종일 전을 부치며 맡는 기름 냄새, 상 다리가 휘어지는 차례 상, 해도 해도 끝나지 않는 설거지가 쌓이는 날이 떠오른다. 이런 모든 음식 준비와 성묘, 손님맞이 등의 압박 때문에 우울증을 호소하는 주부들이 명절 전후로 많이 생겨나고 있다. 두통, 어지러움, 위장장애, 소화불량 등과 같은 신체적 증상과 피로, 우울, 호흡곤란 등의 정신적 증상이 나타난다고 한다.

명절증후군은 우리나라의 대표적 '문화관련증후군Culture-bound syndrome'이라 불린다. 이는 특정문화권에서만 나타나는 신체화 증상을 가리킨다. 신체화 장애란 정신이 신체에 영향을 미쳐 나타난 증상을 가리킨다. 문화관련 증후군은 각 문화권·지역별로 다양한 양상을 띠고 나타난다. 대표적 사례로는 전 세계에 널리 알려진 일본의 대인기피장애 '히키코모리'가 있고 한국의 가부장적 사회구조에 의해 유발되는 '화병'이 있다.

명절증후군이라는 새로운 말이 생겨난 데서 알 수 있듯이 명절은 이전과 달리 가족과 공동체간에 갈등을 겪는 날로 변질되고 있다. 이는 원래 명절의 연원과 거리가 멀어지면서 나타난 현상이다. 『한국세시풍속사전』(국립민속박물관, 2006) 집필자인 김명자 안동대 명예교수는 우리의 대표 명절인 추석을 예로 들면서, 추석 명절은 본래 차례를 지내기 위해 노동하는 날이 아니라 추수를 예비하고 청량한 가을날을 즐기기 위한 휴식과 놀이의 주간이었다고 한다. 추수를 예비하는 마음으로 쉬고 즐겨야 할 시점에 미리 요란한 차례 상을 차려 대는 현재의 잘못된 명절 문화가 명절 증후군을 불러왔다고 지적한다.

명절에 가족과 친척이 한자리에 모여 차례와 제사를 지내는 풍습에는 일정한 사회적 기능이 있었다. 소원했던 가족들 간에 안부를 챙기고 단합을 다짐하며 덕담을 나누는 자리는 가족의 공동체성을 강화하고, 구성원들 간 결속을 다지는 중요한 역할을 해왔다. 하지만 핵가족화 되어 개인의 영역을 중시하는 현대 도시인들이 갑작스럽게 가부장적이고 전통적인 단체생활을 하게 됨으로써 심리적인 고통을 겪게 되어 명절증후군이 나타난 것이다.

우리와 같은 유교 문화권인 중국과 대만에도 명절증후군 비슷한 증상이 있다. '節前綜合症<sup>제첸쭝허정</sup>'으로, '춘절<sup>春節</sup>(중국 문화권의 설날)을 앞두고 겪는 종합 증상' 정도로 번역할 수 있다. 발병 원인은 결혼 압박, 취직 독촉, 명절 동안의 과도한 가사노동 등 우리와 다르지 않다.

# 088. 설날

**설날**

☞ 한국의 명절 중의 하나로 음력 1월 1일이다. 설이라는 말은 '사린다', '사간다'라는 옛말에서 유래된 것으로 '삼가다' 또는 '조심하다'라는 뜻에서 설날이란 이름이 붙여졌다고 한다.

설날은 추석과 더불어 한국의 가장 큰 명절 중 하나로 음력 1월 1일이다. 설이라는 말은 '사린다', '사간다'라는 옛말에서 유래된 것으로 '삼가다' 또는 '조심하다'라는 뜻이다. 새해를 시작하는 첫날인 만큼 이 날을 아무 탈 없이 지내야 1년 365일이 평안하다고 하여 지극히 조심하면서 가만히 들어앉는 날이란 뜻에서 설날이란 이름이 붙여졌다고 한다. 설날을 한자어로 신일愼日이라고 표현하기도 하는데 같은 의미다.

설날은 일출을 기념하는 날이다. 한 해의 맨 처음에 떠오르는 해를 옷깃을 여미며 받아들이는 날이다. 우리 민족은 모든 동식물에게 생명을 주는 해를 고마운 대상으로 여겼지만 한편으로는 두려워하는 마음이 컸다. 해를 달만큼 가깝고 친근한 대상으로 여기지는 않았다. 우리의 세시풍속에는 정월대보름의 달맞이는 있어도 설날의 해맞이 행사는 없었다. 일 년 내내 탈 없이 잘 지낼 수 있도록 행동을 조심하고, 조심스럽게 첫 발을 내딛는 날로 지낼 뿐이었다. 그래서 전통사회에서는 해맞이 풍습은 거의 없었던 반면에 달맞이 풍습이 성행했다.

마을 공동체 단위로 하던 전통적인 달맞이 풍속이 가족이나 연인끼리 하는 해맞이 풍속으로 바뀐 데에는 외래문화의 영향이 크다. 전통적인 역법인 음력은 생활 속에서 거의 자취를 감추고 양력이 공식적인 역법으로 일반화되면서 새해 1월 1일의 해맞이 풍속이 점점 자리를 잡기 시작하였다. 해마다 해돋이를 보면서 새해를 맞이하기 위해 수많은 사람이 대이동을 하는 진풍경이 벌어진다.

양력을 지키기 시작하면서 음력 세시풍속은 해맞이에 밀린 달맞이 전통처럼 점차 자취를 감추고 있다. 우리의 설날은 근 현대에 들어오면서 제 이름마저 빼앗긴 채 숱한 박해를 당해 왔다. 일제는 조선의 민족혼을 말살하기 위해 양력설을 관제로 만들어 음력설을 금지했다. 이름 또한 설을 쇠지 못하게 하기 위해 신정新正에 대비되는 개념으로 구정舊正이라 격하했다. 1985년까지도 '이중과세'라는 명분으로 설은 제대로 대접받지 못했지만 그럼에도 불구하고 설은 여전히 민족 최대의 명절의 자리를 지켜왔다. 온 가족이 한자리에 모여 조상에 차례를 지내고, 떡국을 먹고, 성묘省墓를 하고, 부모, 일가 친척, 이웃 어른들에게 세배 하는 것을 변함없이 이어왔다.

우리에게 명절은 해와 달이 밝은 날을 의미했다. 우리 선조들이 일 년 열두 달 다달이 서너 개씩의 세시행사를 치루었던 것은 인간과 자연의 연결을 확인하는 수단이었기 때문이다. 황현산 문학평론가는 설날이 우리 민족에게는 의식과 제도 관습을 넘어서 무의식 속에 녹아 있는 존재의 뿌리, 근원을 일깨워주는 날이라는 의미가 있다고 한다.(『밤이 선생이다: 황현산 산문집』, 난다, 2013)

아시아에서는 우리나라 말고도 중국과 싱가포르, 베트남, 대만이 설을 명절로 쇠고 있다. 중국은 설을 '춘절春節'이라 하여 일 년 중 가장 큰 명절로 여겨 무려 1억 명이 도시에서 고향을 찾아 천리 만리 이동을 한다.

# 089. 으스름

**으스름**
☞ 빛이 침침하고 흐릿한 상태를 말한다.

우리 선조들은 눈부신 태양 빛보다 으스름한 달빛을 좋아했다. '으스름'은 '빛이 침침하고 흐릿한 상태'를 말한다. 으스름달은 안개가 많이 낀 새벽녘이나 조금 흐린 날에 볼 수 있는데, 약간 스산하고 찬 기운을 느끼게 한다. 밝은 태양보다 약간 어두운 달이 우리 정서와 더 가깝다. 같은 달이라도 한 줄기 구름이 한 가닥 살짝 걸치거나 억새풀이 가려서 그 으스름을 돋워 주었을 때 환하고 둥근 보름달보다 더 아름답다고 여긴다. 조선의 문인들은 매화는 달빛 아래에서 봐야 한다 했고 순백의 매화 모습은 으스름한 달빛과 어울릴 때 빼어난 경치를 이룬다 하였다.

초승달, 상현달, 보름달, 하현달, 그믐달이라는 달의 명칭도 그렇지만 조상들이 남긴 문학작품에 달의 이미지는 다양했다. 우리 옛 시가에서 태양을 노래한 대목은 거의 찾아볼 수 없는 반면에 달을 읊은 노래가 압도적인 것도 이 같은 정서 때문이다.

창밖이 어른어른커늘 임만 여겨 펄떡 뛰어 뚝 나서 보니
임은 아니 오고 으스름 달빛에 열구름 날 속였고나.
맞초아 밤일세망정 행여 낮이런들 남 우일 뻔 하여라.

작자미상의 이 시조에는 으스름달밤에 임을 기다리며 애태우다 님의 환영을 보고 부끄러워하는 마음이 잘 드러나 있다. 우리에게 전해 내려오는 많은 문학작품들은 옛사람들이 태양이나 밤하늘의 별보다 담담하고 호젓하고 고요한 정취를 머금은 달을 더 좋아하고 사랑했음을 잘 보여 준다.

우리 민족의 으스름 정서는 우리 전통가옥인 한옥에도 잘 반영되어 있다. 한옥에는 강렬한 햇빛이 방안에 들어오기 전 일단 한풀 꺾을 수 있도록 완충작용을 하는 장치들이 있다. 으스름의 공간을 확보하기 위해 빛이 지배하는 외부 공간과 방이라는 내부 공간을 완충시킬 수 있는 처마를 만들었다. 서양식 아파트는 빛이 있는 외부 공간과 빛이 없는 내부공간이 확연하게 구분되지만 우리 전통주택은 처마가 있기 때문에 밖과 안, 밝음과 어두움이 대립하지 않는다. 이렇게 처마에서 한풀 꺾인 빛은 한지를 바른 장지문을 통과하면서

한풀 더 꺾인다. 야생화 시인인 김종태는 『옛것에 대한 그리움』(휘닉스드림, 2010)에서 한지는 자연스러운 채광시설로 밖의 햇빛을 쾌적하게 조절하여 으스름 공간을 만들어 준다고 하였다. 유리처럼 안팎이 훤히 보이는 것이 아니라 뽀얀 빛깔로 밖의 소리만을 전달해 준다면서 한지는 바깥 햇빛을 완충시켜 으스름 공간을 형성하는 미의 도구라 하였다. 이렇게 한지를 바른 장지문까지 통과한 빛은 '으스름'을 제공하고, 이는 한국인을 정서적으로 안정시켜 준다.

이규태는 『한국인의 힘』에서 이 으스름 빛을 지중해의 땡볕 같은 그런 빛이나 북구적인 침침한 그늘이 아니라 빛과 그늘이 완충된 경지라고 보았다. 또한 으스름의 특질을 '빛이 어떤 차양에 여과되어 나타나는 유현幽玄의 경지이고 일종의 겸양과 겸손 또는 억제가 있고 우수가 깃든 우아'라고 하였다. 우리 한국인들처럼 빛과 그늘을 둔 독특한 감수성을 지닌 국민도 드물다면서 으스름 정서가 한국인의 미의 성수라고 평가하고 있다.

# 090. 정월 대보름

**정월 대보름**

☞ 새해 첫 달을 맞는 음력 보름(1월 15일)으로서, 달의 움직임을 표준으로 삼았던 시절에는 첫 보름달의 의미가 설날보다 더 컸다. 우리 조상들이 설, 단오, 추석과 함께 4대 명절로 지켜왔다.

'대보름'이란 음력 정월 보름(1월 15일)을 말하며 새해 첫 달을 맞는 음력 보름이란 뜻이다. 물론 보름은 매달 다 있으나 정월 보름은 12월 중 가장 크다는 '대'자를 붙였다. 정월 대보름은 한자로 '상원 上元'이다. 중원(음력 7월15일)과 하원(음력 10월15일)에 대칭되는 말로 농경을 기본으로 했던 우리 문화의 뿌리이다. 그래서 세시풍속 가운데 3분의 1이 정월 대보름과 연관된 것들이다. 정월대보름은 보름 중에서도 가장 중요한 날로 설날보다 더 크게 지낸 명절이었다. 정월초하루인 설날부터 정월대보름까지 15일간 축제를 했으며 정월

대보름 다음날을 실질적인 한 해의 시작으로 여길 정도였다.

1년 12달 중 첫 보름달이 뜬다는 이 날은 예로부터 우리 조상들이 설, 단오, 추석과 함께 4대 명절로 지켜왔다. 대보름 전날인 음력 14일과 당일에는 여러 곳에서 새해의 운수에 관한 여러 풍습들을 행하였다. 밤에는 뒷동산에 올라가 달맞이를 하며 소원 성취를 빌고 1년 농사를 점치기도 하였다. 즉 달빛이 희면 많은 비가 내리고 붉으면 가뭄이 들며, 달빛이 진하면 풍년이 오고 흐리면 흉년이 든다고 하였다. 보름달을 망월望月이라고도 하였으며 달맞이 하던 곳을 망월대, 망월루, 망월덕, 망월교 등으로 불렸다. 옛 풍습에 정월대보름날 달을 가장 먼저 보는 사람에게 큰 복이 내려진다고 하였으며 달맞이는 행운과 풍작에 대한 기원을 하며 노래와 춤으로 시적인 감흥을 돋우는 즐거운 날이었다.

옛사람들에게 대보름 달빛은 어둠과 질병과 재액을 밀어내는 광명의 상징이었다. 다양한 놀이를 하고 푸짐하게 음식을 차려 먹었는데, 대보름에는 '빚 독촉도 하지 않는다'라는 말이 생길 정도로 큰 축제를 벌였다. 대보름 음식으로 오곡밥을 먹는 것이나, 쥐불놀이로 쥐를 쫓는 것이나, 달집을 태워 풍년을 기원하는 것 등은 봄철 농사를 앞두고 풍년을 달에 기원하는 것과 관련이 있다.

달이 가득 찬 때를 나타내는 시간 단위인 보름이라는 시간 표현은 다른 언어에서는 찾기 어렵다. 보름은 한 달 중 보름달이 뜨는 음력 15일을 칭한다. 또한 보름은 15일간을 의미하기도 한다. 설날은 새해 첫날로 시작의 의미가 강하다. 그러나 달의 움직임을 표준으로 삼았던 시절에는 첫 보름달의 의미가 더 컸다.

옛사람들은 나라의 큰 경사를 치를 때 상서로운 보름날을 가려서 정했고 서민들 또한 논밭 등을 거래할 때 보름날을 가려했다. 심지어 술을 빚거나 약을 달일 때조차 보름날을 가려서 했다고 한다. 우리 선조들이 이토록 대보름을 중요하게 생각했던 이유는 달의 움직임을 기준으로 하는 음력에 의존하는 농사에서 첫 번째 뜨는 보름달은 첫 해가 떠오르는 1월 1일 설날보다 더 중요한 의미가 있기 때문이었다.

과거 농경사회에서는 대보름이 설날보다 더 큰 명절이었지만, 현대사회에서는 점점 잊혀져가고 쇠퇴하고 있다. 양력 요일 주기의 도입에 따른 생활 주기의 변화와 산업화로 인한 이농현상 때문이다. 또한 과학의 진보로 신비감이 사라져 달을 숭배하는 마음이 사라졌기 때문이기도 하다.

# 091. 정화수

**정화수**
☞ 우물에서 첫새벽에 길어 올린 물로서 정성과 치성의 상징이다. 정안수라고도 한다.

한국인들에게 달은 소원을 빌면 들어줄 것이라 믿는 의지처이기도 했다. 예로부터 우리 조상들은 보름달을 풍요와 안녕의 상징으로 여겨 집안에 갖가지 우환이 있을 때면 장독간에 정화수를 떠 놓고 달을 향해 두 손 모아 빌곤 하였다. 이때 달빛과 어우러진 정화수는 악귀를 쫓고 복을 비는 도구의 역할을 하였다.

정화수井華水는 '우물 정', '빛날 화', '물 수'로 직역하자면 '우물에서 길어 온 빛나는 물'이다. '물'은 단순히 자연의 대상이기는 하지만, 우물에서 신 새벽에 길어 올린 물은 정성과 치성의 상징이기도 했다. 김열규 교수는 『한국의 문화코드 열다섯 가지』(금호문화, 1997)에서 정화수의 상징성을 '정결, 순결, 결백'이라 했다.

정화수는 신에게 바칠 때나 약을 달이는 물로 쓰는, 이른 새벽에 길어 부정을 타지 않은 우물물을 가리킨다. 정화수는 조상 대대로 으뜸으로 쳐오던 물이다. 우리네 어머니들은 집안에 어려운 일이 있거나 누군가 먼 길을 떠날 때 정화수를 장독 위에 올려놓고 달을 보며 소원을 빌었다. 이런 의식은 지금은 많이 없어졌지만 입시철에 절이나 교회를 찾아 치성을 드리는 입시생 부모들의 모습에서 정화수 떠놓고 기도하던 풍습의 흔적을 엿볼 수 있다.

우리 조상들이 달에게 소원을 빌던 풍습은 아주 오랜 연원을 가지고 있다. '달하 노피곰 도다샤 어긔야 머리곰 비취오시라'는 고대 시가 '정읍사'의 첫 부분이다. 달님이 하늘 높이 돋아 멀리멀리 환하게 비추어 남편이 가는 길을 무사히 지켜 달라는 말이다. 장사 나간 남편이 몸성히 돌아오기를 손꼽아 기다리는 백제 아낙의 애틋한 마음이 담겨있다. 옛 사람들은 이처럼 달을 자신과 정감을 나눌 수 있는 벗으로 생각했다. 달과의 교감을 통하여 자신의 심정을 토로하기도 하고 달을 상대로 세상살이의 어려움을 호소하기도 했고, 달에게 속삭이고 달의 도움으로 울분을 가라앉히기도 했다.

정화수를 떠놓고 빌 때는 두 손바닥을 마주 대고 원을 그리며 천천히 비빈다. 멀리 길 떠난 남편의 무사귀환을 비는 아내의 모습이나 자식의 건강을 기원하는 어머니의 간절함이 천천히 손을 비비는 행위 속에 담겨 있다. 정화수 떠놓고 비는 어머니의 모습은 그 어떤 종교보다 경건하다. '지성이면 감천이다'는 말은 이를 두고 하는 말이었다.

  한국인의 심성 형성에 큰 역할을 했던 정화수는 정화된 영혼과 마음을 상징한다. 늙은 어머니가 정화수 한 그릇 떠놓고 자식의 안녕을 비는 것도 달이었고, 누군가의 안부를 묻는 대상도 달이었다. 그리움이나 서러움, 기쁨까지도 우리는 달과, 달빛에 투영해왔던 민족이다.

# 092. 추석

**추석**

☞ 팔월 한가위를 말하며, 만월(滿月)을 즐기는 '밤의 명절', '달의 명절'이라고 할 수 있다.

『한국세시풍속사전』(국립민속박물관, 2006)은 추석秋夕을 글자 그대로 '가을 저녁', 나아가 '가을의 달빛이 가장 좋은 밤'이라고 정의한다. 중국에서는 추석 무렵을 중추中秋, 월석月夕 등으로 불렀는데 우리나라에서는 신라 중엽 이후 중추나 월석을 축약해 추석이라고 불렀다는 설이 있다. 추석은 다른 말로 '팔월 한가위'라고 말한다. '한가위'에서 알 수 있듯이, 추석의 순우리말은 '가위'이다. 우리말에 '절반'이나 '가운데'라는 뜻으로 쓰이는 '가웃'이란 말이 있다. '가위'는 바로 이 '가웃'이 변한 말이다. 더운 때와 추운 때의 한가운데를 가리킨다. 이 '가위'에 '크다'는 뜻의 우리말 '한'을 덧붙여서 '한가위'라고 부른다.

한문 문화권에서는 보름달, 특히 가장 크고 밝은 팔월 보름달을 반기고 숭상한다. 중국 사람들은 이날 밤 월병과 수박으로 달에게 제사를 지내고 일본사람들도 갈대 같은 가을 풀과 둥근 떡을 차려놓고 달맞이를 한다. 하지만 우리나라처럼 큰 명절로 대접하고 있지는 않다. 우리나라의 많은 명절이 중국에 뿌리를 두고 한문문화권에 공통되고 있으나, 추석명절은 우리나라의 독자적인 명절로 볼 수 있다.

정월초하루, 즉 설날은 새해 새아침을 기념하는 '아침의 명절' '해의 명절'이라면 팔월 보름, 즉 추석은 만월滿月을 즐기는 '밤의 명절' '달의 명절'이다. 추석과 관련된 한시를 수집하고 해석을 붙여 묶은 책인 『달아달아 밝은 달아』(민속원, 2005)에서 윤호진 경상대 한문학과 교수는 민간에서는 추석 때 남보다 먼저 달마중을 하면 첫아들을 얻는다고 하여 다투듯 높은 곳으로 올라가 달을 맞이하며 즐겼고, 조정에서는 임금이 신하들과 시를 짓고 술을 마시며 달구경을 하였고, 사대부들은 벗들과 모여 술을 마시며 시를 주고받으며 한가위의 달을 즐겼다고 밝히고 있다. 그는 이러한 풍속을 한자어로 '완월玩月'이라 부른다고 설명했다. 요즘 추석은 아침에 가족들이 모여 차례를 지내는데 초점이 맞춰져 있지만 옛날에는 추석날 밤에 보름달을 구경하고 시를 짓는 문화가 광범위하게 존재했었다는 것이다.

달을 중심으로 하는 명절인 만큼 추석에 달이 보이지 않으면 개구리가 알을 배지 못하고, 토끼도 새끼를 배지 못한다고 했다. 그리고 메밀을 비롯한 곡식도 흉작이라 여겼다. 구름도 너무 많거나 한

점도 없으면 그해 보리농사가 흉년이라 구름이 적당히 있어야 좋다고 생각했다.

이처럼 추석 풍경의 한가운데는 보름달이 있었다. 고향을 찾아가는 이들에게 보름달은 고향으로 가는 길을 밝혀주는 이정표가 되었고, 고향을 찾지 못하는 이들에게 보름달은 타향살이를 이겨내는 의지처였다. 간절한 소원을 비는 모든 이들에게 보름달은 신비로운 대상이었다. 한가위는 달과 불가분의 관계를 지녔기에 수천 년 동안 민족이 겪는 온갖 수난을 함께 하면서 오늘까지 이어오고 있다.

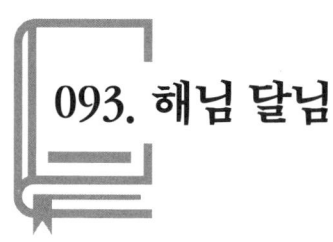

# 093. 해님 달님

**해님 달님**

☞ 해와 달, 비나 눈과 같은 자연어에 해당하는 말에 쓰는 존대표현으로 자연에 대한 경외와 감사, 두려움이 만들어 낸 어법이다.

전통적으로 우리에게는 해님, 달님, 별님 등으로 우주 천체 만물에 존칭을 붙이는 문화가 있었다. 우리말에서 자연은 존중의 대상이었다. '해님, 달님, 별님'은 우리가 하늘을 바라보는 태도를 보여준다. 자연물에 존칭을 나타내는 접미사 '-님'을 붙인 것인데, 님은 사람이 아닌 일부 명사 뒤에 붙어 그 대상을 인격화하여 높임의 뜻을 더하는 접미사이다. 자연대상이 주어일 때 '주체존대'를 사용했다는 것은 한국인들이 자연을 경외의 대상으로 보았다는 의미이다. 이는 다른 언어에서는 찾아보기 힘든 현상이다.

달을 높여 부르는 전통은 고대시가인 〈정읍사〉에서 그 원형을 찾을 수 있다. 〈정읍사〉는 행상을 나가 오래도록 돌아오지 않는 남편의 무사안녕을 달에게 기원하는 내용이다. 여기에는 '달하'라고 존칭의 호법으로 달을 불렀을 뿐만 아니라 '높이 돋으시어 멀리 좀 비추어 주시옵소서'라고 달에 대한 경외심을 드러내고 있다. 이는 우리 조상들이 오래전부터 달을 대자연의 일부로 인식하면서도, 대자연 이상의 특별하고 초월적인 조물주의 거처로 여기고 있음을 알 수 있다.

우리 조상들은 또한 비가 올 때도 '비가 온다' 하지 않고 '비가 오신다' 하며 존칭을 썼다. 비가 내리는 것을 자연현상으로 보지 않고 자신의 삶에 영향을 끼치는 신의 조화로 보았던 까닭이다. 하늘과 땅, 우주 만물과 농부가 어울려서 농사를 짓는 농경 사회에서 '비'의 중요성을 나타내는 표현이기도 하다. 농경 중심인 우리 문화에서 비는 농사를 좌우하는 중요한 요소였고, 언제 비가 올지 궁금해 했던 조상들은 반가운 비가 내릴 때 '비님이 오시다'로 표현하곤 했다.

이렇게 해와 달, 비나 눈과 같은 자연어에 해당하는 말에 쓰는 존대표현은 자연에 대한 경외와 감사, 두려움이 만들어 낸 어법이다. 지금은 '비 오신다'고 자연존칭어를 쓰는 사람은 거의 찾을 수 없으며 문학에서 그나마 그 명맥을 잇고 있다.

현대적 자연관은 자연에 의지하고 자연의 지배를 받아오던 인간의 태도를 자연으로부터 독립하고 자연에 대립하는 자세로 변화시켰다. 자연을 대하는 현대인의 태도는 무례한 언어에서 잘 드러난다. '비 오신다'는 존칭은 커녕 '하늘이 미쳤다', '하늘이 뚫렸다'는 등 하늘을 함부로 지칭하는 경우가 많다. 이제 우리는 하늘 무서운 줄 모르고 사는 사람들이 되었다.

## 달이 좋은 동양인, 해가 좋은 서양인

동양인과 서양인에게 달이 상징하는 바는 크게 다르다. 동양에서 달은 풍요와 길조吉兆의 상징이라면, 서양은 우울과 불길을 의미한다. 서양 사람들이 "오 밝은 햇빛 너 참 아름답다"고 하면서 붉게 타오르는 태양을 찬탄하고 있을 때 한국인들은 "이화에 월백하고 은한은 삼경인제…"라고 하면서 밤하늘에서 은은한 빛을 던지고 있는 달을 노래했다.

동양인들 중에서도 한국인들은 유독 달을 좋아하고 숭배한다. 휘영청 보름달이 뜨면 소원을 빌고 달맞이하러 산으로 들로 나서기도 한다. 예로부터 달은 우리 민족의 애틋한 정서가 반영된 상징과 비유의 대상이었다. 그래서 달은 다양한 단어로 불려왔다. 맑은 바람과 밝은 달인 청풍명월淸風明月, 달 아래 아름다운 미인을 뜻하는 월하미인月下美人, 이외에도 명월明月, 수월水月, 만월滿月, 신월新月, 잔월殘月, 반월半月, 호월湖月 등 달과 관련된 많은 단어가 존재한다.

수많은 동화와 노래와 전설속의 주인공으로서 달은 우리 삶 깊숙한 곳에서 정서적 교감을 나누어 왔다. 우리 옛 시가에서 달을 읊은 시가 가장 많다는 통계가 있다. 그래서 시를 읊는다 할 때도 음풍영월吟風詠月이라고 한다. 또한 우리 전통 가옥에서 통풍을 위한 창을 달빛을 들이는 월창月窓이라 불렀다. 동양화에도 달은 자주 등장하지만 해와 별은 거의 없다.

이렇게 달은 우리에게 친근한 존재이지만, 서양에서는 이와 달랐다. 서양의 옛사람들은 보름달이 사람을 미치게 만든다고 생각했다. 영어로 미치광이를 뜻하는 말 '루나틱lunatic'이 달을 뜻하는 라틴어 루나luna에서 비롯된 것은 이를 증명한다. 또 어느 특별한 수요일이나 금요일 밤에 밖에서 보름달 빛을 받으며 잠을 자면 늑대인간이 된다는 이야기도 전해내려 오고 있다. 이처럼 서양에서 달은 정신병과 어둠, 재앙 등 부정적인 이미지를 가지고 있다. 이것은 달을 숭배했던 동양과 달리 서양에서는 태양을 숭배했기 때문이다.

해와 달에 관한 이러한 차이는 명절에 있어서도 분명히 드러난다. 서양인은 태양력으로 새해 아침을 가장 큰 명절로 여기는데 비해, 우리는 태음력으로 팔월 한가위와 정월 대보름을 큰 명절로 여긴다. 지금은 설날과 추석만 명절이지만 예전에는 대보름날을 설날보다 더 크게 생각했다.

　서양과 비교해 볼 때 유독 우리 조상들은 달을 태양보다 귀하게 여기고 숭배의 대상으로 삼아왔다. 그 이유는 우선 불교의 영향을 들 수 있다. 인도문화권에서는 해보다 달을 숭상하는데 인도에 연원을 두고 있는 불교는 달의 상징성이 해를 앞지른다. 불교문화의 전래 이후 우리나라에서 해보다 달이 절대 우위를 차지하게 된 것이라 추측할 수 있다. 또 다른 이유는 농경문화와 관련성을 생각해 볼 수 있다. 농경사회는 해보다는 달을 중심으로 계절감을 느끼기 때문이다. 우리나라 뿐만 아니라 농경사회에서는 전부 달을 숭상한다.

　이렇게 달은 서양과 동양이 얼마나 상이한 가치관과 정서를 지니고 있는지를 알게 해주는 좋은 매개체가 된다.

# 8장

# 무속 vs 기독교

# 094. 고사(告祀)

**고사(告祀)**

☞ 계획하는 일이나 집안이 잘되기를 신령에게 비는 제사.

우리 민족 고유의 풍속 중에는 새로운 일을 시작하거나 어떤 일이 보다 잘 되기를 바랄 때 고사를 지내는 관습이 있다. 고사<sup>告祀</sup>는 말 그대로 '알리어(告) 제사를 모신다(祀)'는 의미이다. 어떤 자리에서 일을 시작하고자 할 때 그 터를 주관하는 신에게 제를 올려 만사형통하게 해 달라는 의미에서 지내는 것이 고사이다. 또 다른 의미는 함께 사업을 하는 동료들과 그 사업이 잘 되길 바라는 사람들이 모두 함께 한자리에 모여 화합과 일체감을 다지는 목적이 있기도 하다. 현대의 고사는 주술적 의미보다는 일의 시작과 끝을 주변에게 알리는 형태의 하나로 자리 잡았다.

고사와 연관된 말인 '고사 지내다'는 음식 앞에서 오랫동안 아무 것도 하지 않는 것을 일컫는 표현이다. 예를 들어 술잔의 술을 오랫동안 마시지 않고 있으면 '고사 지내지 말고 얼른 마셔라' 라고 할 때 쓴다. 때로는 어떤 일이 이루어지기를 아주 간절하게 바란다는 뜻으로도 쓰인다.

제사가 돌아가신 조상에 대한 추념追念을 중심으로 하는 의식이라면 고사는 천지신명(천신, 지신, 곡신, 가신)께 액을 막고 복을 비는 의식이라는 점에서 차이가 있다. 또 제사의식이 정통 유교의 엄격한 형식을 지키면서 계승되어 온 반면, 고사는 다양한 민간신앙에 바탕을 두고 계승, 발전되어 온 결과 제사에 비해 그 형식이 한층 자유롭고 주술적 성격이 강하다.

고사 상에는 반드시 돼지머리를 올린다. 이미 고구려 때부터 나라의 소원을 비는 큰 제사에는 돼지를 제물로써 올렸다는 기록이 있다. 돼지는 지신地神을 상징하며 한꺼번에 많은 새끼를 낳아 풍요로움을 의미하는 동물이다. 주둥이에 지폐를 물려주는 행위는 부富를 기원하는 데서 비롯됐다. 고사를 지낸 사람들은 고사음식을 이웃과 반드시 나눠 먹었으며, 동시에 그 음식물을 집안 곳곳의 귀신을 위해 대문 밖이나 나무 등에 놓아두었지만 실제로는 벌레나 짐승들이 먹게끔 하였다.

한국인들이 이렇게 고사를 지내온 것은 그 연원이 아주 오래되었다. 이사, 개업, 정치현장, 영화제작 그리고 첨단과학기술의 결정체라 일컫는 항공우주센터 착공식에도 돼지머리를 올려놓고 고사를 지낼 정도로 관행화되어 있다. 1996년, 무궁화 2호 발사를 앞두고 과학자들은 돼지 한 마리를 잡아 바비큐를 한 뒤 고사를 지냈다고 한다. 이렇게 고사는 특정 집단에서만 지내는 미신적인 행위가 아니라 장소와 때를 가리지 않고 각계각층에서 별 거부감 없이 자연스럽게 지내왔고 그런 만큼 우리 문화의 한 부분으로 당당히 자리 잡았다.

현대의 고사는 본래의 신앙적, 주술적 성격이 약해진 반면 널리 주위사람에게 알리어 시작하는 사업의 활성화를 도모하고, 조직원간에 새롭게 마음을 합쳐 심기일전 하려는 의도가 중심이 되고 있다.

고사는 오늘날 우리 주위에서 가장 흔하게 볼 수 있는 무교적 행위 중 하나이다. 미신이라기보다는 모든 일들이 잘 되기를 바라는 인간 본연의 기원적祈願的 욕구에서 비롯된 것으로 볼 수 있다. 이러한 고사 풍습은 우리민족의 시작과 함께 해왔다. 예나 지금이나 무속이 한국인의 정서로 짙게 배어 있다는 것을 의미한다.

# 095. 고수레

**고수레**

☞ 산이나 들에서 음식을 먹기 전에 귀신에게 먼저 바친다는 뜻으로 조금 떼어 허공에 던지면서 외치는 민간신앙 행위.

　고수레는 산이나 들에서 음식을 먹을 때 귀신에게 먼저 바친다는 뜻으로 음식을 조금씩 떼어 던지는 짓, 또는 그때 내는 소리를 뜻한다. 때로는 무당이 푸닥거리를 할 때 귀신에게 먼저 바친다는 뜻으로 음식을 조금씩 떼어 던지며 외치는 소리나 행위를 가리키기도 한다. 고수레를 하지 않고 음식을 들면 체하거나 탈이 난다고 믿는 속신 때문인지 전국의 많은 곳에서 관련 설화가 나타난다.
　고수레는 고시레, 고시래, 고시네, 고씨네 등으로 불리며 전국적으로 널리 퍼져 있는 민간신앙의 하나이다. 고수레의 유래는 단군

때 고시高矢라는 사람이 백성에게 농사짓는 방법을 가르쳐주었다는 것에서 시작되었다는 이야기가 있다. 또 사람에게 베풀기를 즐기는 고씨 성의 지주를 존경해 마을 사람들이 예를 표현하였다는 것과 고씨 성을 가진 여인이 냇가에 떠내려 오는 복숭아를 먹고 아이를 낳았는데 그 아이가 커서 어머니가 죽자 자리 좋은 다른 이의 논에 몰래 묻고 떠났고 그 후 논의 주인이 주인 없는 그 무덤을 정성껏 돌보니 풍년이 들었다는 것 등의 설화가 내려온다.

고수레의 의미는 근방을 다스리는 지신地神이나 수신水神에게 먼저 인사를 드리며 행사를 무사히 치르고 농사가 풍년이 들게 해 달라는 일종의 주문이고 기원이다. 또 근처의 잡귀에게도 먹을 것을 주면서 잘 먹고 물러가라고 하는 잡귀추방의 주술적인 의미도 있다. 고수레에서 첫술의 의미는 첫 수확의 곡물이나 과일처럼 신에게 바쳐지는 공물이며 조상을 섬기고 풍요를 비는 기원이다. 고수레에는 이러한 신앙적 의미 외에도 함께 어우러지며 사는 공동체를 배려한다는 의미도 있다. 땅에서 나온 음식을 길에다 던지는 행위는 조상과 여러 귀신에게 예의를 갖추고, 지나는 하찮은 동물들과도 함께한다는 생명존중과 어울림의 의미였다.

농사를 짓는 농부들은 들에서 식사를 할 때, 반드시 자연에 '고시네'를 하여 음식을 나누며 지나가는 나그네에도 손짓하여 음식을 함께 나눌 것을 권유했다. 그리고 옛사람들은 콩을 심을 때 하늘의 새와 땅의 벌레, 사람이 한 알씩 먹도록 배려하였다. 또한 개미나 애벌레 같은 작은 벌레들이 밟혀 죽지 않도록 하기 위해서 씨줄과 날줄 사이가 느슨한 오합혜를 신었으며, 겨울철에 배고픈 까치나 새들이 먹으라고 '까치밥'을 남겨두었다. 이를 통해 우리 선조들이 나눔의 대상을 인간뿐 아니라 동식물·무생물, 심지어 귀신까지도 포함시켜 왔음을 알 수 있다.

고수레는 보이지 않는 존재에게 바치는 종교적 의식이기도 하고, 자연에 대한 경외이기도 하고, 기꺼이 내 것을 나누겠다는 나눔의 표현이기도 했다. 김종태는 『옛것에 대한 그리움』(휘닉스드림, 2010)에서 우리 조상들이 행하던 고수레는 짧은 기도문이면서 주문이고 간단한 행위이면서 심오한 신앙이라고 보았다. 또한 고수레는 자만에 빠지고 독선에 넘치는 현대인이 새삼 돌이켜보아 우리 시대에 되살릴 수 있는 아주 작은 마음가짐이라 하였다.

고수레를 통해 우리의 민간 신앙이 결코 사람만을 위한 것이 아니라 귀신과 만물의 길흉화복을 빌어 모두가 행복하고 안녕하기를 빌었던 신앙 행위임을 알 수 있다.

## 096. 넋두리

**넋두리**

☞ 무당이 토해내는 하소연이나 불평이라는 특수한 의미에서 점차 그 뜻이 확대되어 '불만을 길게 늘어놓으며 하소연하는 말'이라는 일반적 의미를 갖게 됐다.

우리나라에서는 예로부터 억울하게 죽은 사람의 넋을 위로해주는 풍습이 있었다. 굿을 할 때 무당은 죽은 이의 넋을 불러낸다. 죽은 사람은 이러저러한 하소연과 불평을 무당의 입을 통해 쏟아낸다. '넋두리'를 하는 것이다. 넋타령, 넋풀이라고도 한다. 이렇게 '넋두리'는 '무당이 토해내는 하소연이나 불평'이라는 특수한 의미였다가 점차 그 뜻이 확대되어 '불만을 길게 늘어놓으며 하소연하는 말'이라는 일반적 의미를 갖게 됐다. 여기서 넋은 '혼백'을 '두리'는 말語을 의미한다. 따라서 넋두리는 '혼백이 하는 말'인 것이다. '죽어서도 넋두리를 한다'라는 속담이 있는데 이는 '죽은 사람조차 무당의 입을 빌려 못다 한 말을 하는데 산사람이 못할 말이 무엇이 있겠느냐' 하는 뜻이다.

넋두리와 비슷한 말로 '푸념'이 있다. 푸닥거리는 무당이 하는 굿의 하나로 부정이나 살을 푸는 것을 이르는 말이다. 이렇게 푸는 의식에서 '푸념'이라는 말이 나왔다. '푸념'이라고 하면 '마음 속에 품은 불평을 늘어놓는 행위나 말'이라고 알고 있으나, 원래 '푸념布念'의 의미는 염원을 풀어놓는 것, 즉 '하늘(삼신)에 제사를 지내고 복을 기원하는 말이나 행위'를 가리킨다. '타령打令, 妥靈' 또한 비슷한 의미이다. 굿을 할 때 '말문이 터진다'는 신어神語를 말한다는 것인데, 신이 몸에 실려서 신이 말을 하는 것을 뜻한다. 따라서 말은 곧 신이 된다. 푸념은 마음속에 품은 불평을 길게 늘어놓는 말의 뜻도 되지만, 굿을 할 때 무당이 신의 뜻이라 하여 정성을 들이는 사람에게 꾸지람을 늘어놓는 말도 된다.

무당은 자신의 입을 빌어 신의 말을 전하는데 이것이 굿의 핵심이다. 무당은 죽은 이의 넋을 대신해 정성을 들이는 사람들에게 말을 전한다. 살아 생전 억울했던 일, 가족에게 미처 못 했던 이야기, 이런 것들이 무당의 입을 통해 쏟아져 나온다. 죽은 사람은 남은 한을 풀고 이승에 남은 가족 또한 못 다한 마음을 푸는 일종의 소통행위라고 할 수 있다.

이렇게 무당에 의해 행해지는 푸닥거리는 가슴속에 맺힌 한을 풀어주는 공적인 의식이다. '넋두리'와 '푸념'은 굿판에서만 쓰이던 말이었지만 차차 뜻이 확대되면서 그냥 일반적인 의미로 쓰이게 되었다. 한국의 무속이 지속적인 탄압 속에서도 수 천 년 간 그 맥을 이어온 저변에는 이처럼 우리 민족의 맺힘의 응어리를 풀어주는 순기능을 담당했기에 가능했다.

# 097. 단골집

**단골집**

☞ 늘 정하여 놓고 거래를 하는 곳이란 의미로, 길흉화복이나 굿판을 위해 '당골' 또는 '단골'이라 불리는 무당을 정해놓고 찾는 것에서 유래된 말이다.

예전에는 무당을 '당골' 또는 '단골'이라 불렀다. 늘 정해 놓고 거래하는 집이나 사람을 가리키는 '단골집'이라는 말은 바로 여기에서 생겨났다. 원래 '단골'이라는 말은 무속 신앙에서 출발했다고 한다. 김태곤 교수의 『한국무속연구』(집문당, 1981)에 따르면 일반적으로는 호남지역의 대를 이은 무당인 세습무를 단골로 인식하고 있지만, 다른 지역의 무속에서도 이런 말이 쓰인다고 한다. '단골'은 찾아오는 사람들의 길흉화복을 점쳐 주거나 굿판을 벌이기도 했는데, 손님들은 특정 '단골'을 정해놓고 찾는 것이 일반적이었다고 한다. 이렇게 무당과 신도 사이에 형성된 것이 '단골관계'이다. 신도는 이런 무당을 '단골무당'이라 부르고, 무당은 자신의 신도를 '단골집'이라 부르기도 하였다.

옛날에는 가족 중에 병이 들거나 집안에 재앙이 있으면 무당을 불러다 굿을 하거나 제사를 지냈다. 이렇게 굿을 하는 것을 '푸닥거리'라고 하며, 병이나 재앙의 원인이 되는 살煞을 푼다는 뜻에서 '살풀이'라고도 한다. 그리고 굿을 할 때마다 늘 정해놓고 불러다 쓰는 무당을 '당골' 또는 '단골'이라고 했다. 세월이 흐르면서 '무당'이란 의미는 빠지고 점차 정해 놓고 찾는 곳, 자주 찾아오는 사람이란 뜻으로 의미가 확대되었다.

이처럼 단골이라는 단어는 무당에서 출발하였는데 무당은 보통 단골과 선무당으로 나뉜다. 가무를 하면서 제를 주관할 수 있었던 단골은 풍어제나 기우제 등을 맡아하면서 마을에서 해마다 일정한 보수를 받았다. 한 마을을 담당하여 그 마을의 제를 올려주고, 일정한 보수를 받던 무당을 일컫는 단골이라는 말은, 차츰 단골무당이 사라지고 말만 남아서 단골손님으로 그 뜻이 변하였다. 한편, 선무당은 밑에 여러 사람을 거느리지도 못하고 가무를 하지도 못하기 때문에, 집에 제당만 차려두고, 점을 쳐주는 일을 주로 했다. 제를 지낼 수 없기 때문에 제대로 된 무당이라고 할 수 없었다. '선무당이 사람 잡는다'라는 속담도 바로 여기에서 나온 말이다.

또한 '단골손님'은 현대에 들어 음식점이나 점포에서 자주 찾아와서 음식을 먹거나 물건을 사주는 고객을 의미한다. 하지만 원래 단골손님은 '무당의 손님'이란 뜻으로 마마(천연두)나 정체불명의 돌림

병이나 질병이 걸려서 어떤 한방약의 처방이 통하지 않을 때 하던 말이다. '단골 즉 무당이 와서 굿을 해야만 하는 질병을 가져온 손님'이라는 것이다.

근대화 이전 무당은 농경 사회에서 상담사, 심리치료사, 의사 등의 역할을 담당했다. 주민들은 해마다 추수가 끝난 후 그에 상응하는 대가를 지불했다고 한다. 무당이 지역사회 그리고 인간관계와 신용으로 묶여 있었다는 이야기다. 경희대 박흥주 교수는 논문(「지역민의 삶과 굿, 그리고 새로운 단골관계 형성에 기여 할 예술과의 접점 찾기」『비교민속학회』51권 51호, 2013)에서 단골은 사제자로서의 무당이나 신도로서의 일반인, 즉 사람을 지칭하는 것보다는 그들 간의 '관계'를 중시해서 봐야 할 개념이자 문화로 이해할 필요가 있다고 했다. 즉, 무당과 신도 간에 '고정적이고 지속적으로 이어지는 관계'를 지칭하는 개념으로 봐야 한다는 것이다.

현대화가 진행되면서 우리 사회에서는 마을 주민들과 긴밀한 관계를 이어오던 전속 무당의 존재는 사라졌다. 관습이 사라지니 '당골'이라는 말의 쓰임새도 변했다. '당골'이 '단골'로 발음이 변화하는 과정에서 본뜻은 소멸하고, 지금은 '자주 찾아오는 손님'의 뜻으로 널리 쓰이고 있다.

# 098. 손 없는 날

**손 없는 날**

☞ '손'은 날수에 따라 동서남북 4방위로 다니면서 사람의 활동을 방해하고 사람에게 해코지를 하는 악귀 또는 악신을 뜻한다. 그러므로 '손 없는 날'은 악귀가 없는 날이란 뜻이다.

예전에는 먼 길을 떠날 때, 장 담그는 날, 심지어는 못 하나 박는 데도 손 없는 날을 따졌다. 그래서 "초하룻날 동쪽 벽에 못 박지 말고, 닷샛날 남쪽으로 가지 말며, 여드렛날 북쪽을 조심하라"고 했다. 만약 손이 있는 그 날 그 방위에서 집을 수리하거나 못을 박거나 하면 눈병이 나고, 그 방향으로 출타하거나 이사를 하게 되면 화를 입는다고 생각하였다. 손은 날짜에 따라 방향을 달리하여 따라다니면서 사람의 일을 방해한다는 귀신이다. 손이 있는 날과 방향은 1, 2일 (1, 2, 11, 12, 21, 22)에는 동쪽에, 3, 4일(3, 4, 13, 14, 23, 24)에는 남쪽에, 5, 6일에는 서쪽에, 7, 8일에는 북쪽에, 9, 10일에는 하늘로 올라간다는 것이다.

손 없는 날은 귀신 없는 날을 말한다. 이날은 '성주단지를 뒤집어 놓아도 집안에 아무 일도 없다는 날이다'. '시신을 거꾸로 세워도 탈이 없다'는 말이 있을 정도로 아주 안전한 날이라고 한다. 우리 조상들은 결혼, 개업, 이사, 장 담그기 등을 손 없는 날에 맞추어 치렀다. 반면 손 있는 날에는 집수리도 피하고 외출도 꺼렸다. 재수가 없는 날이기 때문이다.

여기서 '손'은 두렵다는 뜻으로 쓰였으며, 공경하기는 하지만 멀리 했으면 좋겠다는 뜻이 내포되어 있다. 손은 중국의 술서에 나타난 태백살太白煞과 같다. 태백은 음양오행의 원리에 의하면 서방의 금기를 받아 우주의 숙살肅煞을 주관하는 것이고, 살은 죽이는 기운이나 신을 뜻하는 것으로 사람이 갑자기 죽으면 급살急煞 맞았다고 하고 싸우다가 급소를 맞아서 죽으면 살신이 끼어서 죽은 것으로 생각할 만큼 일상생활에서 무서운 존재로 인식해 왔다. 또한 손은 질병을 뜻하기도 해서 천연두를 마마, 손님이라 했다.(『한국민속대관』, 고려대학교 민족문화연구소, 1982)

모든 악귀들이 훼방을 놓지 않고 하늘로 올라간다는 '손 없는 날'은 첨단 과학문명이 발달한 현대 한국인의 의식 속에서도 아주 사라진 것은 아니다. '손'에 대한 관념이 수천 년 동안 우리 민족의 가슴 속에 뿌리를 내려 의식 깊이 파고들었기 때문이다. 좋은 날을 고르고 나쁜 날을 피하려는 관념은 우리의 오랜 신앙 속에 자리 잡아 왔으며 지금도 이어져와 현대인의 주요한 결정에 영향을 미치는 민음 중의 하나이다.

　예전에는 혼인을 비롯하여 여러 영역에서 엄격하게 지켜졌지만 오늘날에는 주로 이삿날을 정할 때 쓰인다. 음력 9일, 10일에 이사 고객들이 몰리는 데에는 이런 이유가 있다. '손 없는 날'은 이사수요가 과도하게 집중되어 평소보다 훨씬 높은 비용을 치러야만 함에도 불구하고 여전히 많은 사람들이 지키고 있는 풍습이다. 이사 간 집에서 발복發福하여 아무 탈 없이 지내고 싶은 바람이 '손 없는 날'의 형식으로 현재까지도 그 명맥을 유지하고 있다.

# 099. 신명난다

**신명**

☞ '흥겨운 신이나 멋'으로 정의되는 순 우리말로서, 자신에 내재한 신령한 기운을 마음껏 펼치는 신기발현(神氣發現)을 의미한다는 점에서 한자어 신명(神明)으로 쓰기도 한다.

신명은 '흥겨운 신이나 멋'으로 정의되는 순 우리말이다. 자신에 내재한 신령한 기운을 마음껏 펼치는 신기발현$^{神氣發現}$을 의미한다는 점에서 한자어 신명$^{神明}$으로 쓰기도 한다. 신명은 주로 '-난다'와 함께 쓰여 '신명 난다'고 한다. '신령이 나타난다', '솟아난다'는 뜻이다. 지금도 무당들은 이러한 뜻으로 신명이라는 단어를 사용한다. 무당이 굿을 하면서 신과의 교감상태가 극치에 이르렀을 때 그것이 '신바람'이고 '신명'이다. 최준식 이화여대 한국학과 교수는 그의 저서 『한국인을 춤추게 하라』(사계절출판사, 2007)에서 무교$^{巫敎}$가 한국인의 원초적 심성을 결정한다고 주장한다. 몇 백 년 동안 유교 사상이 지배했고 일상생활 대부분이 서구화되었으며 동네마다 십자가가 즐비하지만, 우리에게 끝까지 남아 있는 것은 '신들림'이라한다.

'신바람'과 '신명'은 한국 문화의 정체성을 설명하는데 아주 중요한 용어이다. 신명은 예술에만 국한되는 정서가 아니라 한국인의 일상을 이루는 기분과 느낌이기 때문에 신명을 제대로 이해하게 되면, 한국인 전체를 관통하는 민족성을 더욱 깊이 이해 할 수 있게 된다. 신명은 종교체험에서 비롯되었지만, 예술, 놀이뿐만 아니라 노동의 영역에서도 사용된다. 우리나라는 유난히 노동요가 발달하였다. 모내기, 논매기, 고기잡이 등의 공동 작업이 필요한 일에는 물론이고 심지어 길쌈같이 공동 작업이 필요하지 않은 부분에도 모여서 함께 노래 부르며 흥을 돋우면서 일을 했다. 우리가 흔히 민요라고 부르는 것들 '농부가, 육자배기, 진도아리랑, 강강술래, 흥타령, 개구리타령, 쾌지나칭칭나네' 등과 같은 남도 민요들이 원래 노동요에서 비롯된 것만 봐도 한국인이 얼마나 흥을 즐기는 민족인지 알 수 있다. 그래서 우리는 '신들린 듯 일 한다', '신명이 나야 춤을 추지', '신명나게 놀자' 등의 표현을 자주 쓴다.

신명의 가장 큰 기능은 한풀이이다. 한국인들은 '풀다'라는 말을 잘 쓴다. 억울한 것도 분한 것도 풀고 막혀있는 것도 풀어버려야 한다. 그것이 '화풀이', '분풀이', '원풀이'이다. 푸는 것을 중요시하는 한국인의 언어습관에서 푸는 것의 반대는 맺혀서 쌓인 것, 즉 '한恨'이다. '한을 푸는 것'에서 모든 한국인의 철학과 생활과 문화의 양식이 생겨났다. 한국의 전통 공연예술의 원리는 맺힌 것을 푸는 행위이다. 갇히고, 맺힌 바를 신명으로 푸는 일, 쌓인 억압과 고통을 다 함께 어울리며 신명으로 끄집어내고, 풀어가는 과정이 한국 전통 공연예술의 핵심이다. 한국의 기층문화를 이루는 춤, 굿, 탈춤, 전통음악, 축제, 풍물 등의 공통점은 신명, 집단적인 신명풀이로 설명된다. 이어령은 "합리적으로는 도저히 해결할 수 없는 현실을 소주 한 잔, 고성방가로 풀어버리는 풀이문화와 신명은 점점 긴장이 고조되는 현대 사회를 헤치고 나가는 우리 민족만의 탁월한 해법"이라 보고 있다.

이처럼 신명은 원래 무속에서 신령과의 교감 상태를 말하는 것이다. 굿판에서 여러 사람에게 신명이 뜨겁게 피어오르는 현장이 바로 '난장'이다. 때로 '난장판'이라 하기도 한다. 신명은 한에 바탕을 두고 있으며, 결핍되고 맺힌 정서가 풀이 과정에서 분출하게 된다. 그래서 단순한 무아지경이나, 몰입, 흥분과는 차이가 있다.

# 100. 재수없다

**재수없다**

☞ 재수(財數)는 '재물에 대한 운수'가 본래의 뜻이나 주로 좋은 일을 만날 운수로 많이 쓰이고, '재수가 없다'는 말은 총체적으로 운이 없다는 표현이다.

'재수가 좋다', '재수가 나쁘다' 하는 표현은 우리가 흔하게 사용하는 말이다. 여기서 재수란 '재물에 대한 운수'의 뜻으로 무교에서 '재수 굿'처럼 많이 쓰이던 말이었으나 이후 행운의 개념으로 일반화되었다. 옛날 사람들은 아침에 일어나면 '신수점'이라고 해서 그 날의 운수를 봤다. 이 것 중에는 '재물운수'도 들어 있다. '재수'는 이 '재물운수'가 줄어든 말이다. 따라서 '재수가 없다'는 말은 본래는 '오늘은 재물이 생길 운수가 없다'를 뜻했다.

옛사람들은 자신이 지닌 운수에 의하여 또는 신에 의하여 재수가 좌우된다고 생각하기 보다는 어떠한 부정한 행위로 신을 노엽게 하여 자신의 재수가 결정된다고 보았다. 상인들이 '마수걸이도 안 했는데 재수 없다' 고 말하면 첫 손님을 잘 못 받아 그날 장사운運이 좋지 않을 것이란 뜻이다. 아침에 첫 손님으로 가게에 들어가 물건만 만지작거리다 나온다든가 할 때 하는 말이다. 이외에도 여자가 사내의 앞을 지나가면 재수 없다고 생각하는 것 등이 있다.

재수가 아주 없다는 말은 '재수가 옴 붙었다'라고 하는데 어떤 일을 하려는 찰나에 훼방꾼이나 다른 악재가 끼어들어 운이 막혔다는 뜻이다. 간단한 나쁜 재수는 침을 뱉는 정도의 가벼운 주술로 처리하지만, 아주 안 좋은 운수를 바꾸기 위해서는 무당에게 굿을 의뢰하는 경우가 보통이다. 다양한 굿의 현장을 연구한 최길성의 『한국무속巫俗의 이해』(예전사, 1998)에 의하면 굿 가운데 이 재수 굿은 가장 신이 나며 가족들이 즐거워하는 굿이기 때문에 무당들은 계속 밝은 표정을 하게 되고 가족들도 즐거워하며 무감舞感(굿을 하는 중간에 굿을 보던 이들이 굿판에 참여하여 추는 춤과 놀이)을 서는 등 축제적 분위기를 자아낸다고 한다. 특히, 무당은 부채로 재물을 집안으로 불러들이는 시늉을 한다고 한다. 재물의 운수는 이렇게 신에 의하여 밖으로부터 집안으로 끌어들일 수 있다고 믿었다는 것이다.

일이 이상하게 안 풀리거나 주변에 기분 나쁜 사람이 있을 경우 '재수 없다'는 말을 하기도 하는데, 싫어하는 사람을 만났을 때 '재수가 없으려니까' 라는 말을 줄여 '재수 없다'가 되었고, 불운하다는 원래 의미 보다 기분 나쁘다, 불쾌하다는 의미로 많이 쓰게 된 것이다.

요즈음 젊은이들도 '재수 없다'라는 말을 흔히 쓴다. 일상생활의 여러 장면에서 "헐~ 재수 없어!"라는 말을 하곤 한다. 요즈음 젊은 이들이 습관적으로 사용하는 "재수 없어"라는 말이 꼭 재물에 대한 운수만을 뜻하는 것은 아니다. 총체적으로 운이 없다는 표현이다. 은연중 자신의 삶을 운명에 맡기고 있다는 내심을 드러내는 말이다. 우리 사회에서는 아직도 노력의 대가보다는 타고난 운에 의해 삶이 달라지는 경우가 많다는 의식이 지배하고 있음을 알 수 있다.

# 101. 직성(直星)이 풀리다

**직성(直星)이 풀리다**
☞ '소망이나 욕망 따위가 제 뜻대로 성취되어 마음이 흡족하게 되다'라는 의미로서, 우리의 액땜 풍습인 제웅치기를 하여 액운을 가져오는 별, 곧 직성의 해로움에서 풀려난다는 뜻이다.

　사람의 나이에 따라 그의 운명을 맡아 본다는 별을 가리켜 직성直星이라고 한다. 우리 조상들은 사람의 나이에 따라 운명을 맡아 보는 별이 있다고 여겼는데, 그 별이 직성이다. 무속에서는 그 해에 어느 직성이 드는가에 따라 직성풀이를 하여 길한 직성은 맞이하고 흉한 직성은 쫒아내었다. 여기에서 비롯된 말이 '성미대로 되어 마음이 흡족하다는 의미를 가진 직성이 풀리다'이다. '만족하다, 성에 차다'도 같은 뜻이다.

　정월대보름 행사로 제웅치기라는 것이 있다. 사람은 누구나 나이에 따라 그 운명을 맡는 9종류 별의 액厄에 걸리게 되는데, 그것을 직성直星이라 하여 일정 의식을 통해 '직성의 액을 풀어야' 한 해 운수가 형통케 된다는 것이다. '직성이 풀린다'는 표현은 바로 제웅치기 의식에서 비롯된 말이다. 제웅치기 의식은 액에 걸린 사람이 짚으로 인형을 만들어 쌀과 나이 수만큼의 동전을 안에 넣은 다음 직성이 든 사람의 생년·월·시를 적어 대보름 전날 초저녁 길가에 버리면 그것을 줍는 이에게 액이 옮아간다는 일종의 주술로, 어렸을 적 다래끼에 걸리면 눈썹 하나를 뽑아 돌멩이 밑에 놓아 그 돌멩이를 걷어차는 사람에게 다래끼가 옮아간다고 생각했던 바와 동일한 것이다.(『한국의 세시풍속』, 정승모, 학고재, 2001)

이렇게 '직성을 풀다'라는 말은 우리의 액땜 풍습에서 나온 말이다. 제웅치기를 하여 액운을 가져오는 별 곧 직성의 해로움에서 풀려난다는 뜻이다. 나에게 닥친 불운을 나의 기운이 담긴 인형으로 옮기려 했던 것이다. 액땜은 '액때움'의 준말로서, 앞으로 올 액을 다른 고난을 겪는 것으로 미리 막는 일을 가리킨다. 액땜은 액막이라고도 하는데 개인이나 가정, 마을에 닥치는 질병·고난·불행 등을 예방하기 위해 그 매개자인 악귀를 쫓는 민속적인 의례이다. 이를 도액度厄, 제액除厄 등이라고도 한다. 액막이는 어느 민족에게도 있는데 현대의 관점에서 보면 미신에 불과하지만 병과 재난에 대해 뚜렷한 대책이 없던 당시에는 일종의 신앙이자 심리적으로 큰 위안을 주는 행위였다.

우리 조상들은 오래 전부터 액땜이라는 말을 자주 써왔다. 천하대장군과 지하여장군의 장승을 세우고 고깔을 쓴 풍물놀이패가 장승

앞에서 지신밟기를 했던 것은 마을에 큰 일이 일어나지 않도록 하는 액땜의 제의적 의미가 담겨 있다. 또한 색동저고리의 유래에 대해서도 음양오행설陰陽五行說에 따라 액땜을 하고 복을 받기 위해 5방색(적색, 흑색, 청색, 백색, 황색)을 이어 붙여 입었다고 하는 설명이 유력하다. 또한 연줄 끊기 놀이에도 액땜의 의미가 담겨 있다. 연줄이 끊어져 날아가 진 편에서 이긴 편을 위해 한 턱 내는 미덕은 이긴 편이 진편을 위해 연을 끊어 주어 액땜을 대신 해 주었다고 믿었기 때문이다.

우리는 일상 대화중에서도 '꼭 그렇게 해야만 직성이 풀리겠어?'라는 말을 자주 사용한다. 이는 우리의 액막이 전통을 대표하는 말이다. 크지 않은 병에 걸리거나 사소한 접촉사고가 나면 '액땜했다' 한다. 운명 속에 만나야 할 큰 사고를 작은 사고로 피해갔다는 말이다 이는 불행한 상황에 마주했을 때 거기에 머물러 있기 보다는 이를 털고 일어설 수 있도록 '액땜했다'는 표현을 통해 긍정적으로 해석해 주고 위로해 주려는 마음을 담고 있는 말이다.

# 한국인의 민중문화 '무교', 서양의 기본정신 '기독교'

　무교는 한국 전통문화의 중요한 일부분이자 현재까지 한국인의 삶에 영향을 미치고 있는 문화적 현상이다. 과거에는 각 가정에서부터 마을, 넓게는 국가까지 구성원의 안녕과 공동체의 질서를 기원하고 각종 질병과 재앙으로부터 보호하기 위한 종교적인 주술 행위인 동시에 구성원의 화합을 위한 사회적 기능도 하였다. 그러나 오늘날 민속신앙은 과거와 같은 지위를 갖지 못하고 그 기능 또한 대부분 상실하였다. 그럼에도 불구하고 한국인의 행동이나 말에서 민속신앙의 흔적을 찾을 수 있다.

우리의 일상생활에서 사용되는 말 중에 무속에서 유래된 단어들이 많다. 본래의 뜻을 쓰는 경우도 있지만, 본래의 뜻과 다르게 사용되는 것도 있다. 무속신앙과 관련된 속담들은 우리 조상들이 민속신앙을 대하는 태도가 어땠는지를 잘 보여준다. '신명난다', '단골', '넋두리' '재수 없다' 이외에도 '선무당이 사람 잡는다', '굿이나 보고 떡이나 먹지', '귀신 씨나락 까먹는 소리', '귀신 대접하여 그른데 있느냐', '염불에는 맘이 없고 젯밥에만 맘이 있다' 등 생활 언어 속에 남은 무교의 영향은 이외에도 많다.

우리의 할머니들은 성묘 후 고수레를 외치며 음식을 뿌렸고, 어머니는 날짜를 가려 꼭 손 없는 날에 장을 담갔으며, 아버지는 개업식 날 돼지머리를 올리고 고사를 지냈다. 아버지가 다른 이의 장례식에 다녀오는 날이면 어머니는 아버지에게 소금을 뿌렸다. 이처럼 무속적 사고와 행위, 샤머니즘적 의식은 오랜 세월 한국인의 일상을 지배해 왔다. 불교와 유교를 수용하고 근대화가 진행되면서 무속적 행위들은 많이 줄어들었지만, 아직도 미신·점술에 의지하고 살아가는 한국인이 적지 않다.

무교는 한국인의 언어생활에 큰 영향을 미쳐왔다는 것 뿐 아니라 한국 민속예술의 본산이라는 것에도 큰 의미가 있다. 우리나라의 민속 문화는 그 뿌리를 캐다 보면 마지막에는 무교로 귀결되는 것이 적지 않다. 무당은 가무에 능한 사람들이었다. 무당의 굿거리에는 춤과 노래가 있었다. 우아한 처용의 가무가 신라 무속에 그 연원을 두고 있다고 한다. 오늘날 사물놀이는 꽹과리와 장구를 자유자재로 다루던 무당이나 박수의 굿거리에서 비롯된 것으로 보인다. 우리가 민속 문화재로 자랑하는 봉산탈춤, 남사당의 가면극, 흥겨운 농악이나 판소리도 민간신앙을 모태로 하여 발생하여 민속오락이나 예술로 발전하게 된 민속 문화재이다. 그 외에 복식·음식·종교·연극 등의 측면에서도 굿은 연구할 거리가 많다.

한국문화의 성격 및 한국인의 행동양식, 한국사회의 변천을 이해하는 데 있어서 무속이야말로 가장 중요한 관건이 된다. 굿당 과 점집에 대한 연구를 지속적으로 해온 표인주 전남대 국어국문학과 교수는 무속은 한국인의 오랜 정서를 담고 있는 귀중한 문화이자 종교로 현재도 우리들의 삶과 함께 변화를 지속하고 있다며 무속신앙의 가치를 설명한다.(『무등산권 무속신앙의 공간』, 민속원, 2011) 무속신앙은 근대화 과정을 거치면서 미신이라 하여 많은 배척을 받았으나 아직도 우리 민족의 의식 속에 뿌리 깊게 남아 한국 사회·문화 전반에 영향을 미치고 있는 살아있는 문화이다.

# 9장

# 수직 vs 수평

# 102. 나잇값

**나잇값**

☞ 나이에 어울리는 말과 행동을 낮잡아 이르는 말로서, '나이 값을 하라'는 말은 그 나이 대에 '해야 할 것'을 하라는 것이다.

우리의 일상 언어생활에서 '나이'에 붙는 동사 혹은 술어들은 '-들다, -먹다, -어리다, -올리다, -내리다, -감추다, -드러내다, -값하다, -셈하다, -묻다, -많다, -적다' 등이다. 이들은 나이의 많고 적음이나 나이 계산에 관계되는 술어다. 또 일상 언어에서 "너는 위아래도 없냐?, 당신 몇 살이야?, 나이도 어린 게 어딜 덤벼, 조그만 한 게 까불어, 나이 값이나 좀 해라, 나이 덕이나 보자, 반말 하지 마" 등의 표현은 나이와 직접 연결된다.

한국인들은 처음 보는 사람에게도 거리낌 없이 사적인 질문을 하곤 하는데 그 중에서도 가장 관심이 많은 것은 '나이'이다. 한국인에게 나이는 두 사람의 서열을 정할 수 있는 중요한 기준으로 작용하기 때문이다. 상대방이 자신보다 나이가 많은지 적은지를 확인한 후에 높임말과 낮춤말을 선택적으로 사용하고 어떻게 불러야 할지 호칭을 정한다.

한국 사회에서는 나이를 기준으로 윗사람과 아랫사람을 구별하고, 하대와 존대로 상대를 대하는 방식을 결정한다. 나이에 따른 역할과 규범이 설정되고, 그에 맞지 않은 행동을 할 경우에는 배제된다. 여성학자 정희진에 따르면 '모성'과 '아동기'라는 규범이 근대 자본주의의 산물이듯, 인간의 나이는 생물학적인 것이 아니라 정치경제학적 제도의 산물이다. 결국 나이는 자연적인 것이지만, 동시에 사회적인 것이라는 것이다.(「몸에 새겨지는 계엄령, 나이」, 월간 『인권』 제17호, 2005 )

이와 같이 나이에 따른 엄격한 위계질서는 유교적 근간에서 비롯되었다. 논어論語 1장 6절을 보면, 공자는 "들어가서는 효도하고 나가서는 공경하라"(入則孝 出則弟)라고 가르치고 있다. 어른은 아이들과 젊은이들 보다 인생을 앞서서 살아가므로 사회와 자연에 관한 가치관과 철학이 먼저 형성되어, 그것을 아이들과 젊은이들에게 가르쳐 주는 존재라 한다. 그런 이유로 어른께 공경을 다해야 한다고 했던 공자의 원래 의도는 한국사회에서 멋대로 왜곡되고 변질되었다. 윗사람의 모범에서 출발하는 것이 아니라 단지 나이로 서열을 매겨 아랫사람을 지배하기 위한 방편으로 활용되고 있다. '나이가 어리면 무조건 상명하복하라', '찬물도 위아래가 있다'와 '한날한시에 태어난 쌍둥이도 형 아우가 있다'는 속담은 이와 같은 생각을 잘 반영하고 있는 말이다.

하지만 현대 한국사회에서는 나이가 많은 사람도 연령차별의 굴레에서 자유롭지는 않다. '나잇값 좀 해라'는 나이에 값이 있다는 의미로 나이가 많으면 값이 올라간다는 의미로 해석이 가능하다. 그러나 요즘은 '나이를 먹으려면 곱게 먹어', '나잇살이나 먹은게…' 하며 되레 제대로 못 늙었다고 다그침을 할 때 더 많이 쓴다. 흔히 '나이값을 하라'는 말은 그 나이 대에 '해야 할 것'을 하라는 말이다. 한국인들은 대부분 나이에 어울리는 행동, 옷차림, 말투, 경제적 능력, 결혼여부, 관심사 등이 따로 정해져 있다고 생각한다.

이렇게 한국인은 나이가 적거나 많거나 '나잇값'으로 얽매여 있다. 우리문화에서 나이가 많다는 것은 그 자체로 권력이기도 하지만 나잇값을 못하는 사람은 지탄의 대상이 되기도 한다. '나이는 숫자에 불과하다'는 건 노래 제목일 뿐 한국 사회에서 나이는 숫자 그 이상의 막강한 영향력을 행사하고 있다.

# 103. 말대꾸하다

**말대꾸하다**

☞ 남의 말을 듣고 그대로 받아들이지 아니하고 그 자리에서 제 의사를 나타내다.

한국인들 대부분은 어린 시절 "뭘 잘했다고 꼬박꼬박 말대꾸를 하는 거야?"라는 어른의 호통을 한 번쯤은 들어 보았을 것이다. 상대방의 말을 받아치는 '말대꾸'는 의도치 않게 소통보다는 대결 구도를 만들고 만다. 그러므로 상대가 어른이거나 상사일 경우에는 불합리하고 못마땅해도 자신의 의견을 말하기 보다는 아무런 답을 하지 않고 듣고만 있어야 하는 것이 우리의 언어 예절이다.

윗사람이나 어른들의 말을 수용하지 않고 반박하게 되는 경우에 말대꾸를 한다고 하며 바람직하지 못한 언어 습관이라고 지적받는다. 즉 예의에 어긋난 버릇없는 행동으로 간주된다. 말대꾸는 남의 말을 듣고 그대로 받아들이지 않고 그 자리에서 제 의사를 나타내는 것으로 '말대꾸를 한다'는 표현은 부정적인 의미를 수반한다. 예를 들어 '어른이 말씀하시는데 사사건건 말대꾸할 거냐?'라는 말은 어른의 말을 듣고 수용하고 그에 따른 반응으로 '네'라는 대답을 강요하는 소통방식이다. 이러한 소통구조 속에서 아버지, 선생님, 직장상사가 말하는 내용의 진위여부는 별로 중요하지 않다. 윗사람이 말하는 것이 무엇이든, 어떻게 말했든지 간에 그것을 듣는 사람, 아랫사람의 수용태도를 중요하게 여기는 권위적인 생각이 자리 잡고 있기 때문이다.

'말대꾸하지 마라'와 비슷한 말로 '내 말에 토를 달지 마라'는 표현도 있다. '토를 달지 마라'는 원래 '어떤 말끝에 그 말에 대하여 덧붙여 말하다'는 뜻이지만 '자기가 하는 말에 딴소리를 하지 말고 그대로 들어라'는 의미로 더 많이 쓰인다. 혹시 어른이 틀리더라도 그대로 따라 하라는 것이다.

윗사람이 아랫사람에게 야단을 치거나 꾸중하는 상황에서 아랫사람의 말대꾸는 변명이나 핑계로 간주된다. 때로는 야단맞는 원인 행위를 문제 삼는 것을 벗어나서 듣는 태도를 나무란다. 더 심한 경우에는 인간성까지 거론되는 경우도 있다. 상대방의 의견을 일시적으로 수용하여 체면을 세워주지 않을 경우, 자신의 권위에 도전한다고 여기기 때문에 화를 내거나 분노의 감정을 표출하는 것이다.

그래서 한국인들은 윗사람이나 어른들의 말이 설령 틀렸다고 하더라도 그 자리에서 직설적으로 그것이 잘못되었음을 지적하지 못한다. 이것은 유교적인 전통문화와 관련이 있는데 어른들의 잘못을 지적할 경우에는 우회적으로 표현하되, 그 어른의 의견 가운데 좀 더 보충이 되어야 하거나 그와 다른 측면이 있음을 부각시킴으로써 결국 그 어른의 의견이 잘못되었음을 밝히는 방식을 취한다.

"말대답 하지 마라.", "어른이 말씀하시면 예 해야지.", "엄마가 하라니까 잔소리 말고 해라", "따지지 마라" 등 등 윗사람이 하는 말에는 토를 달지 않고, 그것이 틀렸다고 생각해도 윗사람의 체면과 권위를 생각해 반박하거나 질문하지 않고, 위에서 시키면 그냥 따라서 하는 상명하복의 문화가 아직도 한국사회에 강하게 남아 있다.

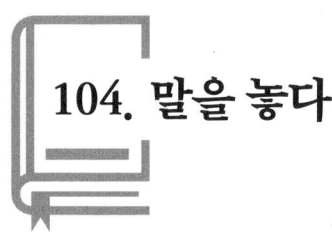
# 104. 말을 놓다

**말을 놓다**
 ☞ 존대하지 않고 반말을 하다.

 한국인들은 윗사람에게 기본적으로 존댓말을 쓴다. 친밀한 관계에서 반말을 쓰거나 섞어 쓸 수도 있지만 아주 친밀한 친척 및 가족 관계나 당사자 스스로 먼저 허락하는 경우만 가능하다. 하지만 처음 만나서 잘 모르는 사람인 경우에는 나이가 어리더라도 존댓말을 사용한다. '말씀 낮추십시오'와 같은 동의나 요청이 없이 함부로 말을 놓아서는 안 된다. 처음에는 낯선 사람끼리 존댓말을 쓰지만 몇 차례 만나서 친해지면 자연스레 반말을 하게 된다. "말을 놓아도 될까요? 말 놓을게" 또는 "말 편히 해도 되죠?"라고 한다.

반대로 상대방과 몇 차례 만났음에도 불구하고 계속해서 존댓말을 사용하는 경우도 있다. 상대방에 대한 존경과 배려로 존대하려 하거나 그 사람과 일정한 거리를 유지하고 싶은 의도 때문이다. 서로 반말을 주고받으며 허물없는 관계를 맺기보다 사회적으로 용인되는 형식적인 관계구조 속에서 서로 대우해 주기를 바라는 마음에서 비롯된 것이다.

반말은 기본적으로, 보통 상대가 자신보다 나이가 적은 경우나, 낮은 계급에 있다던가, 자신과 친할 때 쓰게 된다. 자신보다 나이가 많더라도 상대와 매우 친한 경우에는 말을 놓기도 한다. 반말과 존댓말이 있는 우리 언어에서 존댓말을 해야 할 상황에서 반말을 하는 것은 엄청난 도전이다. 싸우자는 표시이기도 하다. 반말 자체는 싸움의 직접적인 원인이 아니었는데도 종종 싸움을 키우는 주요 원인으로 작용한다. 손윗사람에게 편안하게 반말 비슷하게 하는 말을 놓으면 언짢아하는 경우가 많다. "날이 좀 짧다"라거나 감성이 더 격해지면 '어따 대고 반말이야?' 하며 싸움으로 번지기 일쑤다. 반말은 때로 그것을 듣는 이를 불쾌하게 만든다. 그것이 의사소통에 있어서 어떤 문제가 있어서라기보다는 화자의 공손함이 빠져 나를 무시하고 있지 않나 하는 기분 때문이다.

언어학자들은 존대법이 발달한 언어는 많지만 우리말처럼 상황에 따라 의미가 달라지거나 복잡하게 활용되는 '반말'을 가진 언어는 드물다고 말한다. 권재일 서울대 언어학과 교수는 『한국어 문법의 연구』(박이정, 1994)에서 문법 형태로 나타나는 '반말'은 우리말만의 특징이라고 말했다. 권 교수는 우리말을 모국어로 쓰는 사람은 특별히 의식하지 않아도 수직 관계(나이와 지위), 수평 관계(친밀도)를 자연스럽게 계산해 적절한 표현을 찾아낸다며 각자 수직·수평의 관계가 깨졌다고 생각할 때 불쾌감을 느끼거나 싸움으로 번지게 된다고 분석했다.

　한국어 화자는 상대방에게 말을 걸기 전에 우선 자신과 상대의 위계를 판단해야한다. 이 위계를 판단하는 기준으로 핵심적인 것은 나이와 사회적 신분이다. 한국은 예로부터 경어체계가 복잡하여 압존법 등 여섯 이상의 경어 등급이 있었으나 지금은 점차 간소화하여 상대가 어른이냐 아니냐에 따른 두 등급만으로 변해 가고 있다. 그러나 한국의 경어체계는 아직도 완고하여 말에 얽힌 갈등이 많이 일어난다. 그래서 말을 놓는 것은 여전히 쉽지 않다.

# 105. 모시다

**모시다**

☞ 웃어른이나 존경하는 이를 가까이에서 받들다.

웃어른이나 존경하는 사람을 가까이에서 소중히 대하며 도와 드리는 것을 '모시다'라고 한다. '모셔 드리다', '모시고 오다'와 같은 표현처럼 '데려오다'의 높임말로 쓸 수도 있다. 아랫사람이 윗사람에게 사용하는 높임 어휘에는 이외에도 '있다 → 계시다', '죽다 → 돌아가시다', '주다 → 드리다', '보다 → 뵙다', '묻다 → 여쭙다' 등이 있다. 한국인으로서 이런 동사들을 제대로 구사하지 못하면 윗사람에게 크게 결례를 범하는 것이 된다.

우리가 예법이라고 알고 있는 것은 대부분 아랫사람이 윗사람을 어떻게 모시느냐에 대한 것이다. 대등한 관계의 인간이 서로 존중해주는 그런 것이 아니다. 차별적이며 종적 관계로 표현되는 불균등한 힘의 관계와 사회적 위계체계를 기호화한 것이 한국어 높임법이라 할 수 있다. '예의 바르다'라는 것은 이 위계체계에 맞게 행동하는 것을 말한다.

사회생활을 하려면 윗사람 모실라, 아랫사람 거느릴라 힘들다고 하지만 그 중에서도 아랫사람이 윗사람을 어떻게 모시느냐가 우리에게는 특히 중요하다. 유교사회는 항상 연장자 중심으로 짜여있다. 아랫사람이 윗사람을 모시는 것은 유교사회의 불문율이며 윗사람은 그에 따라 섬김을 받는 것을 중시한다. 이러한 가르침이 오륜五倫에서는 장유유서長幼有序로 자리 잡고 있다.

장유유서長幼有序의 의미는 '나이 많은 이와 나이 어린 이 사이에는 차례가 있다'는 뜻이다. 위아래 상호간에 양보하고 공동체의 질서를 잡자는 것이 원래의 뜻이었지만 지금은 상명하복上命下服의 의미로 사용되어 늘 윗사람 위주로 생활해야 함을 나타내는 말이 되었다. 나이를 벼슬로 받아들이고 무조건 연장자를 떠받들자는 말로 그 뜻이 왜곡 변질되어 사용되고 있다. 오늘날 서열 중심의 우리 사회가 안고 있는 많은 문제들은 바로 이 장유유서의 잘못된 해석에서 기인한 바가 크다.

이제 우리사회에서 연장자와 공동체의 가치를 강조하던 유교적 가르침과 그 문화의 영향은 많이 약해졌다. 그럼에도 불구하고 윗사람을 '모시는' 분위기는 여전하다. 상대의 계급이 높거나, 나이가 많거나, 돈이 많거나, 권한이 세면 아랫사람들이 알아서 맞춰준다. 그들을 알아서 모시고 특별대우를 해준다. 특별대우를 받지 못하면 윗사람들이 기분 나빠하기 때문이다. '감히 나를'이라는 심리가 노골적으로 발동하면서 분노를 참지 못하고 아랫사람들에게 온갖 불이익을 주기도 한다. 그래서 아랫사람들은 '알아서 길' 수밖에 없다. 시인 유하의 '알아서 기는 법'이라는 시는 우리사회가 윗사람을 제대로 모시지 않으면 살아남기 힘든 사회라는 것을 함축적으로 보여준다. '…고참이 얼굴만 찡그려도 하낫 둘/ 알아서 선착순/…/ 아아 알아서 길 때/ 모든 게 알아서 편리한 세상.'

윗사람을 예우하는 것은 우리의 고유 미풍양속이다. 하지만 우리에게 '어른 공경'의 의미는 윗사람에게 고분고분하거나, 눈치를 살피거나, 자기 의견을 피력하지 못하는 것을 의미하게 되었다. 그래서 윗사람답지 못한 윗사람을 만났을 때 아랫사람이 할 수 있는 일은 별로 없는 사회가 되고 말았다.

# 106. 선생님

**선생님**

☞ 원래는 학생을 가르치는 사람이나 학예가 뛰어난 사람을 높여 이르는 말이었으나, 요즘은 성(姓)이나 직함 따위에 붙여 남을 높여 이르는 호칭으로 많이 쓰인다.

우리 문화는 이름을 부르는 것을 꺼려한다. 그래서 호칭呼稱을 부른다. 사회에서는 주로 업무와 관련된 직위를 부르고, 가족관계에서도 손아래가 아닌 경우에는 어머니, 아버지, 할머니, 삼촌과 같이 호칭을 부른다. 국립국어원에서 간행한 『새국어 생활』에 의하면 국어의 친족관련 호칭어와 지칭어는 약 1200개가 있다고 한다. 예전에는 대가족이 한 울타리에서 몇 대가 더불어 살다보니 이처럼 가족 간의 세밀한 구분과 호칭이 필요했을 것이다.

김세원의 『문화로 세상읽기』(카모마일북스, 2013)에 의하면 미국

대학 MBA과정에서는 한국어를 'Father'를 가리키는 호칭이 자그마치 열 가지가 넘는 높임말이 발달한 언어로 소개했다고 한다. 아버지, 아빠, 아버님, 부친, 가친, 엄친, 춘부장, 선친, 아범, 아비 등을 그 실례로 들었다. 말하는 사람과 듣는 사람의 관계는 물론 말하는 사람과 듣는 사람 및 문장 주체와의 3자 관계에 따라 다른 호칭이 사용된다고 그 특징을 설명하며 매우 특이한 사례로 연구대상으로 주목했다고 한다.

우리의 호칭문화에는 남들을 부르고 가리키는 말도 친족 호칭 못지않게 상당히 다양하게 발전해 왔다. 타인에 대한 호칭과 지칭은 상대의 연령, 신분, 남녀, 친소 등에 따라 다르다. 그러나 이에 비해 2인칭 대명사는 마땅한 것이 없다. 한국 사회가 현대화됨에 따라 친지나 이웃이 아닌 사람들과의 접촉이 빈번해져 2인칭 대명사의 사용이 갈수록 요구되고 있다. 하지만 그에 상응하는 마땅한 호칭이 없어 대화할 때 곤란을 겪곤 한다. '너'라는 반말투는 당연히 사용하기 어렵고, '댁'이나 '당신', '그쪽'과 같은 단어가 있었으나 현재로서는 공격적인 어감을 강하게 풍겨 그 대안으로 쓰게 된 것이 '선생님'이란 호칭이다.

'선생님'은 원래 학문적으로 뛰어나거나 어떤 일을 잘 알고 경험을 통해 가르침을 주시는 분에 대한 존칭어였으나, 현대는 나이 든 분에게 마땅한 호칭을 붙이기에 어색할 때나 자기보다 나이가 적은 남자 어른을 대접해서 성과 함께 'ㅇ선생(님)'으로 부르고 있다. 교육 직에 종사하지 않는 사람에게도 선생님이란 호칭을 남발하게 된 것을 국어학자들은 일제강점기 이후로 보고 있다. 일본인들이 아무에게나 센세이(선생)이라는 호칭을 붙이는 것을 그대로 따른 결과라 한다. 지금은 우리사회에서도 선생이 '~씨' 이상으로 흔한 용어가 되었다. 누군지 잘 모르겠는데 불러야겠으면 '선생님' 하고 부른다.

우리사회에서 호칭이란 관계를 정의하는 핵심이다. 타인에 대한 호칭과 지칭을 어떻게 쓸 것인가는 대인관계에서나 직장 안에서와 같은 공식적인 관계뿐 아니라 친구의 부모나 부모의 친구와 같은 비공식적인 인간관계에서도 어려운 문제다. 시대가 변하면서 인간관계도 복잡해지고 만남도 잦은 반면 그 관계를 규정할 호칭이나 지칭은 정착되어 있지 않아 혼란스러운 상황에서 '선생'은 길 가는 사람 누구에게나 쓰는 통칭어가 되고 말았다.

# 107. 선후배

**선후배**
  ☞ 선배와 후배를 아울러 이르는 말.

우리나라만큼 선배와 후배, 연장자와 연소자를 따지는 나라도 없을 것이다. 우리나라 선후배 문화는 각별하다. 나이, 학년, 입대, 입사 등 연도를 따지고, 연배를 따지고, 기수를 따져 서열을 정리한다. 이러한 위계질서는 공동체를 유지하는 데 없어서는 안 되는 규율이었다. 하지만 권위주의를 낳았고, 사회로 확대되어 서열주의가 되었다.

새 학기를 맞아 서로 처음 만난 대학생들끼리 자기소개를 할 때 빠지지 않는 것이 '나이'이다. 이름을 말한 뒤에 꼭 따라오는 것이 '몇 년생'이라는 단어다. 가끔씩 '빠른'이라는 수식어가 붙기도 하는

데 한 살이 많은 또래들과 같은 대우를 해달라는 뜻이다. 나이가 밝혀지면 금세 누가 언니, 오빠, 형, 누나가 되는지가 결정되고 나이에 따른 서열이 정해진다.

우리는 이런 서열주의의 근원으로 유교를 찾는다. 그런데 유교가 국교였던 조선시대에 살았던 사람들 사이의 위계질서는 지금 같이 엄격하지는 않았다. 선비들의 경우 아래위 5년 정도는 상대의 호號를 부르며 대등하게 교유했다고 한다. 그 예를 들어 보자면, 다산 정약용은 〈죽란시사첩서竹欄詩社帖序〉에서 이렇게 말한다. "위로 아홉 살과 아래로 아홉 살이면 우리가 친구로 삼을 수 있다." 깊은 우정을 나눈 친구사이로 우리에게 잘 알려진 오성과 한음도 다섯 살 터울이었다. 정몽주와 정도전도 다섯 살 차이 친구였고, 송시열과 윤휴도 열 살 차이였지만 서로 격의 없이 지냈다고 한다. 이렇게 보면 한국에서도 나이에 구애받지 않고 친구를 삼는 문화가 옛날부터 있었다. 조선시대만 해도 한 스승아래 나이가 천차만별인 제자들이 모여 치열한 토론을 벌이고 우정을 쌓은 경우가 많았다고 한다.

지금같이 나이와 학번을 세밀하게 따지며 서열을 잡는 문화는 오히려 '근대'의 산물이라 학자들은 추측하고 있다. 일제강점기 군국주의의 지배, 광복 후 권위주의와 군사독재 지배가 한국 사회를 상명하복의 위계 사회로 고착시켰다는 것이다. 학교 규율의 파시즘을 연구하는 오성철 청주교대 교수의 『식민지 초등교육의 형성』(교육과학사, 2000)에 따르면 당시 일본의 사범학교에서는 천황제에 자발적으로 복종하는 신민을 창출하기 위해 서구에서 도입한 근대적 형식의 학교 교육을 군대와 유기적으로 결합시키는 정책을 추진했다고 한다. 전원이 기숙사 생활을 하며 선배가 후배를 군대식으로 통제하는 구조에서 길러진 교사들은 일선 학교에 나가 선배가 후배를 통제하는 학교 규율을 만들었고 이런 제도가 식민지기에 우리나라에도 도입되었다. 이러한 의견을 참조해 볼 때 선배와 후배사이의 엄격한 위계질서는 일제시대 36년간의 일본군사문화와 군부독재시절의 군사문화가 절묘하게 섞이면서 기형적인 형태로 우리나라에 자리 잡았다고 볼 수 있다.

연장자나 선배를 존중하는 것은 미덕이다. 선배가 후배를 아껴주고 끌어주고, 후배는 선배를 보호 하고 밀어 주는 전통은 보존할 만 가치가 있다. 그러나 그 이면에 자리 잡고 있는 위계질서와 이에 따른 권위적인 선후배 문화는 한국 사회에서 원활한 소통을 저해하는 요소로 지적되고 있다.

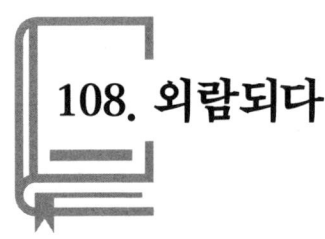

## 108. 외람되다

**외람되다**
☞ 하는 짓이 분수에 지나치다. 분에 넘치다.

'외람猥濫'이라는 말은 '하는 행동이나 생각이 분수에 넘치다'라는 의미, 즉 '외람된 말이지만'이라는 뜻은 내가 앞으로 할 이야기가 어찌 보면 당신의 기준에서 행동이나 생각이 분수에 넘칠 수도 있으니 감안하고 들으라는 뜻이 된다. 윗사람의 의견에 대해서 무언가를 덧붙이거나 다른 의견을 제시하고 싶을 때 '죄송하지만, ~~'이라는 뉘앙스를 먼저 제시해주는 것으로 굉장히 공손한 표현이다.

'외람되지만', '대단히 죄송한 말씀이지만', '지당하신 말씀이지만'과 같은 표현들은 윗사람과 토론할 때 불만이나, 의견충돌을 정중하게 제기할 때 주로 사용한다. 윗사람에게 자신의 생각을 밝히거나 요구 사항을 청할 때 자신을 낮추는 의미를 부가하고, 좀 더 부드럽게 표현하려는 노력이 담긴 말이다. 직장이나 혹은 모임에서 상사나 윗사람에게 반대되는 의견을 이야기할 때 기분을 상하게 하지 않으면서, 내가 상대를 얕보거나 상대의 의견을 무시해서가 아니라 단지 그들과 다른 나의 의견을 표시한다는 걸 나타내고 싶을 때 위와 같은 말로 시작한다.

정수복은 『한국인의 문화적 문법』(생각의 나무, 2012)에서 윗사람의 말에 반발할 때 우회적으로 표현하는 현상을 삼강오륜으로 요약되는 유교의 인간 관계론에 기반을 둔 갈등회피주의로 설명하고 있다. 유교는 갈등, 대립, 마찰을 최소화하여 소리 없이 조용히 해결할 것을 가르친다. 그렇기 때문에 유교문화권에서는 아랫사람이 윗사람에 대해 불만을 표시하거나 기존질서의 부당성에 문제를 제기하려힐 때 윗사람에 대해 직접적으로 반내하고 저항하기보나는 우회하는 방식을 선호한다는 것이다.

나이에 따른 위계질서가 고착된 한국사회에서 자유로운 토론문화는 정착하기 어렵다. 토론하다 말이 안 되면 '나이도 어린 것이 건방지게'라고 일축하면 그만이다. 자기보다 어린사람이 입바른 말을 하면 '머리에 피도 안 마른 놈이 어디서 까불어', '혹은 나이도 어린 것이 무엇을 안다고' 등의 말로 일단 사람의 기를 죽인다. 상사의 의견에 반론을 제기하면 '대 든다'고 정색을 하기 일쑤다.

이처럼 수직적인 한국사회의 가장 큰 문제점은 수평적 소통이 안 된다는 것이다. 토론, 대화, 논쟁이 대등하고 활발하게 이루어질 수가 없다. 조직 내에서 윗사람에게 편히 물어볼 수도 없다. '감히 어떻게 여쭤봐?'라는 생각이 지배적이다. 그나마 '사장님, 외람된 말씀이지만' 이런 걸 서너 번 해야 할 말을 할 수 있다. 그것도 감히 못하는 직원들은 수첩에 받아 적기만 한다.

예의범절이라는 미명하에 형성된 우리의 수직적 소통 문화 안에서 자신의 의사를 밝히기 위해서는 상대방의 생각과 다른 경우 '외람되지만~ '과 같은 말로 시작하는 것이 필수적이다. 윗사람과의 갈등을 사전에 완화시키기 위한 전략적인 표현이다. 이러한 표현이 남발되고 있다는 것은 한국사회가 그만큼 윗사람의 권위에 의존하여 질서를 유지하는 권위주의 문화라는 것을 보여준다.

# 109. 지도 편달(鞭撻)

**지도 편달(鞭撻)**
☞ 앞으로 나아갈 방향을 일러주면서 길이 아닌 곳으로 가거나 비뚜로 나가는 것을 경계하고 격려해 달라는 뜻이다.

우리 문화에서는 윗사람은 기꺼이 아랫사람을 지도 편달해주고, 아랫사람은 윗사람에게 공경을 다해 따른다는 의식이 있었다. '지도 편달鞭撻'에서 '편달'은 채찍질을 말한다. 학생을 가르치는 일을 '교편敎鞭을 잡는다'고 표현하는데, 매를 들어서라도 잘못을 일깨우는 것이 스승의 할 일이라고 여겼던 우리 조상들의 생각을 알 수 있는 말이다.

얼마 전만 해도 학부모들에게 가정통신 난에 선생님께 바라는 점을 쓰라하면 대부분 '많은 지도편달을 바랍니다'라고 써서 아이 편에 보냈다. 여기서 지도 편달鞭撻은 매를 때려서라도 가르쳐 달라는 의미이다. 아이를 사랑하니까, 아이가 잘 되길 바라니까, 때려서라도 가르쳐 달라는 것이다. '미운 놈 떡 하나 더 주고, 귀한 자식 매 하나 더 때린다'는 속담은 이러한 사고를 반영한다.

이규태는 『한국인 이래서 잘 산다』(신원문화사, 1999)에서 우리나라는 오래전부터 매로써 사람을 다스리는 편달문화가 발달했다고 한다. 옛날 학부모들은 아들을 서당에 보내면서 회초리 만들기 좋은 싸리나무를 한 짐씩 베어다 주면서 아들을 강하게 키워 달라고 당부했었다. 그 싸리가 다 닳도록 종아리를 쳐 사람이 되게 해달라는 뜻에서였다. 서당에서는 학부모들이 베어다 준 싸리나무를 회초리로 다 쓰지 못하고 싸리비를 만들어 장에 팔았다. 그 빗자루를 일러 '서당비'라 했는데 서당비는 품질이 좋아 인기가 있었다고 한다.

이처럼 우리는 체벌과 교육은 불가분의 관계처럼 인식해 왔다. '매로 키운 자식이 효도한다'거나 '매를 맞아야 사람 된다'는 생각이 지배적이었다. 또한 일제강점기에는 일본인이 한국인에게 휘두르는 폭력을 합리화시키기 위해서 '조선인은 때려야 말을 잘 듣는다'는 편견을 조장하기도 했다. 또 군대에서는 '군대는 빠따를 쳐야 돌아간다'라고 말하며 폭력을 정당화기도 했다. 그래서 한국인들은 '때려서라도 가르친다'는 말을 아무렇지 않게 쓰게 되었다.

이러한 체벌문화는 우리 사회에 뿌리 깊게 자리 잡고 있는 권위주의를 강화하는 데 커다란 역할을 해왔다. 우리 조상들은 '군사부일체君師父一體' 즉 임금과 스승과 부모님은 하나라고 하여 임금과 스승과 부모님을 동일하게 보았으며, 스승의 그림자조차 함부로 밟으면 안 된다고 하면서 스승을 공경하라 일렀다. 그래서 교편$^{教鞭}$은 교사의 권위를 상징하며 학생을 '사랑의 매'로 다스림으로써 올바른 길로 선도한다는 당위성을 지니게 되었다.

이렇게 체벌을 통해 권력과 권위가 형성되는 권위주의적 교육이 진행되는 우리나라에서는, 교육뿐만 아니라 다른 모든 영역에서 권위주의적이고 폭력적인 성향을 보이고 있다. 윗사람의 권위를 폭력에 의존해 세우려 한다면 설득과 대화, 소통은 상대적으로 약해질 수밖에 없다.

# 나이가 궁금한 한국인,
# 나이를 묻지 않는 서양인

　우리말에는 유독 위아래를 따지는 언어들이 많다. 직급을 나타내는 말들이 그렇고 항렬을 따지는 말들이 그렇다. 그러한 언어습관의 밑바탕엔 세상을 수직으로 바라보는 관점이 존재한다. 우리 조상들은 농경생활을 하며 모여 살다보니 질서 정연하고 일사 분란한 체계와 언어가 필요했다. 조선시대를 지배한 유교의 가르침 또한 이러한 체계를 공고히 하는데 큰 역할을 했다. 외래의 유교 사상이 그토록 저항 없이 깊고도 넓게 우리 사회에 체질화될 수 있었던 것은 이미 그러할 수 있는 바탕이 돼 있었기 때문일 것이다.

유교의 주된 가르침은 서열구조로 된 인간관계의 덕목을 강조하는데 이는 삼강오륜三綱五倫으로 요약할 수 있다. 삼강오륜의 기본은 충효사상이고 장유유서長幼有序의 질서를 존중한다. 장유유서는 경로사상과 결합하여 생물학적 나이를 기준으로 윗사람과 아랫사람을 분명하게 구별하게 만들었다. 가족관계에서 출발한 서열의식은 사회의 모든 조직에 전파되고 일반화되었다. 서열을 나누는 기준으로 제일 많이 이용되는 것이 '나이'다. 나이가 많은 사람이 자동적으로 윗사람이 되고, 나이가 적은 사람은 아랫사람이 된다. 층층시하 위계를 나타내는 명칭들이 우리말에 많은 것은 이런 이유이다.

'기러기도 항렬이 있다', '가문 덕에 대접 받는다', '윗물이 맑아야 아랫물이 맑다', '내리 사랑은 있어도 치사랑은 없다', '애비만한 자식 없다', '찬 물에도 위아래가 있다', '이웃 노인도 섬기면 복 받는다', '나라님도 노인네는 섬긴다' 등등의 속담들은 무엇에나 순서가 있으니 그 차례를 따라야 한다고 말하고 있다. 특히 한국사회에서 나이의 많고 적음, 집안에서 항렬의 위아래, 직장에서의 지위의 높고 낮음에 따라 각기 그 순서를 지켜서 일이 이루어져야 함을 뜻한다.

이규태는 한국인이 부정적 특질을 살펴본 『한국인의 버릇』(신원문화사, 2012)에서 한국인은 모든 사물을 수직적, 종적 서열로 파악한다고 한다. 같은 자격의 기능공이라도 입사년도, 자격 취득으로 차등을 두며 자격 취득과 입사 연한이 같으면 학교의 선후배, 나이 차이로 차등을 둔다는 것이다. 일반적으로 미국인은 수평적인 의식구조를 가지고 있으며, 한국인은 수직적인 의식구조로 그 문화를 대비할 수 있다고 했다.

우리나라에서는 어떤 상황에서든지 윗사람과 아랫사람을 구별하고 자신의 자리에 맞게 처신하는 일이 사회생활의 기본이다. 그 주된 이유에 대해 정수복은 『한국인의 문화적 문법』(생각의 나무, 2012)에서 그렇지 못하면 버릇없는 놈이라는 소리를 듣게 될 뿐만 아니라 거래, 정보 공유, 취직, 승진, 알선 등 모든 종류의 이익배분과정에서 알게 모르게 배제되기 때문이라고 파악하고 있다. 이러한 원리는 공식적 조직 생활뿐만이 아니라 비공식적인 사적 영역에서도 적용되어 수직적 인간관계가 지속되고 있다. 그리고 그러한 서열을 매기는 데 중요하게 작용하는 기준은 바로 '나이'이다. 나이는 중 고등학교 시절부터 선배와 후배를 갈라 수직적 서열관계를 형성하는 관행이 분명하게 작용하기 시작한다.

　삼강오륜의 윤리규범이 중시되는 우리나라에서는 이처럼 서열을 강조한 수직계층의 위계적 권력체계가 조직화되어 있다. 상대의 성별과 직업, 사회적 위치, 친근한 정도에 따라 차별화된 언어와 호칭을 사용한다. 한편 수평적 구조의 민주주의가 일찍 발달한 서구에서는 계급차이를 불평등한 차별로 인식하여 호칭이 구분되지 않고 언어 차별도 없다.

# 9장

# 여백 vs 사실

# 110. 건달(乾達)

**건달(乾達)**

☞ 하는 일 없이 빈둥빈둥 놀거나 게으름을 부리는 짓. 또는 그런 사람.

건달乾達은 산스크리트어 '간다르바Gandharava'를 한자로 음역한 '건달바乾達婆'에서 유래한 말이다. '간다르바'는 수미산 금강굴에 살면서 천상의 음악을 맡은 신으로 향만 먹고 허공을 날아다녔다고 한다. 지금은 '난봉이나 부리고 다니는 불량한 사람 혹은 폭력을 휘두르며 남을 괴롭히는 사람'이라는 뜻으로 확대되어 쓰인다. 가끔은 여기에 접두사를 붙여서 '날건달', '알건달', '순건달' 등으로 쓰이기도 한다.

'건달'을 조선시대에는 '한량'이라고도 불렀다. 한량閑良은 '한가하고 어질다'는 뜻으로써 원래는 무과에 급제하지 못한 양반을 가리키는 말이었다고 한다. 양반으로 태어나서 과거에 급제하지 못했으니 그저 빈둥거리며 놀 수밖에 없었지만 한자 뜻 그대로 한가하고 어질어서 주먹을 휘두르는 사람은 아니었다.

요즘은 실업자를 가리켜 '백수'라고 부르는데 이는 '백수건달'의 준말이다. 놀고먹는 사람을 '백수'라 부르기 시작한 것은 1920년대부터이다. 입으로는 민중을 외치고 실제로는 그와 동떨어진 나약한 삶을 사는 지식인들을 비꼬아 부른 말이었다. 당시 지식인들은 머릿속에 지식은 많으면서도 일정한 직업 없이 다방에 모여 무위도식하며 지냈다. 일을 하지 않는 그들의 손이 희었기 때문에 '백수'라 불렀다고 한다.

80년대 이후로는 조직폭력배라는 말이 등장하여 이 말의 줄임말인 '조폭組暴'이 건달 보다 더 많이 쓰게 되었다. 하지만 건달이 조폭과 다른 점은 폭력이나 흉기를 쓰지 않았다는 것이다. 우리나라 건달이 폭력적이 된 것은 일제강점과 더불어 들어온 일본 야쿠자의 영향 때문이라고 한다. 사회언어학자인 김하수 전 연세대 교수는 『문제로서의 언어』(커뮤니케이션북스, 2008)에서 건달이나 한량이라는 용어는 조직이 아닌 개별이라는 뜻이 더 강하며, 조폭이라는 말은 조직적인 의미가 더 강조되어 있기 때문에 산업사회에 대응하는 말이라고 분석하고 있다.

신명을 커뮤니케이션 관점에서 연구한 윤태일 교수는 『신명커뮤니케이션』(커뮤니케이션북스, 2014)에서 건달은 한국의 서사 전통에서 사랑받는 인물형이었다고 한다. 하는 일 없이 건들거리면서 남을 골려 먹고 장난도 잘 치는 이러한 건달형 인물은 도덕이나 염치 등에 구애받지 않고 자기 기분 내키는 대로 그야말로 제 멋대로 풍류를 즐기는, 어떤 의미에서는 신명 나는 인물이기 때문이다. 대표적인 인물이 〈꼭두각시 놀음〉의 홍동지, 탈춤의 말뚝이와 취발이, 판소리 〈수궁가〉의 토끼, 대동강 물을 팔아먹은 봉이 김선달 등이 바로 건달형 인물이다. 이들은 남을 속여 골탕 먹이는 악당이지만 그 대상이 권력을 가진 강자이기에 한국의 서사 전통에서 민중의 사랑을 받은 영웅이기도 했다는 것이다.

'건달'은 시대에 따라, 사회 상황에 따라 그 생태를 달리하고 명칭도 달리하고 있다. 인도문화권에서 건달은 예술의 신을 일컫는 말이었고, 우리나라에서도 '건달'이 처음 쓰일 때는 나쁜 의미가 없었다. 오히려 건달의 행동은 현실적으로 억눌리며 살아가는 사람들에게 여유를 주었다. 하지만 산업화 시대에 들어오며 '젊어서 고생은 사서 한다'며 근면과 성실을 강조하게 되자 놀고 먹는 사람으로 자리매김 된 '건달'은 쓸모없는 사람을 일컫는 대명사가 되었다. 게다가 사회가 각박해지면서 먹고 살기위해 주먹을 휘두르는 일이 잦아지면서 '깡패'와 같은 부정적 이미지를 더하게 되었다. 건달이란 한자의 뜻을 살피면 하늘乾에 다다른다達는 뜻으로 우리 전통사회에서 삶의 여유와 멋의 상징이었다. 하지만 이제 '저런 건달 같은 사람'이라는 말은 구박과 편잔으로 들린다. 게으름이 죄가 되는 시대가 되었기 때문이다.

## 111. 끼

**끼**

☞ '기질이나 성향'을 이르는 말. 다양한 분야의 재능이나 유머 감각.

끼라는 단어는 '기氣'에서 나온 말이다. '기氣가 막힌다', '바람기氣가 있다', '기氣분이 좋지 않다', '기가 세다', '기운이 난다', '기가 차다', '기상이 좋다', '기분이 좋다', '기선을 제압하다', '기가 죽었다' 등에서 흔히 쓰인다. '기'가 된소리 '끼'로 발음될 때 그 뜻은 더욱 다양해진다.

어떤 사람이 '끼가 있다'라고 하면 두 가지 의미로 해석이 가능하다. 우선 그 사람의 '이성 관계가 문란함'을 암시하는 말일 수 있다. 또 하나는 좀 더 긍정적인 의미로, '연예에 대한 재능이나 소질을 속되게 이르는 말'이다. 그러나 요즘은 연예뿐만 아니라 다른 분야에까지 '끼'란 말이 확대 적용되고 있다. '끼'는 현대사회가 요구하는 감각적 재능이자 재주 있는 사람들의 기지와 솔직함이라는 해석이 그러하다. 또한, 성공적인 사회생활을 하기 위한 한 요소로 '끼'가 꼽히기도 한다.

한국문화연구자들은 한국인의 '끼'는 우리의 토속인 무교에서 발원한 것이라 의견을 모으고 있다. 대표연구자인 이화여대 한국학과 교수 최준식은 『한국인을 춤추게 하라』(사계절출판사, 2007)에서 한국인의 원형질을 '신기神氣'라고 역설한다. 한국인들의 내면에서 치솟는 에너지는 바로 '신기神氣'라는 것이다. 한국인이 언뜻 보면 유교적인 인간으로 보이지만, 그 진면목은 기층에서 꿈틀거리는 무교적인 기운, 즉 신기에 있다고 말한다. 우리의 전통 문화인 판소리, 막사발, 차경借景 기법부터 현대의 폭탄주, 노래방, 붉은악마까지 한국 문화에는 신기가 흐르고 있다고 파악하고 있다.

이처럼 '한국인들이 가진 신명과 흥興, 한恨과 격렬한 감정 을 표현할 수 있는 말은 신기神氣외에 다른 표현을 찾기 어렵다. 사물놀이의 격렬함과 "대~한민국"을 외치며 서울의 중심을 물들였던 붉은 악마의 집단적 열기는 다른 문화에서 보기 어려운 특이한 현상이다.

일본인들은 자녀를 키울 때 가능하면 남에게 폐를 끼치지 않도록 가르치고, 미국인들은 어떤 방식으로든 타인이나 사회 전체를 위하여 봉사하는 생활을 가르친다고 한다. 반면 한국부모들은 '남에게 절대로 져서는 안 된다'고 가르친다. '기를 살리는 교육'에 초점을 맞춰 온 셈이다. 또한 직장에서도 일하는 사람들의 기를 최대한 살려 주려 배려한다. 기가 살고 신이 나야 한국인들은 아무 탈 없이 일을 잘하기 때문이다.

　이와 같이 한국인의 '끼'는 우리의 토속신앙에서 부터 발원하여, 가정에서 직장에서 기를 살려 주는 분위기에 힘입어 오늘에 와서는 더 폭넓은 '끼'를 발휘하면서 한류로 꽃피고 있다.

# 112. 멋

**멋**

☞ 차림새, 행동, 됨됨이 따위가 세련되고 아름다움을 말함. 이외에도 고상한 품격이나 운치를 말하기도 함.

언어학자들에 따르면 '멋'이란 말은 '맛'에서 전이된 것이라고 한다. 따라서 '맛있다', '멋있다'는 똑같은 계통으로, 우리들의 미각으로 나타나는 것은 '맛'이고 정신적으로 나타나는 것은 '멋'이다. 멋은 우리 삶 속에서 광범하게 쓰이고 있으면서도 그 개념의 미학적 정의가 뚜렷하지 못한 말이다. '멋'을 한국말로도 몇 마디로는 풀이하기 어렵다. 이에 대한 개념은 사람마다 달라 풍류, 미의식美意識, 운치, 여운, 파격 등 여러 가지 말을 쓰고 있다. 그래서 멋을 나타낼 수 있는 외국어는 없다.

우선 '멋'은 평범하고 정상적인 것에서는 느껴지지 않는다. 모자를 정중하게 똑바로 쓰면 멋이라는 말을 붙이지 않는다. 모자를 조금 비스듬히 쓰는 것이 우리의 멋이다. 약간의 파격이 필요하다. '수필은 청자연적이다'로 시작하는 〈수필〉이라는 제목의 글에서 피천득은 덕수궁 박물관에 있던 청자연적, 거기에 새겨진 질서 정연한 꽃잎, 그 속에 하나가 그 질서를 깨고 약간 꼬부라져 있는데 그러한 균형 속의 파격이 바로 우리의 '멋'이라 규정한다.

조지훈 또한 멋을 '정상적인 상태에서 약간 벗어나되 그것이 전체적인 조화를 해하지 않을 때 느껴지는 그런 소극적인 것이 아니라, 정상에서 벗어나 조화를 깨뜨림으로써 오히려 새로운 조화를 이룩하는 적극적인 것'이라고 정의했다. 다시 말하자면 '멋'의 바탕은 조화로움에 있지만 여유 있고 자유로울 때 생겨난다.

우리말에 '멋쩍다' 하는 것은 부자연스럽다는 뜻을 말한다. '저 사람 아주 멋있어'라는 말은 무엇인가 여유도 있고 막히지 않는 사람을 뜻한다. 규칙에 사로잡히고 격식에만 얽매여 있을 때 '멋'은 생겨나지 않는다. '멋없다'는 것은 규격이나 인습을 그대로 되풀이 하는 무미건조함을 나타내는 말이다. 고지식한 사람을 보고 '멋없는 놈'이라 하고, 지나치게 빈틈이 없는 것을 보고는 '멋대가리 없다'고 한다. 멋이라는 말이 때로는 나쁜 뜻으로 쓰이기도 한다. '제멋대로 한다'는 말이다. 멋이라고 하는 것은 유연하고 자연스럽기는 하지만 그것이 너무 극단으로 치닫다 보면 방종이 되고 무질서가 되기 때문이다.

또한 멋에는 진선미眞善美 전반을 포괄하는 정신적인 가치가 들어 있다. 진선미는 참됨, 착함, 아름다움을 아울러 이르는 말이다. 그래서 '멋'이라는 단어를 이해하기 위해서는 사전의 뜻풀이에서 '차림새, 행동, 됨됨이'에 주목할 필요가 있다. 단순히 겉보기에 아름다운 것이 아닌, 총체적이고 깊은 아름다움을 말한다. 강영희는 『금빛 기쁨의 기억 : 한국인의 미의식』(일빛, 2004)에서 한국인에게 멋은 미의식일 뿐 아니라 정신미精神美를 지향하는 생활의 이념이기도 해서 멋을 연구하는 것은 한국인의 가치관과 정체성을 탐구하는 일이 된다고 하였다.

'멋있다'라는 말에 우리 한국인들이 유독 강한 매력을 느끼는 것은 멋이 이와 같이 외형적, 내형적 아름다움을 다 포괄하는 말이기 때문이다. 우리 선조들은 '멋' 속에서 미를 찾으려 했고 '멋' 있는 삶을 살려했다.

## 113. 벽(癖)

**벽(癖)**
☞ 한쪽으로 지나치게 치우친 습관이나 버릇을 말하는 병적인 집착.

    무엇인가를 좋아하여 즐기는 상태는 '낙樂'이라 한다. 그 즐김이 지나치면 '벽癖'이 된다. 미친 듯 빠져드는 감정적 몰입 상황을 말한다. 벽癖이라는 글자는, 병역 변疒에 밝을 벽辟의 합성문자로서 사람이 어떤 일에 대해 가지는 병적 집착을 설명할 때 사용한다. 벽癖은 흔히 주벽酒癖, 도벽盜癖, 낭비벽浪費癖, 방랑벽放浪癖 등의 부정적 어휘로 쓰이는 것이 보통이지만, 서벽書癖(글 읽기를 즐기는 습관)이나 고벽古癖(옛 것을 즐김)처럼 긍정적으로 사용하기도 한다. 그리고 대상에 대한 벽癖이 굳어져 대상과 나의 분별이 없어지는 상태가 되면 광狂이 된다.

즉 벽癖이란 어떤 것에 대한 기호가 지나쳐서 억제할 수 없는 병적인 상태가 된 것을 뜻한다.

한양대 국어국문학과의 정민 교수는『미쳐야 미친다』(푸른역사, 2004)에서 조선시대 지식인들의 내면을 사로잡았던 열정을 소개하면서 18세기 조선은 '광기'로 가득 찬 시대였다고 한다. 남들이 모두 손가락질을 해도 아랑곳하지 않고 꽃을 너무 사랑해 눈만 뜨면 꽃밭으로 달려가 하루 종일 꽃만 관찰했던 '김군', 눈병에 걸려 눈을 뜰 수 없는 와중에도 실눈을 뜨고 책을 읽었던 책만 보는 바보 '이덕무', 돌만 보면 벼루를 깎았다고 해서 '석치石痴'라고 불린 '정철조'. 저자는 이들을 온전히 이해하기 위해서 그들의 '벽癖'에 주목한다.

안대회 성균관대 한문학과 교수의『벽광나치오』(휴머니스트, 2011)에서는 치열하게 18세기를 살다 간 열한명의 기인奇人들에 주목했다. 이들의 직업은 여행가, 프로 기사, 춤꾼, 만능 조각가, 책장수, 원예가, 천민 시인, 기술자 등으로 조선을 통틀어 단 한 번도 주류로 분류된 적이 없는 사람들이다. 이들에게는 벽癖(고질병자), 광狂(미치광이), 나懶(게으름뱅이), 치痴(바보), 오傲(오만한 자)라는 표현이 따라 다녔지만 그들은 미쳤다거나 바보 같다는 말을 오히려 명예롭게 여겼다. 미치지도 못 하고 그럭저럭 욕 안 먹고 사는 것은 죽느니만 못하다고 생각했다. 저자는 조선시대의 역사에서 18세기는 사회와 학술, 기술과 풍속의 각 분야에서 전 시기와는 비교할 수 없을 만큼 활력에 차 있었는데 그 동력은 바로 '벽광나치오'들의 열정에서 비롯되었다고 단언한다.

18세기 조선에서 '벽癖'은 지식인 집단의 중요한 키워드가 되었다. 조선후기의 대표적 실학자인 박제가는 『궁핍한 날의 벗』(안대회 옮김, 태학사, 2000)에서 "벽이 없으면 쓸모없는 사람이다. 벽癖이란 글자는 질疾에서 나오니 병이지만, 남들이 미쳤다고 해도 독창적인 정신을 갖추고 전문의 기예를 익히는 것은 벽이 있는 사람만이 할 수 있다"며 벽 예찬론을 펼치고 있다.

벽癖은 끊을 수 없는 것, 절제할 수 없는 통제 불능의 것이다. 그러므로 그것은 이성의 산물이 아니라 열정의 산물이다. 통제의 영역이 아니라 일탈의 영역이다. 그럼에도 불구하고 점잖고 근엄한 조선시대 선비들이 벽癖을 옹호한 까닭은 세상을 이끌어가는 동력은 차가운 이성이 아니라 진정성과 열정을 가지고 목표를 향해 돌진하는 사람들의 집념이라는 것을 잘 알고 있었기 때문이다. 세상에 미치지 않고 이룰 수 있는 큰일이란 없다고 생각했다.

이제는 벽의 '치우친' 뜻만을 부각시켜 벽을 병이라고 단정하는 시대가 아니다. 어떤 일에 미친 듯이 몰두해서 독보적인 경지를 이룬 사람들을 일컬어 '~狂광', '마니아mania', '프로페셔널professional', 달인達人, 고수高手, 장인匠人 등으로 부르며 높이 평가하고 있다. 이제 다시 '벽癖'을 요구하는 시대가 온 것이다.

# 114. 여백

**여백**

☞ 종이 따위에, 글씨를 쓰거나 그림을 그리고 남은 빈자리.

사전적 의미로 여백餘白은 빈 공간을 뜻한다. 동양화에서는 여백을 활용해 더 효과적으로 작품을 표현하는데, 이것이 '여백의 미'이다. 여백은 단순히 비어있음을 의미하는 공백과는 뚜렷한 차이가 있다. 비어있는 공간을 통해 대상과의 조화를 이룸으로써 형체가 아닌 내용에 담긴 의미를 더욱 효과적으로 표현하는 것이 여백이다. 여백은 상상의 공간을 제공하기도 하고 조형적 효과를 달성해내기도 한다는 점에서 무한의 가능성을 가진 공간이기도 하다. 여백은 한국을 포함한 동아시아 특유의 정신을 가리키는 말이다.

한국인은 그림에서 뿐 아니라 노래, 춤이나 장식이나 공간배치 등 모든 부문에서 여백의 미를 추구한다. 우리의 판소리는 부르는 대목보다 대목과 대목 사이에 낀, 부르지 않는 사이의 여백과 여운을 중요시 한다. 옥중 춘향의 몰골을 읊은 〈춘향전〉에서 '쑥 (間) 대머리 귀 (間) 신형우' 하고 쑥과 대 사이에 사이를 두고 귀와 신 사이에 사이를 둠으로써 비장함을 한결 돋우어 준다. 그리고 이 여백 사이로 관객이 끼어들 수 있는 넉넉한 공간이 마련된다. 또한 우리 옷 또한 여백의 멋을 보여준다. 한복의 제일 큰 특징은 넉넉함이다. 겉옷인 도포나 두루마기의 넓은 소매, 바지저고리와 열두 폭 치마의 넉넉한 품에서 보듯 한복의 공간은 꽉 끼는 긴장감이 아니라 여백이다. 그리고 우리나라 전통 가옥인 한옥은 마당을 항상 '비어 있는 공간'으로 두었다. 한옥 앞마당은 단순히 빈 공간이 아니라 사시사철 변하는 바깥 세계를 담기 위한 '여백 공간'이었다.

우리 선조들은 이러한 여백의 묘미를 이야기를 구연할 때도 적용시켰다. 이규태는 『한국인 이래서 잘산다』(신원문화사, 1999)에서 떠돌며 이야기를 팔던 방랑입담꾼의 입담 재주는 바로 읽는 대목보다 읽지 않는 대목에서 얼마나 감정을 농축시키느냐에 달렸다고 한다. 이를테면 요전법邀傳法이라 하여 이야기의 클라이맥스에서 청중들을 격앙시킬 대로 격앙시켜 놓고는 잠깐 멎는다. 격앙된 사이에 청중들은 마냥 흥분하여 입담꾼에게 돈을 던져 주었던 것이다. 독讀 사이가 절정이요 그 절정에서 돈을 던져준다 하여 요전법이라 했다.

동양화에서 여백이 중요한 요소로 작용하고 있는 이유는 서양화와 달리 동양화는 본질적으로 사의寫意 즉 '뜻을 그리는 것'으로 보기 때문이라 한다. 여기서 뜻이란 이상을 실현하는 통로로 하나의 진리이며, 노장사상에서 말하는 자연의 실상을 깨닫는 것이다. 이러한 깨달음을 통해 무위無爲의 삶을 추구하는 사상이 동양화의 경향이라 할 수 있다.(『동양의 눈 서양의 눈』, 박우찬 박종용, 재원, 2016)

겉으로 보이는 형태를 묘사하는 것보다 내면에 담긴 뜻을 더 중요하게 여기는 동양화에서 여백은 볼 수 없는 세계를 표현하기에 더없이 적절한 도구가 된다. 생략과 함축이 오히려 더 많은 것을 담을 수 있었기 때문이다. 만약 여백이 회화의 표현 기법에 불과했다면 오랜 시간 한국문화 속에 살아 있지 못했을 것이다. 이러한 여백의 활용은 조선시대미술에서 뿐만 아니라 오늘날의 근·현대작가들에게 다양한 방식으로 계승되고 있고 일상생활에도 알게 모르게 스며들어 있다. 여백은 한국을 포함한 동아시아 특유의 정신을 가리키는 또 다른 이름이다.

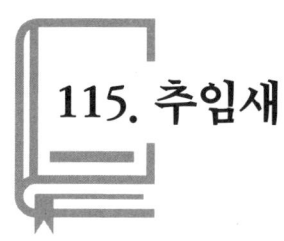

# 115. 추임새

**추임새**

☞ 판소리에서, 장단을 짚는 고수(鼓手)가 창(唱)의 사이사이에 흥을 돋우기 위하여 삽입하는 소리. '좋지', '얼씨구', '흥' 따위

추임새는 '상대방을 추어올리다', '치켜세우다'라는 뜻의 순 우리말로, 북을 치는 고수鼓手가 창을 하는 창자唱者에게 판소리를 잘하라고 얼씨구, 좋지, 그렇지, 얼쑤 등으로 추어올리는 소리를 말한다. 이렇게 말로 하는 추임새 외에 행동으로 하는 추임새가 있다. 창자에게 잘한다고 손짓하고, 고개를 끄덕이고, 슬픈 대목에서 슬퍼하고, 기쁜 대목에서 기뻐하고, 판소리가 끝나는 대목마다 박수를 치는 행위 등이 모두 포함된다.

추임새는 소리꾼이 더 좋은 소리를 할 수 있도록 만든다. 오랫동안 소리를 하느라고 목소리가 가라앉고 지쳐갈 때 고수의 힘찬 추임새는 흥을 돋우는데 결정적인 노릇을 한다. 또 사설의 내용이나 상황이 바뀔 때 강한 곳은 강하게, 약한 곳은 약하게 넣음으로써 판소리 흐름을 보조한다. 판소리를 하다가 쉬게 되는 휴지 부분에서는 빈 곳을 채워 소리판의 밋밋함을 없애준다. 간혹 소리꾼 상대역의 대사나 북소리를 대신한다. 상호보완작용을 통해 완벽을 이루어내는 방법이다

그래서 '일고수이명창一鼓手二名唱'이라는 말이 나왔다. 판소리에서 장단을 짚고 추임새를 넣어주는 고수鼓手 한 사람이 두 명의 소리꾼 몫을 한다는 말이다. 명창이 창唱을 하는 것만으로는 판소리의 제 맛을 즐길 수 없다. 고수가 소리의 끝부분에 흥을 돋우기 위하여 '좋다', '좋지', '그렇지', '얼쑤', '으이', '얼씨구', '흥', '암' 등의 매김말을 넣어줘야, 청중과 소리꾼이 호흡을 맞추는 판소리 특유의 맛이 난다.

추임새 말고도 맞장구라는 말도 비슷하게 쓰인다. '맞장구'라는 말의 뿌리는 물론 장구다. 장구는 국악 타악기의 하나다. 오동나무로 된, 허리가 가늘고 잘록한 둥근 통의 양쪽 마구리에 말가죽을 팽팽하게 씌운 철 테를 대고 조임줄로 켕기게 얽어 만든다. 왼쪽은 손으로, 오른쪽은 채로 치는데, 춤이나 소리의 반주로 쓰인다. 이 장구를 칠 때 둘이 마주 서서 주거니 받거니 하며 치는 장구를 맞장구라 한다. 또 여러 사람이 서로 장단을 맞추어 주거니 받거니 화음을 이루며 장구를 치는 형식을 이른다. 맞장구를 치려면 서로의 생각이나 호흡이 잘 맞아야 장단을 맞출 수 있다. 따라서 '맞장구친다'고 하면 본디 '서로 장구를 호응하며 치다'라는 뜻이다. 그러나 실제로 '어떤 사람과 마음이 맞아서 그 사람이 하는 말이 옳다고 지지하거나 더

하라고 부추기거나 잘한다고 추켜세우다'라는 뜻으로 쓰인다. 대화의 묘미는 맞장구에 있다. 적당한 몸짓을 섞어가며 맞장구를 쳐주는 상대와는 무슨 이야기를 해도 분위기가 살아난다. '장구를 쳐야 춤을 추지'라는 속담도 어떤 일이든 곁에서 거들어 주는 사람이 있어야 잘할 수 있다는 말이다.

추임새를 하는 목적은 소리꾼을 격려하고 다음 구절을 유발하는데 도움을 주기 위함이다. 추임새를 하는 적절한 시기는 소리꾼이 하는 소리 구절의 끝이나 절정에서이다. 칭찬은 잘하는 것을 잘한다고 하는 것이지만 추임새는 잘하는 것은 물론이고 잘하지 못하는 것도 북돋아 주는 것이다. 예를 들어 판소리를 하는 소리꾼이 높은 음이 잘 나오지 않더라도 "얼씨구"라고 추임새를 하면 올라갔다고 치고 계속 힘을 내서 판소리를 하라는 격려의 의미가 된다. 칭찬, 격려, 배려, 위로, 인정 등이 모두 '추임새'에 해당한다. 이렇게 '추임새'는 칭찬과는 나른, 칭찬에 국한되지 않는 더 광범위한 개념이다.

# 116. 판

**판**

☞ 어떤 일이 벌어지는 자리 또는 그 장면을 의미하는 말로써 사람들이 모여 서로 소통하고 즐기며 공연을 펼치던 우리 전통예술의 마당.

'판'이란, 어떤 일이 벌어지는 자리 또는 그 장면을 의미하는 말로서 사람들이 모여 서로 소통하고 즐기며 공연을 펼치던 우리 전통예술의 마당이다. '판'은 마당, 혹은 공터의 지리적 의미도 있지만 놀이라는 문화적 의미도 내포되어 있다. 최동현 군산대 국어국문학과 교수는 『판소리 이야기』(인동, 1999)에서 판소리를 설명하면서 "판은 첫째 노름판, 씨름판, 굿판 등에서와 같은 의미로 장소를 뜻하고 둘째, 씨름 한판, 바둑 한판에서와 같이 판은 처음부터 끝까지의 완전한 과정을 의미하고, 셋째 판놀음, 판굿에서와 같이 판은 전문인들이 벌이는 놀이나 행위를 의미한다"라고 '판'의 개념을 정리했다.

이처럼 놀이와 예술이 펼쳐지는 장소적, 공간적 의미의 판은 관객의 참여를 철저히 배제한 서구식 무대가 아니라, 관객의 참여를 허용한 개방적인 마당이라 할 수 있다. 광장을 중심으로 한 전통적인 놀이판은 무대공연과는 달리 관객과 공연자의 거리가 가깝다. 공연자는 노골적으로 관객의 반응을 유도하고 관객은 리듬을 타고 그것에 맞춰 추임새를 한다. 가만히 듣고 있는 것이 아니라 판의 일정 역할을 관객이 담당하고 있는 것이다. 구경꾼들의 추임새까지 포함하여 판이 완성된다. 그래서 소리꾼들은 판소리 무대에 구경꾼의 추임새가 없을 때 제일 힘들다고 한다. 객석에서 '얼~쑤'를 적절히 넣어주어야 소리하는 사람이나 북을 치는 사람이 흥이 나서 공연을 계속할 수 있기 때문이다.

우리의 '판'은 자연적이고 임의적이라는 것이 가장 두드러지는 특징이다. 씨름판 혹은 소리판을 지나가다가 재미있으면 함께 둘러앉아 추임새도 넣고 응원도 하면서 그냥 참여하면 된다. 안동대학교 민속학과 임재해 교수는 그의 논문 「민속에서 '판'문화의 인식과 인문학문의 길 찾기」(『민족미학』 11권 1호, 2012)에서 '판을 짜다 – 판을 벌이다 – 판이 깨지다'라는 말의 용례에서 알 수 있는 것처럼, 판 위에서 벌어지는 놀이와 예술은 공연자와 생산자, 연행자와 수용자가 직접 소통하면서 완성해가는 판 놀이이자 판 예술이라고 했다. 판은 연행演行의 단일 국면에서도 생동하며 변화한다. 만일 주막에서 이야기판을 벌이다가 술상이 들어와서 이야기를 그치고 술을 마시게 되면 술판이 벌어지고, 술을 마시다가 누군가 흥이 나서 노래를 부르기 시작하면 술판이 소리판으로 바뀌며, 이야기판과 술판이 함께 갈 수 있듯이 소리판과 술판도 함께 갈 수 있다. 노래를 주거니 받거니 하다가 누군가 신명이 나서 자리를 떨치고 일어나 춤을 추기 시작하면 춤판이 벌어진다.

우리는 예로부터 사람들이 모여 함께 일하고 노는 공동의 자리를 '판'이라 불러 왔다. 씨름을 하는 곳은 씨름판, 노름을 하는 곳은 노름판, 윷놀이도 윷판이라 했다. 좋은 일이든 궂은 일이든 모이는 사람과 목적에 따라 판은 생겨나기도 하고 없어지기도 했다. 이제는 우리도 서양식 무대문화에 익숙해져서 함께 참여하여 스스로 흥을 내고 공감하며 공연을 마음껏 즐기던 판문화의 장점을 잃어버렸다. 제대로 된 판을 벌이지 못하고 판이 점차 비속한 것으로 추락해 가면서 '판'이란 글자는 부정적인 말을 나타내는 접미사로 변해가고 있다. 싸움판, 노름판, 난장판, 먹자판, 놀자판, 개판, 깽판 등이 그것이다. 마당을 피하고 무대만을 바라보고 살아가는 현대 한국인들의 삶을 반영한 것이다.

판은 예술 행위의 장이기도 하지만 여럿이 한데 어우러져 즐기는 놀이의 터이기도 하다. 판은 절대로 혼자서는 만들 수 없다. 서로가 참여하고 즐기며 공유하는 판은 우리 고유의 공동체 문화가 물씬 담겨져 있다고 하겠다.

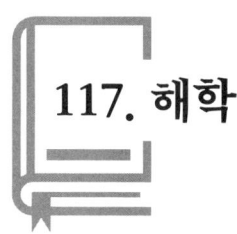

# 117. 해학

**해학**

☞ 익살스럽고도 품위가 있는 말이나 행동 웃음.

해학(諧謔)의 '해(諧)'는 '화합할 해'자로, 현실 문제를 마당으로 불러내 한바탕 웃고, 달래며 다시금 세상을 함께 살 수 있는 힘을 나눠 갖는 것이 해학의 진정한 묘미이다.

한국의 고전소설이나 판소리에서는 극한 슬픔의 순간을 웃음으로 풀어내는 장면을 흔히 볼 수 있다. 실제의 삶 속에서도 한국인의 모습은 그러했다. 우리의 옛날 상갓집 풍경은 슬픔에 지친 상주 앞에서 술 마시며 시시덕거리고, 노름하고, 시끌벅적하게 밤을 새우는 것이었다. 전남 진도에 전해 내려오는 '다시래기'라는 민속은 초상난 집에 찾아가서 육친을 여읜 슬픔에 빠져있는 상주喪主를 웃기는 놀이이다.

우리의 고전소설은 대부분 가장 위급하고 고통스러운 순간이 가장 우스운 장면으로 되어있다. 서양소설에서라면 사람들이 눈물을 펑펑 흘리고 사람들이 머리를 쥐어짜고 가슴을 치고 해야 할 장면이 한국에서는 거꾸로 제일 익살스럽고 재미나는 장면으로 그려지곤 한다. 이를 잘 보여주고 있는 것이 〈흥부전〉이다. 재산을 빼앗기고 거리로 내몰린 후 많은 식구와 극심한 가난에 시달리는 흥부의 삶은 지독히 비극적이다. 그러나 작중 묘사는 결코 비참하지 않다. 가난에 찌들려 밥 한 끼도 해결하지 못하는 흥부가 놀부 아내에게 밥을 달라고 찾아갔다가 밥주걱으로 뺨을 맞는 장면은 오히려 가장 우스운 대목이다. "아주머님은 뺨을 쳐도 먹여가며 치시니 감사한 말을 어찌 다 하오리까는 수고스럽지마는 이 뺨마저 쳐주시오. 밥 좀 많이 붙은 주걱으로. 그 밥 갖다가 아이들 구경이나 시키겠소." 뺨을 맞는 것이 오히려 밥알 몇 풀이라도 건질 수 있어 고맙다고 하는 상황은, 현실적으로는 비참하지만 작중에서는 철저히 희화화되어 독자의 웃음을 유발시킨다. 우리 민족은, 슬픈 상황을 슬프게 이야기하는 것은 그 상황을 더 슬프게 만들 뿐이며, 눈물을 멈추게 하는 것은 웃음이라고 생각했다.

그래서 우리 문학에서는 슬픈 대목에서 웃음을 자아내는 일이 흔하다. 이런 웃음을 해학이라고 한다. 이규태는 한국의 해학을 '억눌린 자의 한풀이'라고 했다. 우리의 웃음은 울음과 바로 이웃하고 있다. 실제로 '웃다'와 '울다'는 '입'의 의미를 지니는 '옫'으로 그 어원이 같다. 또한 해학諧謔의 '해諧'는 '화합할 해'자이다. 현실 문제를 마당으로 불러내 한바탕 웃고, 으르고, 달래며 다시금 세상을 함께 살만한 것으로 만들 힘을 나눠 갖는 것이 해학의 진정한 묘미이다. 함께 웃는 것을 지향한다는 점에서 서양 유머와는 다르다.

  서양인들과 달리 한국인들은 어렸을 때부터 헤프게 웃으면 안 된다고 교육을 받았다. 괜히 웃었다가는 "싱겁게 왜 웃느냐?"고 핀잔을 듣기 일쑤였다. 그래서 "헤프게 웃지 마라.", "시시덕거리지 마라.", "쓸데없이 웃고 그럴래?" 등 웃음에 제약을 가하는 말들이 많았다. 그래서 평소 웃음이 적다는 것과 유머에 해당하는 우리 고유어를 찾기 힘들다는 것 때문에 한국인이 유머를 알지 못하는 민족이라 한다. 웃음보다는 '한'과 슬픔에 더 친숙한 사람들이라 생각한다. 그러나 한국인들은 울음 속에 기쁨을 찾는 예지를 키우고, 웃음 속에서 슬픔에 대처하는 슬기를 다듬었던 민족이다.

# 여백을 읽는 동양화와
# 사실을 그리는 서양화

　서양미술과 동양미술은 그 출발부터가 다르다. 서양화는 그림을 실제와 똑같이 그리는 것을 목표로 한다. 우선 명암이 있어야 하고 화면을 빈틈없이 꽉 채워야 한다. 조금이라도 빈 곳이 있으면 미완성이라고 본다. 이처럼 빛과 형태, 면을 중시하는 것은 서구의 전통이다. 서구의 정신사는 과학적 세계관을 바탕으로 한다. 고대 그리스의 조각이나, 르네상스 시대 미술작품을 보면 매우 사실적이다. 실제와 똑같이 묘사하기 위해서 미술작품에 수학과 과학의 원리를 적용했다 황금비율과 원근법이 발달한 것도 이 때문이다. 화가들은 어떻게 하면 실제와 똑같이 그릴 수 있을까에 집착했다. 사실성은 좋은 그림을 판단하는 잣대가 되기도 했다.

그러나 동양화는 사실성보다 관념적인 정신세계를 중시한다. 세세한 부분적인 묘사는 생략하고 추상성을 강조한다. 동양화는 면보다 선을 중시한다. 선 위주의 그림은 여백을 나았다. 붓도 동양과 서양이 다르다. 서양의 붓은 뭉툭하고 넓어서 선보다는 면을 그리는 데 적합하다. 동양화에서 사용하는 붓은 끝이 뾰족하다. 글씨 쓰는 붓을 그대로 사용한다. 글씨와 그림은 하나라는 '서화동체書畵同體'의 전통 때문이다.

옛 선비들은 '서화동체書畵同體'라는 말을 즐겨 썼다. 그림이 곧 글씨이고 글씨가 곧 그림이라는 의미이다. 그래서 옛 사람들은 그림 감상을 일러 '간화看畵', 즉 '그림을 본다'는 말보다 '독화讀畵', 곧 '그림을 읽는다'고 표현했다. 그림을 '그린다'와 그림을 '친다'는 차이와 같다. '그린다'는 외형을 묘사하는 것이고 '친다'는 외형보다는 사물에 내재해 있는 본질을 낚아챈다는 의미가 강하다. 겉으로 보이는 형태를 묘사하는 것보다 내면에 담긴 뜻을 더 중요시했던 동양화에서 '여백'은 볼 수 없는 세계를 표현하기에 더없이 적절한 도구가 되었다. 생략과 함축이 오히려 더 많은 것을 담을 수 있었기 때문이다.

동양과 서양의 서로 다른 생각의 뿌리를 추적한 책인 『동과서』(예담, 2008)에서는 '없음' 즉 여백에 대한 동서양의 시각 차이를 보여주고 있다. 동양사상에서는 유난히도 무無, 허虛, 공空이라는 단어가 중요하게 취급되고 있는데, 이는 동양인들이 눈에 보이는 세상보다 눈에 보이지 않는 세계를 더 인정해 왔기 때문이라고 한다. 사물이 기氣

의 흐름으로 형성된다고 믿는 동양에서는 사물을 독립적인 개체가 아닌 주변과의 연결 상태 속에서 상호작용하는 존재로 바라보았다. 그래서 동양에서 중요하게 쓰는 무, 허, 공이라는 표현은 일상적인 의미의 '아무것도 없음'이 아니라 '눈에 보이지 않는 기로 가득 찬 공간'의 표현이라는 것이다. 사물이 허공 속에서 독립적으로 존재한다고 믿는 서양과 우주를 이루는 기가 모여 사물이 생겨난다고 믿는 동양, 이러한 작은 구분에서부터 동양과 서양의 차이가 시작되었다고 한다.

이처럼 동양의 화가와 서양의 화가는 근본적으로 서로 다른 관점을 가지고 그림을 그렸다. 서양의 그림은 기본적으로 대상의 재현에 초점을 맞춘 그림이다. 따라서 서양화는 명암, 색채, 형태 등을 보이는 그대로 화면에 옮기는 데 주력한다. 하지만 동양화는 화가가 생각한 것을 화폭에 옮기는 것에 초점을 두고 있다. 다시 말해, 동양화는 생각을 표현한 그림이라는 뜻이다. 따라서 우리에게 여백은 작가의 심상뿐 아니라 감상자의 생각까지 담아내는, 무無에서 유有를 생겨나게 하는 공간이었다. 이렇게 여백이란 용어는 동양의 전통회화나 산수화의 표현방식을 논의할 때 주로 사용하지만 한국문화에서 '여백의 미'는 그림에만 한정되지 않는다. 한국인들은 그림에서 뿐 아니라 노래, 춤, 의식주, 생활양식 등 모든 부문에서 여백의 미를 추구해왔다.

# 11장

# 융합 vs 이항대립

# 118. 나들이

**나들이**
 ☞ 집을 떠나 가까운 곳에 잠시 다녀오는 일.

나들이는 '밖으로 나오거나 나가다'라는 뜻의 '나다'와 '밖에서 안을 향해 가거나 오거나 하다'라는 의미의 '들다'가 합쳐진 말이다. 나들이는 가출이나 먼 여행과는 달라서 아주 밖으로 나가는 것이 아니다. 잠시 나갔다 들어오는 외출이기 때문에 나가는 것 못지않게 들어오는 개념도 중요하다. 그래서 우리 한국인들은 나가는 것에 들어올 것을 전제로 한 '나들이'라는 단어를 사용한다.

'나들이'에서처럼 한국인들은 나갈 때 늘 들어오는 것을 염두에 둔다. "안녕히 다녀오세요", "다녀오겠습니다", "갔다 올게", "잘 갔다와"는 항상 돌아옴을 생각한 인사말이다. 다른 언어에는 이와 같은 인사표현이 있는 경우가 드물다. '나간다'는 관념 속에 그와 대립하는 '들어오다'라는 의미가 포함되어 모순 대립되는 두 뜻을 합쳐 하나의 말로 융합시켜 사용한다.

이어령은 『이어령의 보자기 인문학』(마로니에북스, 2015)에서 디지로그 사유를 설명하면서 한국식 사유가 담고 있는 대상인식의 전체성이 다음과 같은 물음에서도 드러난다고 하였다. "아버지 어디가셨는가?" 하는 물음에 "외출하셨습니다". 라고 대답하는 것은 한국식 대답이 아니라 서양식 대답이라는 것이다. 한국식으로는 "아버지 나들이 가셨습니다"라고 하는 것이 자연스럽다. '외출'이라는 서양식 말에는 밖으로 나가는 것 즉 한 방향의 움직임만 인지적 핵심을 이루지만 '나들이'라는 말에는 나가고 들어오는 양방향성, 즉 대상이 움직이는 움직임의 전체성이 인지적 핵심이 된다고 보았다.

이렇게 서로 다른 것을 한 단어로 만들어내는데 뛰어난 한국어는 한국인의 기질을 이해하는데 중요한 단서가 된다. 우리 민족의 양방향적 사고의 반영으로 서랍은 빼고 닫고 하는 것이니까 '빼닫이' 창문을 열기도 하고 닫기도 하는 것이니까 '여닫이', 장지는 밀고 닫고 하는 것이니까 '미닫이'이다. 또한 오는 것과 가는 것을 하나로 합쳐 '오간다'고 한다. 이처럼 우리 언어는 반대되는 요소를 하나로 묶은 어휘들이 많이 발달했다. 반대되는 현상을 조합하려는 특성이 자연스럽게 작용한 결과이다. 그런데 매사를 흑 아니면 백으로 생각하는 서양의 배제적 논리는 양방향의 인식을 하지 못한다. 문은 하나인데도 서양에서는 반드시 '나가는 문exit'과 '들어오는 문entrance'을 갈라

놓는다. 그러나 우리는 출입문이라고 한다. 이처럼 이항대립의 구도에서 벗어나 두 가지 의미를 동시에 표현하는 것이야 말로 한국적 언어관이라고 할 수 있다.

아시아인들은 옛날부터 사물을 하나의 독립된 개체라기보다는 상호적인 관계로 인식하고 있었다. 그래서 표 파는 곳이나 교과서처럼 일방적인 입장에서 이름을 붙이는 것을 싫어했으며 매매賣買, 교습敎習과 같은 복합어를 좋아했다. 특히 한국어가 그렇다. 한국어에는 논리상으로는 나누어질 수 없는 양가가치를 지닌 언어가 일상적으로 흔히 사용되고 있다. 서양인들이 대립적 개념으로 보는 많은 것들을 한국인들은 상호 유기적이고 보완적인 개념으로 이해한다.

# 119. 미운 정 고운 정

**미운 정 고운 정**
☞ 오래 사귀는 동안에 서로 뜻이 맞기도 하고 맞지 아니하기도 하였으나 그런저런 고비를 모두 잘 넘기고 깊이 든 정을 비유적으로 이르는 말.

한국사회에서 '정'이란 말은 부부관계, 부자관계와 같은 가족관계 상황에서는 물론 친구관계, 사제관계, 직장에서의 상하관계 등 다양한 인간관계 맥락에서 사용되고 있다. 뿐만 아니라 연인관계에서마저도 '사랑이 깊어졌다'는 말보다는 '정이 들었다'는 말을 사용하며, 사랑이 식었거나 애증이 뒤섞인 부부관계에서도 흔히 '정 때문에 산다'고 한다. 따라서 모정, 부정, 우정, 옛정, 무정, 유정 등과 같은 단어 표현뿐만 아니라 '정들다', '정 떨어지다', '정든 님', '정이 많은 사람' 등과 같이 정과 관련된 언어는 그 사용 맥락도 다양하거니와 심지어는 미운정 고운정과 같이 상호모순적인 말까지 있다.

한국인이 사용하는 정을 분명하게 설명하기는 어렵다. '정'의 개념을 알기도 어렵고 설명하기도 힘든 주된 이유는 정에는 '고운 정' 뿐만 아니라 '미운 정'도 있기 때문이다. 한국인에게 정이란 서로 잘해주고 신경 써주고 아껴주는 '고운 정'과 너무나 편하고 가까워서 때로는 함부로 대하고 싸우고 서운함에서 비롯되는 미운정의 결합체이다. 서양인들의 '사랑'처럼 좋아하는 감정만이 아니라 미움과 노여움의 모순된 감정이 공존한다. 순식간에 불타오를 수 있는 사랑과는 달리 '정'은 오랜 세월을 함께한 사람들 사이에서만 생겨날 수 있는 감정이다. 상대가 설혹 얄밉고 서운한 행동을 했다 하더라도 극악무도한 잘못을 저지른 경우가 아니라면 관계의 단절은 쉽지 않은 일이다. 게다가 일단 정이 들면 상대방의 단점이 노출되었다 하더라도 싫치 않은 것이 정의 속성이다. 오랜 세월을 함께 지내며 '고와도 내님 미워도 내님'이 되어버리는 것이다. 그래서 옛 말에 고운정보다 미운 정 떼기가 더 힘들다고 하기도 하고, '미우나 고우나'라고 표현하기도 한다. 미워도 같이 사는 사람이기에 용서하고 살아야 한다는 의미이다. 그래서 우리는 '미운 놈 떡 하나 더 준다'고도 한다.

한국인에게 '미운 정'이란 관계의 윤활유로 작용할 뿐 아니라 미움과 고움을 넘어 진정한 정을 단단하게 쌓게 해주는 요인이자 깊은 정 그 자체일 수 있다. 심리학자로서 한국인의 독특한 심리구조에 대해 연구한 최상진은 정에 대해 좋은 것에만 정이 가는 것이 아니라 나쁜 것, 모자라는 것, 불편한 것에도 정이 가는 차원에 이르면 정은 합리를 초월하는 모순과 맹목마저 포함하게 된다고 보고 있다

『미운정 고운정의 심리적 구조』(중앙대 심리학과, 2000) 따라서 정'은 증오까지도 수용하고 초월하는 감정이라 할 수 있다.

'미운 정 고운 정'이라 말은 '이것' 아니면 '저것'이라는 서구의 이분법적 사고의 틀 속에서는 이해할 수 없는 경지이다. 원인과 근거를 따져서 합당하다고 판단해야 비로소 애정이 생기는 서양과는 달리 한국인들은 객관적인 조건을 뛰어넘어 상대의 단점이나 모자란 행동도 모두 수용하는 너그러움이 '미운 정'이라는 말에 응축되어 있다.

## 120. 비빔밥

**비빔밥**
　☞ 고기나 나물 따위와 여러 가지 양념을 넣어 비벼 먹는 밥.

　'융합融合', '통섭', '퓨전fusion'은 현대 한국사회를 대표하는 핵심 용어들이다. 이를 순수 우리말로 바꾼다면 '섞음' 또는 '비빔'이 될 것이다. 우리 민족은 예로부터 비비고 섞는 것을 좋아했다. 섞고 비비는 한국적 요리미학을 가장 잘 보여주는 것은 바로 '비빔밥'이다.
　비빔밥에는 한국 고유의 정신이 담겨있다. '섞어 먹기'와 '나눠먹기'는 한국인의 식생활을 설명하는 주요 키워드이다. 전 세계에 한국인들처럼 섞어서 비비는 음식을 좋아하는 사람들은 없다. 섞어찌개, 잡탕, 잡채, 비빔국수뿐 아니라 심지어 생선회도 밥에 야채와 함께 넣어 고추장으로 마구 비벼 먹는다. 같은 동양문화권이지만 원재료의 맛을 최고로 여기는 일본인들은 섞어 먹는 것을 싫어한다. 일본의 카레라이스는 결코 우리나라에서처럼 비벼 먹지 않는다. 덮밥(돈부리)도 마찬가지이다. 단지 카레나 덮밥의 건더기를 밥에 얹어 먹을 뿐이다. 함께 섞이고 무리 짓기를 좋아하는 것이 우리민족의 특성으로 비빔밥이야말로 '섞임의 미학'을 가장 잘 나타내준 음식이라 하겠다.

또한 "음식은 한데 먹고 잠은 따로 자라"는 속담에서 알 수 있듯이 논밭에서 일하는 사람들이 간편하게 공동으로 식사를 하거나 집에서 남은 반찬과 찬밥들을 모두 처리해야 하던 때 가족들이 함께 먹던 음식이 바로 비빔밥이다. 뿐만 아니라 제사를 마치고 비빔밥을 한 양푼 만들어 선조까지 '우리' 속에 포함시켜 고루 떠먹는 관습에서 공동체적 정신의 극치를 보게 된다. 이규태는 비빔밥 발명의 배경에 제사음식이 자리를 잡고 있다고 보았다. 조령祖靈이 먹고 간 제사음식을 후손이 고루 나누어 먹음으로써 결속을 다지는 공식의례로서 제주祭酒로는 음복을 하고 제수로는 한 솥에 밥을 비벼 나누어 먹었다는 것이다. 같이 먹으면서 타인과의 경계를 쉽게 허물 수 있는 비빔밥은 정을 바탕으로 하고 있으며 유대감을 증진시키는데 기여해왔다.

이어령은 자신의 저서 『디지로그』(생각의 나무, 2006)에서 비빔밥 문화는 우리 문화의 진수이며 비빔밥은 맛의 교향곡이라고 비빔밥 예찬을 한 바 있다. 비빔밥은 날것도 익힌 것도 아닌 그 중간 항項 시스템 속에서 만들어낸 음식으로 새로운 문명을 추구하면서도 한 편으로는 자연 그대로의 것을 보존하려는 두 가지 모순을 한 곳에 조화시키고 융합하려는 균형 속에서 비빔밥의 요리법이 탄생했다고 주장했다.

이러한 비빔문화는 갈수록 늘어가는 문화 다양성과 다문화가정에 대한 고민과 배려가 필요한 현실에서 되새길만한 어울림의 문화적 전통이다. 2018년 현재 대한민국은 이미 다문화시대로 들어서있다. 전 세계에서 밀려드는 다양한 인종들이 결혼해서 자식을 낳고 함께 일하며 살아가고 있다. '우리는 단군의 자손으로 단일민족인 배달겨레' 라는 민족주의 신화는 퇴색 된지 오래다. 비빔밥은 이질적인 재료를 섞어 전혀 새로운 맛을 만들어낸다. 나물과 채소, 고추장과 참기름의 배합비율에 따라 같은 재료라도 맛이 다르다. 여럿이 함께 비벼먹으면 맛과 즐거움이 배가된다. 융합하면서 어울리는 것이 비빔밥의 힘이다.

외국인을 대상으로 한국의 대표음식을 조사해보면 대부분 김치, 불고기, 비빔밥 3가지로 압축된다. 그 가운데 각자의 개성을 살리면서도 통합의 맛을 내는 것이 바로 비빔밥이다. 개별 구성요소들이 각자의 역할을 하면서도 전체의 맛에 기여하는 비빔밥문화가 한국인과 한국문화의 전통을 제대로 표현하고 있다.

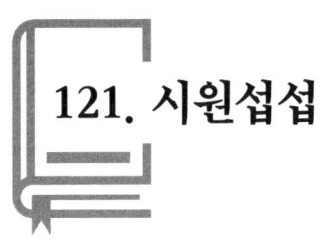

# 121. 시원섭섭

**시원섭섭**
☞ 한편으로는 답답한 마음이 풀리어 흐뭇하고 가쁘나 다른 한편으로는 섭섭하다.

'시원섭섭하다'는 함께 지내던 사람이 떠난 뒤에, 또는 하던 일을 그만둘 때 하는 말로써 평소 보기 싫던 상대나 일을 떠나게 되어 '시원하다'는 의미와 막상 떠나고 나니 그래도 '섭섭하다'는 의미가 함께 배어 있다. '아쉽다'라는 말로 대신할 수 있다.

'시원섭섭하다'고 말하는 사람의 본뜻이 무엇인지 분별하기는 쉽지 않다. 꼴 보기 싫던 사람이 떠나서 시원하고 후련하다는 이야기인지 아니면 섭섭하다는 뜻인지는 알 길이 없다. 우리의 언어습관은 그 말의 본뜻을 분명히 드러내기 보다는 애매모호한 상태를 유지하려는 특징이 있다. 특히 자신의 입장을 밝힘으로써 상대와의 관계가 곤란해질 경우에는 더욱 그렇다.

한국인들은 좋고 나쁨, 옳고 그름을 분명하게 따지지 않는다. 그런 사람을 '정 없는 사람'이라 하여 친구로 사귀려 하지 않는다. 서양인들처럼 일일이 따져가며 합리적, 논리적으로 매사를 결정하는 것이 아니라 알면서도 그냥 웃고 넘어가고 좋은 것이 좋다는 식으로 넘겨 버린다. 귀찮고 보기 싫은 사람이 없어지면, 시원하겠지만, 그러나 막상 없으면 섭섭하여 찾게 되는 것은 오랫동안 미운 정 고운정이 다 들었기 때문이다. 그래서 '시원섭섭'이라는 말은 우리만이 쓸 수 있는 단어이다.

우리 언어에는 양면성을 동시에 나타내는 말이 다른 언어와는 비교할 수 없을 정도로 많다. '시원섭섭' 외에도, '엉거주춤', '긴가민가', '뜨뜻 미지근' 등 그 수를 헤아리기 어렵다. 언어가 삶을 반영한다고 전제한다면, 이런 모순된 말들은 결국 우리의 삶의 방식이 모순적임을 나타내주는 지표라 할 수 있다. 한국인들은 언어에서 뿐 아니라 실제 생활에서 확실한 한 쪽이 아닌 중간지대에 머무는 경우가 많다.

하지만 영어는 우리말처럼 서로 뒤섞인 감정을 전달하기에는 적합하지 않다. 서양의 문화가 이질적인 것을 대립시키고 하나가 다른 하나를 제거해 버리는데 반해 한국의 문화는 이질적인 것이 합해 하나가 된다. 지식생태학자로 알려진 유영만 한양대 교육공학과 교수는 『브리꼴레르』(쌤앤파커스, 2013)에서 서구 문명이 '이것이냐, 저것이냐' 하는 이항대립二項對立적 선택과 택일의 사고에 의해 주도

되어 왔다면, 아시아 지역을 이끌어 온 사고방식은 '이것도, 저것도' 가능한 양자병합兩者竝合이라 말한다. 20세기는 양자택일의 시대였지만 21세기는 양단불락兩端不落과 양자병합兩者竝合의 시대가 되었다. 그래서 각기 다른 이질적인 두 가지를 조화와 균형으로 결합해내는 한국인들이야말로 21세기가 요구하는 융합형 인재라고 주장한다.

이처럼 반대의 것을 동시에 수용하는 한국인의 기질적 특성은 어디에서도 볼 수 없는 독특한 문화를 만들었다. 한국인은 대척점에 있는 정서를 함께 가지고 있고 따로 떨어뜨려 생각하지 않는다. 빨리 빨리와 은근과 끈기가 있고 한과 흥의 정서가 있다. 이들은 모두 정 반대편에 있지만 서로 다른 기질이 짝을 이루어 한국인의 정서적 근원이며 발원지가 되었다. 이러한 기질은 한국인 특유의 넉넉함과 여유, 융통성을 형성하였다.

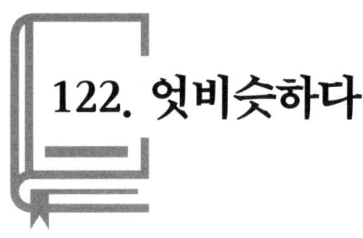
# 122. 엇비슷하다

**엇비슷하다**
☞ 어지간히 거의 비슷하다.

'엇비슷하다'에서 '엇'은 다르다는 뜻이다. '엇박자'의 경우처럼 서로 다른 것들의 이질성을 나타내는 말이다. '비슷'은 엇과 반대로 같은 것의 동질성을 의미한다. 그러니 '엇비슷'은 '다르고 같다'는 말이다. 동시에 다르고 같다는 것은 모순이다. 이렇게 다른 것과 같은 것의 대립 개념을 하나로 결합시킨 것이 '엇비슷'이다.

'엇비슷'처럼 어긋났는데 비슷하다, 닮았는데 닮지 않았다가 하나의 단어가 된 것은 아시아의 전통에서 비롯된 포용의식을 반영하고 있기 때문이다. 유교의 중요한 행위규범인 중용의 도는 극단으로 치우치는 것을 경계한다. 서로 대립하는 의견도 제각각 일리가 있다고 가르쳐왔다. 이는 어느 한 쪽에 치우쳐서는 안 되고 양자를 함께 볼 필요가 있다는 아시아적 화이부동和而不同 철학을 담고 있다. 〈논어〉의 자로 편에는 '화이부동'이라는 말이 나온다. 차이를 존중하고 다양성을 포용하는 공존의 철학이 화和라면, 모든 것을 자기중심으로 동화하려는 패권의 논리가 동同이다. '화이부동'은 조화로운 어울림을 추구하지만 서로 다름을 굽히면서까지 조화를 추구하지 않는다. 즉, 서로 다름을 인정하면서 사회와 조화를 이룬다는 의미이다.

모순을 대하는 태도의 차이는 동서양의 가치관 차이를 극명하게 보여준다. 서양인들은 모순을 완전히 없애기 위해 애쓰고 동양은 모순을 타협을 통해 수용하려는 입장을 취한다. 동양인은 이럴 수도 있고, 저럴 수도 있다고 생각한다. 여러 관계, 즉 여러 상황을 고려하고 상황에 따라 달라질 수 있다고 생각하기 때문이다. 이것도 저것도 아닌 좋기도 하고 나쁘기도 하고, 맞기도 하고 틀리기도 하고, 앞뒤가 안 맞는 모순을 받아들인다. 하지만 모순은 비논리적이기 때문에 논리적인 서양인들은 이를 받아들일 수 없다.

이처럼 서양에서 대립적 개념으로 보는 많은 것들을 동양에서는 상호 유기적이고 보완적인 개념으로 이해한다. 중용의 가치를 따르며 융화와 화합을 추구하도록 배워온 한국도 비슷하다. 어긋나고 비슷한 것이 하나의 단어를 이룬 것은 한국인 특유의 포용의식의 상징이다. '다르지만 같다'라는 표현을 하는 사람이 서양의 기준에서는 일관성이 결여된 사람일지 모르지만, 한과 흥처럼 이중적 가치의 공존이 자연스러운 한국인에게는 충분히 납득이 가능하다. 모순적인 말을 나란히 두어 새로운 말을 만드는 것은 세상사를 하나의 감정 혹은 하나의 기준으로만 느끼고 판단할 수 없다는 동양인의 전통사상 때문이다.

서양의 이거냐 저거냐, 흑이냐 백이냐에 비해 '엇비슷하다'는 한국인의 정신이 보편적인 모순을 뛰어넘는다는 것을 말한다. 세계를 이분법적으로 나누어 합리성만을 강조하던 서양과는 다른 우리만의 창조적인 시각을 보여준다.

# 123. 웃프다

**웃프다**
☞ '웃기다'와 '슬프다'를 합성한 말로 웃기는데 슬픈 상황을 가리킬 때 쓰는 말.

'웃프다'는 웃어야 할지 울어야 할지 애매한 상황에 어울리는 말이다. 인터넷에서 유행되어 쓰기 시작한 말로 아직 국립국어원의 표준국어대사전에는 오르지는 못했다. 하지만 '웃프다'는 우리 언어문화의 한 특질인 '웃음으로 눈물 닦기'와 상통하는 면이 있어 그 생명력이 길 것으로 보인다. 국문학자 김대행 교수는 그의 책『웃음으로 눈물 닦기』(서울대학교 출판부, 2005)에서 '웃음으로 눈물 닦기를 비애의 정서를 웃음으로 해소하는 의도적 행위'라고 정의하면서, 이런 특성이 일상어는 물론 언어로 된 예술인 문학에 이르기까지, 우리 삶 곳곳에서 나타난다고 설명한다.

한국의 미의식의 하나로 거론되는 '웃음으로 눈물 닦기'는 어울리지 않는 상황에서 유발되는 웃음을 말한다. 웃음과 눈물은 정반대의 상황이나 정서를 의미하는데 상반되는 두 상황을 의도적으로 결합시킴으로써 적극적으로 비애의 상태를 해소하려는 것이다. 해결하기 어려운 갈등에 부딪혔을 때 한국인들은 그것을 역으로 뒤집어 웃음으로 씻어내는 방식을 취했다. 이것이 곧 '웃음으로 눈물 닦기'이다.

외국인들이 한국인의 웃음 중 가장 이해할 수 없다고 하는 것은 슬플 때 웃는 웃음이다. 슬픔의 극한에서 웃을 수 있는 한국인을 서양 사람들은 받아들이기 어렵다고 한다. 한국인들은 자신이 슬퍼하는 모습을 보여줌으로써 상대방에게 고통을 줄 수도 있고 폐를 끼칠 수도 있으니, 자신의 부정적인 감정을 그대로 드러내 다른 사람의 기분을 상하게 하는 것은 무례한 것이라 생각해왔다. 그래서 자신이 겪은 슬픈 일을 남에게 전할 때도 웃음을 지으며 말하고 심지어 뺨을 맞고도 웃는다. 한국인들은 희노애락의 감정을 겉으로 쉽게 드러내놓지 않는 사람을 바람직한 인간형으로 여겼다. 그래서 기쁠 때 웃음을 짓고 슬플 때 즉시 울음을 터뜨리는 행위를 경박한 태도라 나무랐다. 이에 반해 기쁨의 극한에는 오히려 울고, 슬픔의 극한에는 오히려 웃는다는 모순적 감정표출방식을 더욱 진실에 가깝다고 여겼다.

김대행은 판소리나 고대소설, 가사, 민담 및 전통 민속뿐 아니라 일상 어법에도 나타나는 우리 언어문화의 특징이 겉으로는 웃고 있지만 속으로는 눈물이 나는, 슬픈 현실 속에서도 웃음을 찾는 '웃음으로 눈물 닦기'라고 보았다. 리처드 니스벳Richard Nisbett에 따르면 서양인은 긍정적 감정과 부정적 감정이 양립하기 어렵지만, 동양인은 긍정적 감정과 부정적 감정을 동시에 경험하는 경우가 많다고 한다.『생각의 지도』(리처드 니스벳, 김영사, 2004)

이러한 한국인의 가치관을 그대로 반영하고 있는 한국의 고전소설이나 판소리에서는 극한 슬픔의 순간을 웃음으로 풀어내는 장면을 흔히 볼 수 있다. 실제의 삶 속에서도 한국인의 모습은 그러했다. 우리의 옛날 상갓집 풍경은 슬픔에 지친 상주 앞에서 술 마시며 시시덕거리고, 노름하고, 시끌벅적하게 밤을 새우는 것이 일반적이었다. 또한 상주의 슬픔을 달래기 위해 곡을 하는 체하면서 욕이나 농담을 하여 상주를 당황케 하며 웃기는 것을 제대로 된 문상이라 생각하였다.

웃음과 눈물은 정반대의 상황이나 정서를 의미하는데, 그처럼 상반되는 두 상황을 의도적으로 결합시킴으로써 적극적으로 슬픔을 해소하는 삶의 방식을 우리 선조들은 지켜왔다.

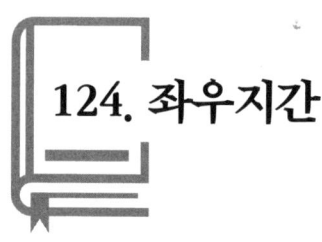

# 124. 좌우지간

**좌우지간**

☞ 정도나 조건 등이 어떻게 되어 있든 지간에 이렇든 저렇든 어떻든 간.

좌우지간左右之間은 '이렇든 저렇든 간에' 또는 '어떻게 되든 간에'의 뜻으로, 결론이나 어떤 주장을 강조하기 위해 사용하기도 하고 여러 논리나 주장을 펴오다 급속한 논리전환이나 결론 유도를 위해 흔히 사용하는 표현이다. '아무튼', '어쨌거나', '여하간', '하여간에', '이렇든', '저렇든' 등이 유의어다. 원래 좌우간左右間은 '오른쪽과 왼쪽의 사이'란 뜻으로 출발했다고 한다. 한국인들이 사자성어를 많이 쓰다 보니 사자성어 운율을 맞추기 위해 '지之'가 삽입됐을 것이라 학자들은 추측하고 있다.

한국인들은 한참 말싸움하다가 '좌우지간左右之間에 말야'하고 뜸을 들인다. 좌와 우 사이에서 무엇인가를 찾자는 것이다. 너와 나의 입장 사이에 싸움을 푸는 무엇인가 있다는 생각이다. 평소 대화시에도 '어쨌거나', '어차피', '좌우지간' 등을 많이 쓴다. 결론을 빨리 내리기 위한 조급함 때문으로 볼 수도 있지만, 나름대로 타협점을 찾기 위한 지혜이기도 하다.

유교의 중용정신을 생활 철학으로 삼고 있었던 한국인들은 극단에 치우치는 것을 좋아하지 않았다. 좌우지간은 '좌우'로 치우침 없이 '지간' 즉, 그 중간인 상식적이고 통념적'으로 처리한다는 중용의 뜻이 담겨 있다. 동양 사람들이 삶의 지침으로 삼고 있는 〈중용〉이 극단에 대처하는 방안이다. 중용의 중中은 '좌우, 상하 어느 쪽으로도 치우쳐 있지 않고, 어느 쪽과도 가깝지도 멀지도 않은 중심'이라는 뜻을 가지고 있으며, 용庸은 '떳떳하다. 정당하다. 항상 그대로 이다'의 의미로 쓰여 지고 있는 바, 중용이란 '어느 한 쪽으로도 치우치지 않는 떳떳한 것, 지나치지도 않고 부족하지도 않고 꼭 맞는 것, 더 바랄 것이 없는 원리원칙이며 과부족이 없는 균형 잡힌 상태'라고 해석할 수 있다.

한국인은 극단極端을 배척하지 않고 잘 받아들인다. 극단이란 어떤 일이나 현상이 끝까지 진행되어 더 이상 나아갈 데가 없는 마지막 상태. 한국인들은 이질적인 것을 품어 자연스럽게 내 것으로 만드는 습성이 있다. 한국문화콘텐츠 연구소장인 신광철은 『극단의 한국인, 극단의 창조성』(쌤앤파커스, 2013)에서 '극단'이란 핵심어로 한국인의 기질을 분석하고 있다. 저자는 한 국인은 서로 대척점에 있는 것들을 끌어안고, 나아가 여러 가지를 용광로에 넣고 융복합해서 새로운 것을 뽑아낸다며 이 때문에 한민족이 발전할 수밖에 없다고 한다. 다시 말해 극단을 수용하고, 극단을 넘나들고 극단의 중간지대를 만들고 극단을 통합하는 한국인의 기질이 현재의 발전을 가져왔고 다가올 미래는 더욱 밝다고 보고 있다.

좌나 우를 확실하게 결정할 수 없는 불확실성의 미래는 하나를 택하면 하나를 버려야하는 서구의 합리성으로 살아가기 어렵다. 이때 필요한 것이 우리의 '좌우지간'의 정신이다. 모순되는 것처럼 보이는 두 가지 극단적 성향을 하나로 끌어안는 양단불락兩端不落의 사고이다. 우리나라는 예부터 조화와 균형의 문화를 가지고 살아왔다. 이질적인 양극단이 만날 때마다 이를 충돌의 개념으로 해석해서 분리하는 것이 아니라 서로 도와 새로운 의미를 싹틔워 왔다. 여기에는 우리말이 가지고 있는 다의성과 다양성이 한몫 했다.

# 양자병합(兩者竝合)의 동양과
# 양자택일(兩者擇一)의 서양

　천사와 악마, 영혼과 육신, 선과 악과 같은 이항대립 체계는 서구 문화의 뿌리를 이루고 있는 기본 체계이다. 서양에서는 이러한 것들의 중간을 용납지 않는다. 그러나 동양은 그것이 가능하다. '빛 좋은 개살구'와 '보기 좋은 떡이 먹기도 좋다'가 양립한다. 서양적 논리는 이런 어정쩡한 상태를 못 견딘다. 이쪽이든 저쪽이든 정답을 딱 정해 주길 바란다. 그래야 다음 단계로 나아갈 수 있다.

　그리스철학자들은 이것 아니면 저것 either or 의 이분법적 사고방식에 집착했다. 그들에게 모순은 반드시 해결해야 할 숙제였다, 어떤 주장이 다른 주장과 모순관계에 있다면 둘 가운데 하나는 반드시 그릇된 것이어야 했다. 지금의 서양인들 역시 그렇다. 하나가 옳으면 반대쪽에 서 있는 다른 하나는 논리적으로 옳을 수가 없다. 이분법적사고가 지배하는 문화권에서는 언제나 선택이라는 단어가 큰 의미를 가진다.

그러나 한국인들은 '이것 아니면 저것'을 선택하라고 할 때 마음이 편치 않다. 이것은 이것대로 옳고 저것은 저것대로 옳은 이유가 있기 때문이다. 구본형은 『코리아니티경영』(휴머니스트, 2007)에서 한국인들은 '이것 아니면 저것' 곧 'or'의 문화권에 속해 있지 않고, '이것이면서 저것' 곧 'and'의 문화권에 속해있다고 보았다. 그리고 'and' 문화의 핵심은 음양의 원리이며, 상극과 상생의 원리가 지배하는 가치체계라 하였다. 여기서 음양은 '서로 반대이면서 동시에 서로를 완전하게 만드는 힘', '서로의 존재 때문에 서로를 더 잘 이해 할 수 있는 힘' 의 관계를 말한다. 한국인에게 세상은 늘 변하며 모순으로 가득 찬 곳이다. 따라서 어떤 일의 경과를 이해하기 위해서는 반드시 그 반대의 경우도 함께 고려한다. 지금은 옳다고 여겨지는 것이 변하여 나중에는 그렇지 않게 될 수도 있기 때문이다. 저자는 '모순을 껴안는 힘'이야말로 한국문화의 핵심이라고 보았다.

한국어에는 한국인들이 공유하는 생각과 정서, 사고방식과 의식구조 등, 이른바 한국문화의 전반적인 요소가 그 속에 고스란히 녹아 있다. 한국어 중에도 특히 한국인들에 의해 생성된 토박이말에서는 더욱 확실하다. 우리말에는 나들이, 빼다지, 여닫이, 승강기 등 반대되는 요소를 하나로 묶은 단어가 수없이 많다. 영어의 'going out', 한자말의 '외출外出'처럼 한 방향만 나타내고 있는 것과는 달리 '나들이'는 쌍방향으로 구성되어 있는 말이다.

한국인의 이러한 융합기질은 우선 두 극단을 조화시키고 모순을 화합시키는 중용의 문화 양단불락兩端不落, 양자병합兩者竝合의 사고에서 비롯되었다. 양극단의 선택지 가운데 하나를 선택하고 나머지 하나를 포기하는 소위 양자택일적 사고가 아니라 모순되는 것처럼 보이는 두 가지 극단적 성향을 하나로 끌어안는 것이 양단불락 또는 양자병합적 사고이다. 모순을 껴안는 힘은 새로운 조화와 균형을 창조해내는 한국의 힘이다. 이때 모순은 갈등으로 그치는 것이 아니라 창조의 동인이 된다.

이처럼 모순을 동시에 수용하는 한국인의 기질적 특성은 어디에서도 볼 수 없는 독특한 문화를 만들었다. 한국문화는 이러한 통합 혹은 융합의 정신을 가지고 있기 때문에 관용, 나눔, 어울림 등의 글로벌한 가치가 있다.

# 12장

# 적당 vs 분명

## 125. ~ 같다

~ 같다

☞ 서로 다르지 않다 또는 추측이나 불확실한 단정을 나타내는 말.

'~같다'는 '~ㄴ/는 것'이나 '~ㄹ/을 것' 뒤에 쓰여 추측이나 불확실한 단정을 나타내는 말이다. '비가 올 것 같다', '연락이 없는 걸 보니 무슨 사고가 난 것 같다' 와 같이 추측하거나 사실인지 확실하지 않을 때 사용하는 표현이다. 주로 미래의 일에 대한 상상이나 과거나 현재의 일에 대한 불확실한 판단을 할 때 '~ 일 것 같다'와 같은 방식으로 표현한다.

이처럼 '~같다'는 추측이나 아마 그럴 것이다라는 느낌이 들 때 사용하는 말인데, 한국인들은 실생활에서 추측할 상황이 아닌데도 많이 쓴다. 일이 확실하게 그렇게 될 수밖에 없는 상황인데도 불구하고 단정적으로 말하지 않고 추정적 표현을 하는 경우가 많다. 단정과 추측을 분명하게 구분하지 않기 때문에 모호성이 발생한다. 요즘에는 특히 청소년 세대 혹은 젊은 세대들이 '~같다'라는 표현을 많이 쓴다. "이 영화는 어땠나요?"라고 물으면, "재미있었던 거 같아요." 혹은 "이 음식 맛은 어떤가요?"하면, "맛있는 거 같아요." 또는 꽃을 보고도 "예쁜 거 같아요."라며 자기표현이 분명하지 않다. 자신의 기분, 감정, 느낌 또는 판단 등을 표현할 때도 '같다'를 사용한다.

이런 현상은 우선 자신의 생각이나 주관을 자기가 확신할 수 없기 때문에 나타난다. 화자가 어떤 사실에 대해 단정적으로 말할 때 그 말이나 판단에 대해 자신의 책임과 부담이 커진다. 이는 그 발언이 문제가 되었을 때를 대비한 일종의 책임회피성 발언이라고 볼 수 있다. 우리 말에는 '잘은 모르지만', '아닌 게 아니라', '자신은 없습니다만', '꼭 그렇다는 것은 아니지만', '반드시 옳다고 생각하지 않습니다만' 등이 많이 발달해 있다.

또 다른 원인으로는 자기 의견을 강하게 내세우지 않으려는 한국 사람 특유의 겸손함에서 그 원인을 찾을 수 있다. 화자의 생각이나 의견을 완곡하게 표현하려는 의도를 담고 있다. 곧 상대방에게 말하는 사람 자신의 생각이나 의견을 강하게 주장하거나 단정적으로 말하지 않고 좀 더 부드럽고 겸손하게 표현할 때 '-것 같다'가 쓰인다. 이와 같은 어법은 자기주장의 수위를 낮추고 상대방의 의견을 구하려는 배려심에서 나온다. 때로는 줏대가 없이 보이기도 하지만 의견 충돌을 방지하고 부정적 감정 자극을 억제하기 위한 조심스럽고 절제된 표현이라 할 수 있다.

박인기 교수는 『한국인의 말, 한국인의 문화』(학지사, 2010)에서 '~인 것 같아요'는 객관적인 사실에 대한 정보 전달의 화행(언어를 통해 이루어지는 행위)을 추구하지 않는 상황에서 자신의 판단을 유보하거나 기대나 바람으로 표현하는 것은 상대방과의 관계를 고려한 한국인의 말하기 방식이라 보고 있다. 화자 입장에서 정확한 메시지를 극단적으로 표현하는 것은 대화 분위기를 딱딱하고 경직되게 만들 수 있다. 그래서 다소 모호하더라도 추상적인 표현을 통해 좀 더 부드럽게 대화상황을 조성하고 서로 일정 부분 대화 책임을 공유하며 상호충돌을 완화할 수 있는 여지를 마련한다는 것이다. 이런 경우 언어 표현의 논리성과 정확성을 따지는 것보다 그 표현을 수용하는 것이 듣는 사람의 역할이라고 한다.

말끝마다 '같아요'를 붙이는 사람은 자신감이 없어 보이고 흐리멍덩해 보인다. 자기의 기분과 감정이 어떤지 알 수 없어 제대로 표현할 수 없다면 분명 문제가 있다. 그러나 우리 문화권에서는 말하는 사람이 너무 자신만만하게 자신을 과시하는 말투나 단정적인 말투를 쓰면 듣는 사람에게 당돌하게 들리거나 또는 어떤 주장을 받아들이도록 강요한다는 생각이 들어 불손하게 느낄 수도 있다. 그렇기 때문에 '~같다'는 스스로를 낮추는 겸손한 마음을 담을 때 쓰는 말이기도 하다.

# 126. 거시기

---

**거시기**

☞ 이름이 얼른 생각나지 않거나 바로 말하기 곤란한 사람 또는 사물을 가리키는 대명사.

 국어사전을 찾아보면 '거시기'는 표준어로써 두 가지의 기능을 가지고 있다. 하나는 대명사로써 '사람이나 사물의 이름이 얼른 떠오르지 않을 때, 그 이름 대신으로 쓰는 말'이다. 다른 하나는 감탄사로써 '하려는 말이 얼른 생각나지 않거나 얼른 말하기 거북할 때, 그 말 대신으로 쓰는 군말'의 뜻을 가지고 있다. 서울 표준말로 쓰는 '거시기'는 대명사 격에 해당되어 그 의미가 좁다. 이에 비해 전라도 사람들이 쓰는 '거시기'는 광의적이고 공동체적인 의식이 많이 들어 있는 단어이다. 대명사말고도 대동사 혹은 대형용사 등 다양한 거시기 용법이 있다. 우리말에서 거시기 만큼 다의적인 단어를 찾기 어렵다.

전라도 사람들이 특히 많이 쓰는 '거시기'는 상황을 얼렁뚱땅 무마하고 넘어가려는 애매모호한 표현처럼 오해되기 십상이지만, '거시기'만큼 공동체성이 드러나는 말도 드물다. 전라도 사람들의 삶을 담고 있는 전라도 안내서 『전라도, 촌스러움의 미학』(황풍년, 행성B잎새, 2016)에서는 전라도 사람들끼리의 대화를 실감나게 옮겨놓고 있다. "어이! 거시기가 오늘 거시기 흔단디, 나가 오늘 쪼깨 거시기 흔께, 자네가 먼저 거시기 잔 해주소. 나가 언능 거시기 해놓고 시간 나문 거시기 흘랑께. 그러만 거시기 호소." 친구의 애경사를 두고 바빠서 가지 못하는 사람이 대신 부조를 부탁하는 내용이다. 어떤 일이나 상황, 정서를 미리 공유하는 공동체 구성원들 사이에서나 주고받을 법한 '거시기'다.

말을 주고받는 사람끼리 이를 이해하고 공유하는 측면이 깊을수록 거시기의 의미는 더욱 폭넓고 명료해진다. 하지만 반대로 거시기에 대한 이해와 공감의 차이가 크면 클수록 그 말이 내포하고 있는 의미와 의도를 이해하기가 어려워 말하는 사람이나 듣는 사람 모두 극심한 답답함을 호소하기도 한다. 『이태영 교수가 쓴 전라도 방언과 문화 이야기』(신아출판사, 2000)에서 이태영 교수는 방언 화자들이 '거시기, 머시기'를 많이 쓰는 이유를 다음과 같이 분석한다. 첫째, 청자나 화자가 이미 알고 있는 정보일 경우에 굳이 자세하게 말할 필요가 없기 때문에 쓰고 있다. 둘째, 복잡하지 않은 농경 사회의 경우에 상대의 정황을 잘 알고 살기 때문에 굳이 자세하게 설명할 필요를 느끼지 못한다. 셋째, 담화 상에서 시간을 벌기 위해서 군말로 쓰거나 직접적인 언급을 회피하기 위한 수단으로 사용하고 있다. 넷째, 자세하게 말하지 않아도 되는 친밀한 사이라고 생각하기 때문이다.

전라도의 '거시기'처럼 충청도 사람들이 입에 달고 있는 말 가운데 하나가 '글쎄유'다. 질문을 하면 얼른 대답을 하기보다 '글쎄유' 하며 쉬었다가 말한다. 신중해 보이지만 애매모호하기도 하다. 경상도의 '마~', '쫌'의 용례도 이와 비슷하다. 그러나 '글쎄유'나 '마', '쫌'도 '거시기'만큼의 무한한 용도에는 한참 못 미친다.

이처럼 거시기는 한국인의 언어적 표현방식을 대표하는 단어다. 얼버무리듯 미적지근하고 분명하지 못한 표현이나 논리성이 결여된 표현이라고 비판을 받는 말이기도 하다. 하지만 어디에나 써도 서로 소통할 수 있다는 데 '거시기'의 매력이 있다. 친한 사이에는 '거시기 화법'으로도 쉽게 소통이 이루진다. 서로가 문화와 특성을 알고 있기 때문에 이런 모호한 말이 그냥 이해가 되는 것이다

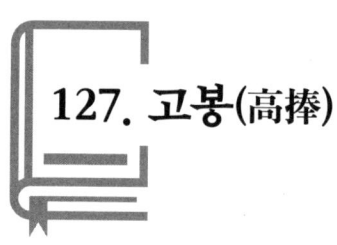

# 127. 고봉(高捧)

**고봉(高捧)**

☞ 곡식을 되질하거나 그릇에 밥 등을 담을 때에, 그릇 위로 수북하게 담는 방법.

　고봉이라는 말은 '되'나 '말'을 될 때 수북이 담는 것을 뜻한다. 원래 되나 말은 곡물의 양을 정확하게 계량하기 위해 만들어진 도구이다. 옷감을 재는 자나 쇠고기를 다는 저울과 같은 도량형기의 일종이다. 그러므로 되나 말을 되려면 당연히 거기에 담은 곡물을 정확하게 깎아 되어야만 한다. 그러나 한국인은 이상하게도 정확하게 계량하기 위해 만들어 놓은 되나 말을 일부러 부정확하게 사용한다. 되질을 할 때 고봉으로 담아서 몇 번이나 흘러내리고 또 흘러내리도록 수북이 담는다. 풍성하게 넘쳐나지 않으면 야박하다고 생각하기 때문이다. 밥을 떠도 더 이상 그릇에 담을 수 없을 정도로 수북이 고봉으로 푼다.

'고봉밥'은 고봉高捧+밥'으로 한자어와 고유어의 합성어이다. '고봉밥'의 유래에 대한 정확한 기록은 없으나 예전 양반집에서 고봉으로 쌓은 부분만 양반이 먹고, 남은 밥은 하인들이 서열대로 돌아가면서 먹었던 것에서 전해졌다고 한다. 이후 고봉밥은 고된 일을 하는 머슴들이 배불리 먹을 수 있도록 하기 위해 고봉으로 담았는데 이때부터는 '머슴밥'으로 불렸다고 한다.

우리는 소금, 쌀 등을 팔 때 되에 넘쳐서 흘러 내려도 계속 올려준다. 더 주고 싶은 마음을 표현하여 차마 못 깎는 것이다. 이것이 고봉문화이다. 정확하게 떨어지는 계산이 아니라 조금 더 주는 것을 미덕으로 생각하는 한국식 상거래에서 기인한 것이다. 농민들이나 소비자들이 쌀을 거래할 때 많이 쓰는 부피의 단위는 '되'이다. 되질을 할 때는 깨끼, 마세, 평승平升이라 하여 굴렁대로 깎아서 되는 방법과 고봉高峰, 고승高升이라 하여 수북이 쌓아 되는 방법이 있는데 고봉으로 하면 2홉 정도 더 담을 수 있다. 고봉으로 재는 방식은 전라도와 경상도에서 많이 쓰인다. 대추, 밤 등을 농민으로부터 사가는 상인들은 되도록 많은 양을 담기위해 되에다 물건을 꾹꾹 눌러 담고 또 되를 배에 붙여 고분을 만드는데 이것을 '아름되'라고 한다.

근대화하여 정찰 제나 엄격한 도량형 기법이 생긴 오늘날에도 시장에서는 정확하게 자로 재고 저울로 달지 않는다. 풍성하게 넘쳐나지 않으면 야박하다고 생각하기 때문이다. 밥을 떠도 더 이상 그릇에 담을 수 없을 정도로 수북이 고봉으로 푼다. 야박하게 평평하게 눌러 담지 못하는 것이 한국인의 계산법이다. 그렇기 때문에 시장이 근대화가 된 오늘날에도 고봉문화의 흔적이 남아있다.

고봉으로 밥을 담고 고봉으로 되질을 하던 우리 조상들은 푸짐한 것을 좋아했고 푸짐하고 넉넉하다 못해 헐렁한 것을 멋으로 알던 민족이었다. 그래서 자로 잰 듯 한 정확성과 합리적인 삶과는 거리가 먼 생활을 하면서도 크게 불편함을 느끼지 못했고 오히려 그런 삶에서 편안함을 얻었다. 양을 셈할 때 '서너 말'이란 애매한 말로 거래하면서도 아무런 불편함을 느끼지 않고 잘도 통하고 살았다.

## 128. 덤

**덤**
☞ 제 값어치 외에 거저로 조금 더 얹어 주는 일, 또는 그런 물건.

한국의 상거래 문화에서 빼놓을 수 없는 독특한 것이 있다면 바로 '덤'과 '에누리'이다. '덤'이란 제 값어치 외에 거저로 조금 더 얹어 주는 것을 말한다. 덤은 인정의 표현이기도 하면서 '공짜'라는 매력을 지니고 있기도 하다. 한국인들의 거래 방식은 물건 값을 치르고 주고받는 것으로 끝나지 않고 사는 사람은 덤을 받아야 흐뭇하고 파는 사람도 물건 값만큼만 주는 것은 어쩐지 야박한 것 같아서 한 움큼 더 집어준다. 덤과 같은 의미로 사용되는 언어가 '우수리' 혹은 '우수', '개평' 등 여럿 있는 것을 보아도 그 다양한 쓰임을 짐작

할 수 있다

'덤'과 비슷한 말로 '에누리'라는 것이 있다. 더 얹어 주거나 더하여 베풀기 어려운 경우이거나 온전한 모양새로 팔아야 하는 물건의 경우에는 그 값을 깎아 주었다. 여기서 나온 말이 '이 세상에 에누리 없는 장사가 어디 있느냐'는 말이다. 뿐만 아니라 '원님과 급창及唱(옛날 군청의 사환)이 홍정을 하여도 에누리가 있다'는 속담도 있다. 지위가 높은 사람과 낮은 사람이 홍정하여도 반드시 에누리가 있다는 말이다. '덤'과 '에누리'는 표현만 다를 뿐이지 같은 의미이며 그것은 한국인의 미덕인 후한 인심에서 비롯된 것이라 할 수 있다. 현대의 한국인들 역시 '덤'과 '에누리'를 당연한 것으로 여기고 덤과 에누리가 없는 거래는 야박하다고 생각한다. 특히 정서적 관계를 중시하는 한국사회에서 덤은 '정情의 표시'로 인식된다.

『한국인의 부자학』(스마트비지니스, 2006)에서 저자 김송본은 한국인의 '상혼', '상리', '상술'을 종합적으로 분석하면서 한국부자들의 특질을 보여주고 있다. 한국 상인들은 누가 봐도 탐이 날 만한 물건을 정까지 두둑하게 얹어서 파는데 이는 고객과 두터운 단골 관계를 유지하기 위한 고도의 상술이라는 것이다. 이런 상술은 아주 오랫동안 장터에서 통용되었던 한국의 독특한 장사 법으로 이를 일러 '인정을 심는 상술'이라 이름 지었다. 그는 이런 한국인의 상인정신을 어느 나라도 갖지 못한 훌륭한 문화유산이라 결론짓고 있다.

비타산적인 한국인들은 주는 행위에 보람을 느꼈고 상대편에게 줄 때는 받은 것보다 으레 더 많이 주려고 애썼다. 백일, 돌, 고사떡을 이웃끼리 나눠먹고 소출한 낟알이나 곡식을 이웃집에 주고 김장한 것마저 맛보기라 하여 돌리곤 하였는데 자신이 줄때는 받은 것보다 더 보내야 마음이 편하였다. 그래서 '가는 말이 고와야 오는 말이 곱다'는 속담은 한국인의 생활률이었다. 그리하여 '품앗이'나 '계'라는 풍습이 생겨났고 이는 십시일반의 개념으로 우선 필요한 사람에게 자신이 가진 것을 주고 후에 자신이 필요할 때 다른 사람으로부터 도움을 받았다. 이렇게 주고받는 관습이 상거래에도 그대로 반영되었던 것이다.

'덤'과 '에누리'는 상업이 단지 판매행위와 구매행위만이 아니라, 만드는 사람, 사는 사람 그리고 파는 사람간의 인정이 넘치는 인간과 인간의 교류장임을 잘 보여주는 한국 특유의 문화유산이다.

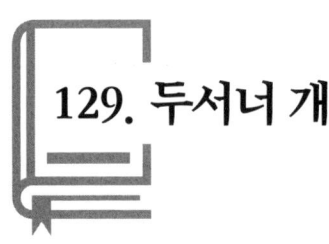

# 129. 두서너 개

**두서너 개**

☞ 두개, 세 개, 네 개를 두루뭉술하게 합쳐놓은 말.

우리 민족은 수사를 명확하게 사용하지 않고 두루뭉술하게 표현한다. 서너 개, 대 여섯 개, 두어 시간, 눈곱만큼, 쥐꼬리만 한, 집채만 한, 고래 등 만 한 등등이 정확한 수치를 동반하는 표현을 대신하고 있다.

또한 한국어에는 물건을 셀 때 유난히 많은 명사들이 존재한다. 꿰미, 두름, 마지기, 손, 쌈, 접, 죽, 축, 쾌, 톳 등 물건을 셀 때 한국어처럼 다양한 단위를 사용하는 언어는 흔하지 않다.

언어와 문화에 관련해서 친족관계, 성명을 짓는 법, 세계관, 신앙 등의 문제에 대해서 살펴본 책인 『언어를 통해 본 문화이야기』(신아사, 2013)에서 김동섭 교수는 한국어에 존재하는 다양한 단위들을 통해 서양인들이 분석적인 사고방식을 가지고 있다면 한국인들은 종합적인 혹은 통합적인 사고방식을 가지고 있음을 엿볼 수 있다고 한다. 한국어에서 서너너댓은 셋에서 무려 다섯까지의 수를 가리키는데 이러한 수사의 존재는 종합적인 사고와 통합적인 수사법에 적지 않은 영향을 미쳤을 것이라고 보고 있다.

이처럼 한국인은 하나 둘 셋 넷 등과 같은 구체적인 수보다는 한두 개 두서너 개 너덧 개 등과 같은 식의 몇 개를 뭉뚱그린 어림수로 나타내는 데 익숙하다. '어림수'란 어림할 때(반올림, 올림, 버림) 그 우수리를 떨고 얻은 수로, 정확하게 얼마라고 말하지 않고 어림잡아 말할 때 쓰는 말이다. 우리말에는 또 수를 세는 단위 중에 어림수를 나타내는 말이 발달해 있다. 어떤 것을 정확하게 콕 집어서 말하지 않고 대강 짐작으로 말하는 습관에서 비롯된다. 우리 민족이 수 관념에 희박해서라는 비판도 있다. 하지만 이는 집합적 사고구조를 가졌다는 것이고 나와 너를 공동체적으로 인식하는 공동체적 인식을 반영하는 것이다.

이와 같은 어림수는 추상적 인식의 표현으로 객관적이지 못한 대상을 지칭하기 때문에 비합리적인 사고로 간주되기도 한다. 부정확한 수의식이 과학적 사고를 저해한 것이 사실이다. 그러나 어림수는 대상의 개수를 정확히 예측하지 못하거나 상황에 따라 다른 조건이 나타날 수 있다는 생각에서 비롯된 것으로 듣는 이를 배려한 언어 책략으로 보인다. 즉, '여남은 개 가지고 와라'는 열 개를 기준으로 하고 나머지 한 두 개 정도는 듣는 사람이 상황에 따라 더 가지고 올 수도 있고 적게 가지고 올 수 있는 배려가 있는 표현으로 이해되어야 한다. 수 개념을 모호하게 말하거나 정도를 나타내는 말들이 객관적 규준보다는 상황의 적절성에 더 많이 의존하고 있음을 보여준다.

예로부터 한국인은 따지는 일을 좋아하지 않았다. 인간관계에서 갈등이 생겼을 때 흔히 하는 말로 "그래 지금 나한테 따지자는 거야" 하며 불쾌한 표정으로 묻는다. '좋은 게 좋은 거다', '좋은 것이면 그만이지' 그저 꼬치꼬치 자초지종을 따져서 기분 나쁘게 만들게 뭐 있느냐고 생각한다. 한국인의 계산법은 '대충'이나 '얼추'라고 하는 뭉뚱그리는 것이다. 그래서 숫자를 말할 때도 한 개 두 개가 아니라 한두 개나 서너 개로 대충의 숫자로 나타내는데 익숙해져 있다.

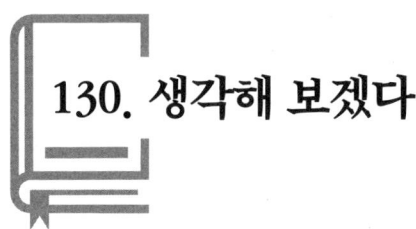

# 130. 생각해 보겠다

**생각해 보겠다**

☞ 본래 뜻은 시간을 내어 고민해보겠다는 의미이지만, 드러내놓고 거절할 수 없을 때 하는 완곡한 거절의 표현으로 많이 씀.

 한국인들은 직설적으로 거절하는 것이 예의에 어긋난다고 생각하여 '생각해 보겠다' 등의 표현을 사용해 우회적으로 거절의 뜻을 나타내는 경우가 많다. 또한 부탁을 하는 사람도 부탁 내용을 대화의 끝 부분에 말한다. 남에게 어려운 일을 요청하기가 힘들기 때문이지만 보자마자 처음부터 부탁을 하면 염치없고 뻔뻔스럽다는 인상을 줄까봐 조심스러워한다. 또한 거절을 할 때 분명히 잘라서 말하면 너무 야박한 느낌을 주거나 상대방이 무안해 하게 되므로 '좀 더 생각해 볼게요', '좀 알아봅시다', '힘은 써 보지요' 등 완곡한 표현을 사용한다.

"글쎄요, 생각 좀 해 봅시다."라면서 콧등을 어루만질 때 그것이 실제 거절의 뜻임을 서구인들은 미처 알지 못한다. 우리는 분명한 거절이나 반대의 표시는 이처럼 직설적으로 내뱉기보다는 적당히 얼버무리는 습성이 있기 때문이다. 김숙현은 『한국인과 문화간 커뮤니케이션』(박영률 출판사, 2002)에서 한 한국 기업인이 외국 기업인의 제의에 대해 거절의 의미로 '생각해 보겠습니다(I will consider)'라는 답변을 했지만 상대방은 이를 긍정적인 답변으로 해석하여 후속조치를 기다렸다는 사례를 제시하고 있다.

한국과 일본 등 동아시아 국가에서는 직접적인 거절보다는 간접적인 표현을 사용하는 경우가 많다. 한국인을 포함한 동양인들은 'No'라고 대답하는 것이 상대방에 대한 결례라는 생각 때문에 부정적인 답변을 회피하는 경우가 많다. 우리는 상대의 신분이나 처지를 지나치게 의식해 '아닙니다', '못합니다' 등의 말을 분명하게 하지 못할 때가 많다. 의견이 서로 달라 갈등이 생기거나 대답하기 난처할 때에는 종종 침묵한다든다 화제를 바꾸거나 다른 사람의 생각을 되물어보기도 한다. 반면에 서구인들은 동의하지 않으면 쉽게 'No'라고 딱 잘라 말하며 자신의 의견을 솔직하게 표현하는 것이 합리적이라고 생각한다.

이런 이유로 한국인들은 타인에게 거절을 잘하지 못하는 편이다. 상대방의 부탁이나 제안을 직접적으로 거절하면 상대방의 마음이 상할 것을 우려하기 때문이다. 그래서 다소 무리한 부탁을 하더라도 우선은 승낙하면서 힘든 상황을 분위기로 표현하는 경우가 있다.

누군가에게 질문했을 때 뒷말을 흐리거나 얼버무리며 명쾌하게 대답하지 못한다면 상대방의 말속에 어떤 뜻이 담겨 있는지를 생각해 볼 필요가 있다.

상대방에게 똑 부러지게 자신의 의사표현을 것이 오히려 어색한 상황이나 경직된 대화 분위기를 연출하기도 한다. 특히 가까운 사이에는 상대방이 뒷말을 흐려도 한두 마디 말만 듣고도 말하는 사람의 의도를 재빨리 이해하기도 한다. 이렇듯 한국인의 대화에서 때로는 정확하게 말하지 않고 뒷말을 흐리거나 얼버무림으로써 은연중에 자신의 의사를 표현하는 경우가 많다.

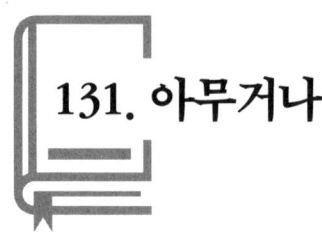
# 131. 아무거나

**아무거나**
 ☞ 특별히 정해지지 않은 어떤 것 일체.

 둘 중에 한 가지를 고르라는 질문을 하면 한국인들은 '아무거나'라고 대답하곤 한다. 이런 대답은 음식 메뉴 선정에서 특히 잦다. "뭐 먹을래?" "아무 거나. 너랑 같은 거 먹을게. 그냥 세트메뉴 시켜." 이처럼 각자 메뉴판을 볼 필요도 없이 앞 사람을 따라서 "나도 그거" 하는 경우도 많다. 혹은 메뉴 결정을 일행 중 한사람에게 일임하는 경우도 적지 않다. "아무거나 괜찮아. 맛있는 것 시켜 봐" 하는 식으로 말이다. 이러한 한국인의 심리를 이용해서 어떤 식당 메뉴 중에는 아예 '아무거나' 라는 것도 있다고 한다.

이와 달리 서양인들은 "이거 넣고, 저거 넣고, 그건 빼고." 이렇게 해 달라 저렇게 해 달라, 우리 눈에는 까다롭다 못해 피곤할 정도이다. 개인의 독립적 선택을 강조하는 서양 문화권에는 당연한 일이지만 동양인은 서양인만큼 선택을 중요한 문제로 받아들이지 않을뿐더러 다소 피곤한 일이라고 생각하는 경향이 있다. 이런 동양인들에게는 자기 취향에 따라 선택한 사항을 조목조목 요구하는 서양인들의 모습이 다소 별나고 까다롭게 느껴진다. 서양인은 타인이나 소속 집단보다 자기중심의 독립적인 관점을 중시하지만 동양인은 가족과 동료, 소속 공동체와 상호의존적 관점을 중시한다.

한국 직장인들의 경우 '아무거나'를 외치는 이유는 워낙 식사메뉴가 한정돼 있기도 하고, 바쁘다 보니 굳이 고를 것이 없어 또는 고르기가 귀찮아서 인 경우도 있다. 그러나 거래처나 상사와의 식사, 또는 데이트 자리에서 '아무거나'라고 대답하는 건 대체로 예의를 차리기 위해서이다. 상대에게 선택의 우선권을 주겠다는 표시로 '아무거나'라고 말하는 것이다.

또한 "나도 그거" 할 때에는 은연중에 "상대방의 선택이 좋아 보여서 나도 같은 것을 먹고 싶다" 또는 "상대방을 존중해서 나도 같은 것으로 먹겠다" 혹은 "나만 별난 것을 시키지 않겠다, 즉 분위기에 맞추겠다" 하는 의미가 포함되어 있다. 마찬가지로 "아무거나 괜찮다"는 말은 "내 취향을 내세우지 않겠다. 상대방에게 맞추겠다"는 뜻을 암시하는 것이라고 볼 수 있다. 결국은 내 취향대로 선택을 분명히 해서 행여나 상대방이나 전체로부터 내가 튀어 보이지 않도록, 그래서 내가 상대방이나 다른 사람들과 다르지 않다는 것을 알리고

자 하는, 혹은 일체감을 느끼고자 하는 메시지가 숨어있다. 이처럼 우리는 상대방에 대한 배려가 지나쳐 자기의 생각을 표현하지 못하는 경우가 허다하다.

요즘에는 이것이냐 저것이냐를 쉽게 결정하지 못하는 것을 타인에 대한 배려에서 비롯된다기보다 '결정 장애'라고 보는 이들이 많다. 신조어사전에 따르면 '결정 장애'란 선택의 갈림길에서 어느 한 쪽을 고르지 못해 괴로워하는 심리를 뜻하는 말이다. 결정 장애는 요즘 젊은 세대들의 특징이기도 하다. '무엇을 먹을까', '어떤 옷을 입을까', '어떤 직업을 가질까', '누구와 결혼을 해야 할까' 등 크고 작은 수많은 결정들을 내려야 할 때마다 어려움을 호소하는 젊은이들이 늘어나고 있다. 이를 통해 볼 때 선택을 내려야 하는 순간 '아무거나' 하며 자기 취향을 분명히 밝히지 못하는 것은 이전 세대만의 문제가 아니라 세대를 불문하고 우리 사회 전반에 퍼져 있는 언어습관이며 행동양식이라 볼 수 있다.

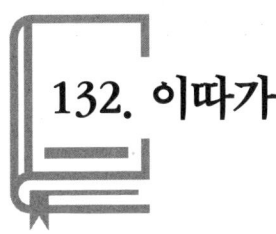

# 132. 이따가

---

**이따가**

☞ 조금 지난 후에, 나중에

'이따가'는 '조금 지난 후에, 나중에'란 뜻을 지닌 낱말로 "이따가 보자", "이따가 만나자", "이따가 다시 전화할게" 등과 같이 쓸 수 있다. 여기서 '이따'란 얼마나 되는 시간인지는 명확하지 않다. '이따가'란 말이 어떤 사람에게는 30분일 수도 있고, 어떤 사람에게는 2시간 일 수도 있다. 아예 시간도 이야기하지 않는 경우도 있다. 그냥 "내일 한번 들를게"와 같이 표현하기도 한다. 시간이 되면 내일 가겠다는 의미이다. 언제 시간이 될지 정확히 모르니 정확한 시간을 이야기 할 수 없는 것이다. 이러한 표현들은 한국인의 시간관념이 명확하지 않고 불분명하다는 것을 말해준다.

시간을 인식하고 다른 사람과 소통할 때, 한국 사람들은 명료하게 정확성을 드러내기 보다는 애매모호한 표현을 즐겨 사용한다. '잠시만', '잠깐만', '한참', '나중에', '다음에' 등 막연한 표현으로 시간을 언급한다. 한국 사람들이 헤어질 때 자주 하는 말인 "다음에 밥 한 번 먹어요"를 접하면 외국인들은 의아해한다. '다음'이 도대체 언제냐며 반문하고는 한다. 한국인들의 언어 습관에 숨은 뜻을 파악하기 어렵기 때문이다. 시간약속을 정할 때도 '두세 시쯤이라든가 '네 다섯 시 쯤'하는 식으로 부정확한 표현을 해서 외국인들을 당황시키기 일쑤다.

시간 개념의 발달은 산업화 시대를 얼마나 오랫동안 경험했는가, 그리고 시계의 역사가 얼마나 오래됐는가에 달려있다. 서구에서 기계 시계의 역사는 13세기, 산업화는 18세기 초까지 거슬러 올라간다. 서양에서는 분 단위 시간 문화, 그리고 그에 따른 산업 구조가 최소한 300~400년 이상 작동해왔지만, 우리나라는 다르다. 우리는 불과 한 세기 전까지만 해도, '자시, 축시' 등 2시간 단위로 나뉘는 농경 시간 문화 속에 살아왔다. 예컨대 "미시時에 만나세"라고 약속을 했다면 미시는 오후 1시에서 오후 3시 사이로 꽤나 넓은 시간대에 해당한다.

분초가 확실한 서양인들의 시간개념과 달리 한국인들은 자연적인 속도에 맞춘 시간개념을 지니고 있었다. 농경사회에서 시간관념은 자연과 더불어 흘러가는 것이다. 인간이 서두른다고 해서 파종 시기나 수확 시기를 앞당길 수 있는 것이 아니었다. 계절이나 날씨에 따라 집중적이고 강도 높게 노동을 하는 시간과 한가하게 빈둥거리는 시간이 교차했다. 우리의 조상들은 계절적인 순환과 농경생활에 맞는 방법으로 시간을 인식하고 있었다. 그래서 전통적인 시간체계의 특성은 시간을 인위적으로 만들어 놓기보다는 자연의 변화에 자연스럽게 순응하도록 하는 지혜가 바탕에 깔려 있었다.

한국인의 시간에는 한국인의 문화가 담겨 있다. 한국인은 포괄적 개념의 시간문화 속에 오랜 세월 살아왔고 한국인끼리는 부정확한 시간의 관념이 그리 문제가 되지 않았다. 이러한 한국인들의 시간관념이 서구적 시각에서 보면 모순적이며, 문제가 많은 것으로 보인다. 시간개념이 약한 한국인들이 약속시간에 꼭 몇 분씩 늦는 것을 조롱하는 '코리안 타임'이라는 말도 그래서 생겨났다.

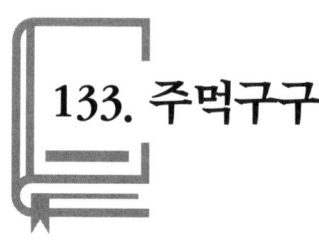

# 133. 주먹구구

**주먹구구**
  ☞ 어림짐작으로 대충 하는 방식.

'주먹구구'는 어떤 일이나 계산 같은 것을 어림짐작으로 대충 하는 것을 이르는 말이다. 원래 뜻은 손가락을 꼽으면서 하는 '구구셈(구구단)'이다. 손가락을 접고 펴면서 하는 주먹구구셈은 번거로울 뿐 아니라 정확하지 않을 것 같아 사람들에게 신뢰를 주기 어려워 보인다 해서 본래 뜻이 바뀐 것이다.

한국인들은 손으로 길이와 넓이를 재고 가늠하는데 데 익숙하다. 삼척동자의 '척'. 한치 앞을 모른다의 '치', 내 코가 석자의 '자' 그것들이 우리가 세상을 재는 단위다. 손가락 한마디 단위로 재는 '치',

손가락을 쫙 펴서 재는 '자', 한자로는 척ᴿ이다. 손가락을 펼쳐 물건을 재는 형상을 그대로 보여주는 상형문자다. 오른손 엄지와 장지를 크게 벌려 한 뼘 한 뼘 길이를 재었다.

이처럼 우리 조상들은 치수를 재는 정확한 잣대 없이 살아왔다. 그저 손이나 키, 심지어는 손가락 마디를 이용하여 길이를 어림짐 작해온 민족이다. '한 치 걸러 두 치'라고 조금만 거리가 멀어도 크게 차이가 난다는 것을 알고 있었건만, '뼘', '촌', '치', 그리고 '길'이란 단위를 사용하여 멀고 가까움을 표시하였다. '열 길 물속은 알아도 한 길 사람 속은 모른다'는 속담도 자주 쓴다. 몇 미터, 몇 킬로미터로 표시하는 '길이'라는 말의 어원도 어쩌면 '사람의 키 정도 되는 길이'를 나타내는 '길'에서 나왔다는 설說이 있다.

이어령은 『푸는 문화 신바람의 문화』(문학사상사, 2003)에서 미터법의 예를 들어 서양의 계량법은 인간의 생활 경험에 토대를 둔 척도가 아님을 보여준다고 한다. 지구의 적도에서 극까지의 거리를 천만분의 일로 잘라내어 한 단위로 설정한 것이 1미터이다. 말하자면 인간의 실제 생활과는 아무런 관련이 없는 추상적인 법칙에 의해서 만들어진 척도이다. 그러나 십리라는 단위는 인간의 생활을 중심으로 하고 구체적 경험을 토대로 만들어낸 척도의 단위라는 것이다. 이외에도 보통 사람이 단숨에 마실 수 있는 양을 말하는 '한 홉', 인간이 혼자 누울 수 있는 최소 단위인 '한 칸' 등이 있다. 이어령은 서양의 계량법이 인간의 실제 생활과는 아무런 관련이 없는 추상적인 법칙에 의해서 만들어진 척도라면 한국인의 것은 인간의 생활을 중심으로 하고 구체적 경험을 토대로 만들어낸 척도의 단위라며 인간

위주로 고안된 지혜로운 계량법이라 주장한다.

　길이나 크기를 나타내는 우리말에는 부정확하다 못해 황당한 표현들이 많다. '자'나 '척R'은 실제 길이를 나타낼 때 뿐 아니라 과장법으로도 많이 사용되고 있다. 흔히 사용하는 말 중에 나의 일도 감당하기 어려워 남의 사정을 돌볼 여유가 없다는 뜻으로 '내 코가 석 자'라는 말이 있다. 한문으로는 '오비삼척吾鼻三R'이라고 한다. 먹는 것이 중요하다는 의미로 '수염이 석 자라도 먹어야 양반'이라는 속담도 있다. 수염을 나타낼 때 '수염이 삼천 척'이라고 한다. 백발이 삼천 장, 천 길 낭떠러지, 구만리 장천, 골백번 죽고 죽어, 혀가 만발이나 빠졌다, 열길 물 속, 키가 팔대 장승같다, 큰 것은 하늘만큼 땅만큼 크고, 작은 것은 눈곱이나 코딱지만큼 작다고 한다. 이런 표현들은 수치를 나타낸다기보다 감정을 과장해서 표현하는 쪽에 가깝다. 이렇게 정확히 한 금, 한 금 따지지 않고 손대중으로 길고 짧음을 표현하는 말이 많다 보니 우리의 사고방식도 대체로 두루뭉술하다.

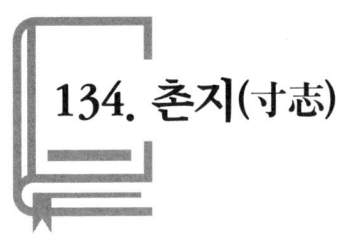
## 134. 촌지(寸志)

**촌지(寸志)**
☞ 본래는 마음이 담긴 작은 선물을 뜻했으나 지금은 정성을 드러내기 위하여 주는 돈을 의미함.

촌지는 그대로 직역 하면 '손가락 마디만 한 뜻'이다. 곧 아주 작은 정성이나 마음의 표시를 뜻한다. 하지만 지금은 촌지의 의미가 변질되어 누군가에게 잘 보이기 위해 뇌물로 주는 금품의 의미가 되었다.

우리나라에서는 서양처럼 표면에 드러내놓고 금전거래를 하지 않았다. 곧 계약을 하거나 약속을 하거나 하는 것은 표면에서 하지만 현금의 거래는 대체로 이면에서 오가는 경우가 많았다. 아무리 정당한 거래일지라도 돈을 건넬 때는 대체로 종이에 싸거나 봉투에 넣어 주고받는다. 받는 사람 앞에서 헤아려서 돈을 주거나 헤아려서 받거나 하면 일종의 모욕감마저도 느낀다. 그러기에 돈의 액수를 입에 올리는 것까지도 기피한다. 몇 십 만원 하지 않고 몇 장으로 통하는 것도 그 때문이다.

이규태는 『한국학 에세이 2』(신원문화사, 1995)에서 한국인의 이러한 금전감각은 구체적인 돈 액수를 올린다는 것은 상스럽다는 생각에서 비롯되었다고 파악한다. 돈의 저주는 우리 선조들이 두루 누렸던 통념이었다는 것이다. 적어도 양반이나 양반을 추종하는 중인들은 돈의 구체적인 액수를 입에 올린다는 것이 체면의 모독으로 알았다. 이들이 물건을 살 때면 물건 값을 묻는 법이 없었다. 물건을 들여놓고 마음에 들면 청지기나 하인더러 값을 쳐주라고 분부할 뿐 몇 냥 몇 푼 값을 따진다는 법은 없었다. 그러기에 흥정은 사실상 하인이나 종이 깎고 보태고 하여 이루어졌다고 한다. 긴 여행을 떠나는 일이 있더라도 돈을 하인에게 맡길 뿐 손수 몸에 지니는 법은 없었다. 이처럼 돈과 쌀같이 가장 생활에서 소중하고 기본 된 요소를 저주하게 된 것은 성리학의 재욕저주財慾咀呪에서 비롯된 것이라 분석하고 있다.

유교적 덕목 실천에 온 힘을 기울였던 사대부들은 재물을 구체적으로 따지기를 꺼렸으며 토지문서조차 남을 통해 주고 받고 하였다. 토지의 양도 몇 평, 몇 홉이라는 구체적 표현 대신 몇 섬지기라 하였으며, 곳에 따라서는 하루갈이·이틀갈이 식으로 불렀다. 마지기라는 말도 한 말의 씨를 뿌릴 정도의 넓이를 가리키는 낱말로서 논밭의 그것이 다르고, 논의 경우에도 곳에 따라 150평에서 300평까지의 차이가 날 정도로 부정확한 계량법이었다.

뿐만 아니라 곡식도 몇 말, 몇 되 구체적으로 분량을 말한다는 것은 상스럽게 여겼다. 몇 식구가 며칠 먹을 것을 주라든지 몇 됫박 떠 주라는 둥 타산적 표현은 되도록 하지 않았다. 그리하여 선비들이 기방에서 놀다가 화대를 준다든지 심부름꾼에게 팁을 준다든지 집안 아이들에게 세뱃돈을 줄 때는 돈을 접시에 얹어 오도록 하고 젓가락으로 집어서 주었다고 한다. 우리말로 팁을 '젓가락돈'이라고 함은 이에 연유했다.

이러한 생활관습은 우리 조상들은 비타산적인 삶을 인격완성의 한 지표로 삼은 까닭이며 서민들도 자연히 이를 따르지 않을 수 없었을 것이다. 그러므로 도량형기조차 일정 기준이 없어 들쑥날쑥 이었던 것은 어떻게 생각하면 당연한 일이기도 하였다. 돈에 대한 이러한 풍토는 오늘날에도 엄연히 살아있다. 금일봉金一封, 촌지寸志라 표현하는 것은 구체적인 액수를 밀했을 때 주는 사람이나 받는 사람이나 치욕감을 느낄 수 있기 때문이다.

# 두루뭉술한 한국인과
# 분명한 서양인

 정확한 길이·양·무게 등을 재는 단위법의 도량형을 개발한 서양인들에 비해 한국인들은 '두세 시 쯤'이라든가 "네다섯 시 쯤 만나자"하는 식으로 시간약속을 하고, 가게에서 과일을 살 때 역시 "서너 개쯤 주세요"라고 명확하게 필요한 숫자를 대지 않는다. 양에 대한 개념도 '짜장곱배기'라는 말처럼 모호하다. 한국인들은 대화할 때도 '그렇다', '뭐하다', '거시기하다'처럼 말의 뜻을 명확하게 이해하기 어려운 표현을 자주 사용한다. '아무거나 시켜요', '적당한 시간에 와', '대충 알아서 주세요', '좀 뭐하거든 그만 두어요'. 분명하게 구체적으로 말하지 않고 이런 말들을 사용하여 말뜻을 흐림으로써 에둘러 말한다. 이야기를 분명하고 똑 부러지게 말하기보다는 우회적으로 말하거나 두루뭉술하고 불투명하게 표현한다.

한국인이 사고방식이나 행동양식에서 애매모호한 가치를 좋아한다는 것은 한국인이 지금까지 살아온 사회 문화적 전통을 반영하는 것이다. 오늘날 우리는 합리적인 산업사회의 조직 속에 살고 있지만, 무의식의 생활 세계에서는 농경사회에서 살아온 생활관행이 아직도 많이 작용하고 있다. 농경사회는 집단적 노동을 통해서 삶을 영위하고, 자연과 인간관계에 순응하고 조화를 이루는 것을 가장 중시한다. 따라서 더불어 살아가는 가족집단의 일원으로 다른 사람의 기대에 어떻게 부응할 것인가를 가장 고심했다. 이러한 가운데 딱 부러지게 따지는 것보다, 이심전심으로 살아가는 것을 중시하는 애매모호한 가치들이 생활 속에 자리 잡았다. 천소영은 『우리말의 문화 찾기』(한국문화사, 2007)에서 이런 완충이나 회색 표현의 저면에는 조상 대대로 함께 살아온 농촌공동체에서 자신의 생각을 확실하게 밝히면 다른 사람과 의견이 상충되어 공동생활의 화합을 깨지나 않을까 하는 염려를 담고 있는 것으로 보았다.

정수복은 『한국인의 문화적 문법』(생각의 나무, 2012)에서 한국인의 모호한 언어습관의 이유를 '갈등회피주의'에서 찾고 있다. 갈등회피주의는 한국인의 사고나 말하는 습관에서도 나타나는데, 한국인들은 무엇을 분명히 구별하고 그것들 사이에 차이를 밝히기보다는 차이를 없애고 두루뭉술하게 표현하는 경우가 많다고 한다. 상대방의 감정을 짐작하고 반응을 살피면서 거기에 맞추어 조금씩 자기

의견을 내놓는 것을 신중하고 성숙한 태도로 생각한다. 이는 상대방의 감정을 건드리면 될 일도 안 되기 때문이라는 것이다. 이처럼 우리 한국인들이 주고받는 '말'이 간단명료하지 않고, 복잡하고 불투명한 이유는 상대에게 해석의 여지를 두어 곤란한 상황을 만들지 않으려는 뜻이 담겨 있다.

하고자 하는 말을 오해 없이 정확하게 알리기보다는 듣는 사람이 눈치껏 알아들을 수 있도록 넌지시 알리는 방식을 선호하는 한국인의 말 문화는 한국인들이 지금까지 살아온 사회 문화적 전통을 반영한다. 한국인들은 더불어 살아가는 공동체의 일원으로 다른 사람들과 어떻게 조화를 이룰 것인가를 가장 중요하게 생각해왔다. 이 가운데서 딱 부러지게 따지는 것보다, 이심전심으로 전달하는 방식을 선호하였기에 애매모호한 가치들이 생활 속에 깊숙이 자리 잡게 되었다.